서비스 디자인 바이블

고객 중심의 혁신을 위한
서비스 디자인 씽킹

서비스 디자인 바이블

고객 중심의 혁신을 위한 서비스 디자인 씽킹

조 히피, 올리버 킹, 제임스 삼페리 지음

김수미 옮김

일러두기

- 서비스 디자인에서는 디자인된 결과물을 고객에게 전달하는 것을 '전달(delivery)'이라고 표현합니다.

- 업계에서 영어 표현을 그대로 사용하는 일부 용어들은 영어 발음에 따라 표기하였습니다.

- 저자들은 서비스 디자인의 결과물로 도출되는 것을 '솔루션(solution)'이라고 명명했는데, 이를 맥락에 따라 해법, 해결책, 그리고 솔루션으로 혼용하였습니다.

- 본서의 부제에 포함된 '디자인 씽킹(design thinking)'은 혁신적 문제 해결을 위해 사용자 중심으로 사고하며 새로움에 대한 탐구와 기존 모델의 개발 및 활용을 통합적으로 진행하는 방법을 의미합니다. 본서는 서비스에 최적화된 디자인 씽킹을 다룹니다.

- 본문에서 주어로 자주 나오는 '우리'는 저자들이 설립한 서비스 디자인 전문 회사 엔진 혹은 공동저자 3인을 통칭하는 것입니다.

"서비스 개선을 도모하는 사람이라면 누구나 이 책을 서비스 디자인의 지침서로 삼길 바란다. 이 책은 매력적이고 개인적이며 기억에 남을, 심지어 아름답기까지 한 경험을 선보임으로써 서비스의 진정한 혁신을 이루게 해줄 것이다."

_ B. 조지프 파인 주니어, 〈경험 경제학〉 공저자

"이 책은 현실에 근거하고 있으며, 기업 전반에 걸쳐 디자인 지향적 혁신이 일상화되도록 비전은 물론 실제적인 전략까지 제공한다."

_ 케이티 피어스, 보다폰 엔터프라이즈 글로벌 고객 경험 총괄

"이 책은 내가 새로운 고객 경험 계획을 구상할 때마다 찾는 정보원이 될 것이다. 이 책은 모든 업종의, 모든 고객 경험 팀을 위한 노하우를 담은 지침서이다. 대단히 훌륭하다."

_ 존 패터슨, 세이지 고객 경험 부문 부사장

"고객의 관점을 꿰뚫는 디자인의 통찰력은 탁월한 서비스를 잉태시키는 진주조개 속 모래다. 이 책에서 조 히피, 올리버 킹, 제임스 삼페리 이 세 명의 저자들은 서비스에 디자인을 접목시키는 최전선에서 쌓은 20여 년의 경험을 발휘하여 여러분이 직면한 도전을 이해하고 탁월한 해법을 도출하도록 돕는다. 소셜 미디어 시대에 조잡한 서비스로는 살아남을 수 없다. 이 책의 정제된 지혜는 고객으로부터 비난이 아닌 칭찬을 듣도록 도와줄 것이다."

_ 브루스 테더, 맨체스터대학교 경영대학원 혁신경영 교수

"이 분야에 정통한 저자들이 쓴 진정 철두철미한 책으로, 조직 서비스 디자인 발생 과정의 핵심을 파고 든다."

_ 카이 엔 옹, BBC 사용자 경험 및 디자인 총괄

"디자인 씽킹은 서비스 개발 프로세스를 형성하며, 효과적이고 멋지고 매력적인 서비스 공급을 완성하게 하는 일종의 지지대 같은 구조물의 역할을 톡톡히 해준다. 이 책은 저자들의 비망록이자 동시에 서비스 디자인 프로세스를 소개하는 안내서이다. 이 책의 핵심은 최종 사용자 중심성과 이 책이 불러일으키는 열정이다. 나는 이 책을 참고서이자 안내서로 삼으며 항상 내 곁에 둘 것이다."

_안드레아스 지오지아스,

IBM 컴퓨터 서비스 산업 부문 최고기술책임자

"아주 독보적인 책이다. 실용적이며 활동 지향적인 방식으로 기술되었으며, 고객 경험이 지속적인 경쟁력 창출의 관건이 된 이 시점에 서비스 개발 및 관리 분야에 종사하는 '혁신가'들을 겨냥한 책이다."

_프란시스코 비에라 피타,

국영 포르투갈 공항공사ANA 운항 마케팅 디렉터

"고객 경험 분야 지도자들이 주는 실질적인 팁으로 가득한 이 책은 모든 조직에는 고유한 여정이 있으며 우리도 자기만의 방식을 개발할 필요성이 있다는 점을 거듭 확신하게 한다. 이 책을 10년 전에 읽을 수 있었더라면 얼마나 좋았을까 싶다."

_헤이젤 휴스, 영국 웨이트와처스 고객 경험 및 운영 이사

"대기업에서는 보다 나은 고객 서비스 지원 방안을 마련하는 것이 매일 치르는 전쟁처럼 느껴질 수도 있겠지만 이는 충분히 가치 있는 일이다. 이 책은 디자인 팀의 외부지향적 기업문화 혁신에 착수하는 데 필요한 비결과 도구와 기술 일체를 제공한다."

_케이트 캡, 테스코 PLC 서비스 디자인 총괄

"우리가 날마다 주고받는 서비스의 디자인은 오늘날 고객의 충성도를 확보하기 위해 다투는 경쟁적인 브랜드의 세계에서 그 어느 때보다 더 중요해졌다. 만약 그런 서비스가 수많은 채널을 통해 확장된다면 고객에게 기쁨을 전달하는 일의 복잡성에 직면해 망연자실할 것이다. 전문가를 찾아라! 엔진 서비스 디자인은 일찍이 복잡한 문제에 대한 그들만의 해법을 개발하여 양질

의 고객 서비스를 전달하는 것은 물론 공동 창조한 브랜드의 가치 상승을 통해 그 효율성을 꾸준히 입증한 바 있다. 그 노하우의 내막을 안다는 것은 귀중한 정보다."

_ 데보라 도튼, 영국 디자인 기업 협회 CEO

"모든 경영자는 스스로 파괴적 혁신가가 되거나 파괴적 혁신에 대응하는 도전에 직면하게 된다. 이 책에서 저자들은 성공의 길을 개척하다 말고 중단하는 이들의 변명을 집중 조명하였다. 이 책은 우리 시대 모든 관리자들의 필독서다."

_ 래쉭 파머 MBE FBCS, IBM 유럽지부

수석 엔지니어 겸 기술이사

차 례

1부

비즈니스 혁신을 위한 도전

2부

서비스 디자인의 기술

지은이 소개

조 히피 Joe Heapy

올리버 킹 Oliver King

제임스 삼페리 James Samperi

조 히피는 엔진 서비스 디자인의 공동 창립자이자 디렉터다. 산업 제품 디자이너 출신인 그는 디자인이 사람들의 생활 개선에서 차지하는 사회적 가치의 옹호자다. 현재 다양한 분야의 클라이언트들과 함께 하는 작업을 통해 그들 기업의 업무능력을 향상하고, 고객들이 기업의 서비스를 경험하는 방식을 개선하는 데 도움을 주고 있다.

2006년, 그는 공공정책 싱크탱크인 데모스Demos와 공동 연구 작업을 했으며, 공공 서비스 디자인 분야에 디자인 스쿨에서 훈련받는 사용자 중심 디자인 방안을 적용하는 방법을 설명한 최초의 책인 〈인터페이스를

향한 여정The Journey to the Interface〉을 펴냈다. 또 현재 글래
스고예술학교 디자인학과 명예 교수이자 런던 왕립예
술학교RCA 방문교수로 재직하고 있기도 하다.

올리버 킹은 엔진의 또 다른 공동 창립자이자 디렉터
다. 그는 조직이 보다 더 유의미하고 가치 있는 양질
의 서비스를 제공할 수 있는 노하우와 적기를 파악하
도록 돕고 있다. 그는 공동창조co-creation와 디자인 씽킹
design thinking, 그리고 조직의 디자인 역량 증진을 돕는 일
에 열정적인 옹호자다. 모든 분야를 종횡무진하며 작
업하지만 특히 여행, 자동차, 숙박 및 에너지 부분에
서 폭넓은 경험을 축적했다. 그는 자신의 분야에서 선
구자적 위치를 인정받아 서비스 디자인과 혁신에 관한
국제적인 강의 및 저술 활동을 하고 있다. 아울러 그는
영국 디자인 기업 협회 이사를 맡고 있다.

제임스 샴페리는 엔진의 디렉터이며 산업 제품 디자인
과 디자인 연구, 그리고 디자인 전략 분야에서 경력을
쌓았다. 그는 메르세데스 벤츠, E.ON, 채널 4, 두바이

공항, BBC의 서비스 디자인 및 개발을 포함한 전 부문에 걸쳐 엔진의 프로젝트 전수를 책임지고 있다. 여러 에이전시에서 일한 경험과 대형 단체에서 서비스 디자인을 의뢰한 경험을 두루 갖춘 그는 훌륭한 제품과 서비스 전달의 요건에 대해 강한 공감을 피력한다. 엔진의 최대 사업인 두바이 관련 업무 계획을 운영하고 있다. 이 사업의 일환으로 클라이언트 단체의 고객 경험 임시의장으로 활동함과 동시에 엔진 두바이 스튜디오의 계획 관리를 계속 해오고 있다. 또 서비스 디자인과 그것이 기업에 미치는 영향력에 관한 강연과 훈련계획 운영을 정기적으로 실시하고 있다.

감사의 글

집필진은 우리의 사업 발전과 이 책을 향한 엔진 팀원들의 열정과 아이디어와 공헌에 심심한 감사의 뜻을 전한다.

내가 서울에 처음 방문했던 때는 1998년이었다. 그 무
렵 나는 런던의 한 컨설팅 회사에서 산업 제품 디자이
너로 근무하고 있었다. 한국의 클라이언트는 한 텔레
비전 제조사였다. 그들은 제품을 유럽 시장에서 판매
하길 원했고, 유럽의 소비자들에게 적합한 제품을 만
들어내기 위해서는 디자인을 활용해야 한다는 것을 알
고 있었다. 나는 그 회사의 디자이너들과 함께 시간을
보내며 어떻게 해야 전통적이고 현대적인 한국의 디자
인에서 영감을 받은 제품 디자인 언어를 창조해낼 수
있을지 이해하기 위한 작업을 했다. 우리는 그 언어를
해석하여 유럽의 가전제품 브랜드들과 어울리는 독특

하면서도 친근한 제품군을 만들어야 했다.

당시 함께 일했던 사람들과 한국 문화에 대한 첫인상 덕분에 나는 애정을 갖고 그 여행을 되돌아볼 수 있게 되었다. 내가 보았던 사물들과 한국의 그래픽 디자인에 내재된 색채와 에너지, 그리고 주변 대상의 유형(類型, typology)은 모두 내가 자란 영국의 미적 측면과는 아주 달랐다. 그 여행은 나에게 강한 인상으로 남았고 이후로도 디자이너로 여러 차례 서울에 방문하는 것이 즐거웠다.

오늘날 우리는 모두 세계적 디자이너 커뮤니티의 일원이 되었으며 나는 지난 20년 동안 디자이너로서의 내 역할이 크게 변해왔다고 생각한다. 한때 우리가 제품을 더 매력적이고 사용하기 쉽게 만들기 위해 고용했던 디자이너들은 다학제적 팀의 구성원이 되어 광범위한 비즈니스와 사회의 도전 과제들을 해결하는 데 필요한 기술들을 갖추었다. 그리고 결국 경영계에서도 디자이너와 디자인 씽킹의 가치를 인정하게 되었다. 대형 경영 컨설팅 기업들은 자사의 팀들에게 디자인 씽킹과 인간 중심적 디자인을 훈련시키고 있을 뿐만 아니라 디자인 에이전시를 인수하기도 한다. 이제 비즈니스의 세계에서 '디자이너처럼 생각할 수 있는 것'은 진정 장점이라 할 수 있다.

서비스 디자인은 디자인, 혁신, 마케팅, 고객 운영, 비즈니스 개발과 분석, 사회과학 연구, 그리고 소프트웨어 개발 등 여러 분야의 도구와 실무를 한 데 묶은 융합적 실천이다. 그 융합적 특성 때문에 비즈니스의 많은 부분들에 접근하기가 용이하고 공동 작업을 위한 플랫폼을 제공하기도 한다. 중요한 점은, 디자인과 디자이너들이 인간 중심적이고 상상력이 있으며, 미래에 대한 낙관적인 관점이 도전과 관련된 사람들을 결집할 수 있다는 것이다.

이 책은 단순히 디자인 서비스를 제시하는 것이 아니라, 디자인으로 비즈니스와 사회적 도전을 다루기 위해 전체 조직이 사용할 수 있는 실무적 방법론으로서의 서비스 디자인을 제안한다.

문화유산과 공학기술의 우수성, 그리고 교육은 한국에서 디자인 씽킹과 젊은 디자이너들을 위한 훌륭한 환경이 조성되도록 해주었다. 나와 올리버, 제임스는 우리의 책이 한국에서 읽히며 디자인과 디자이너의 미래 역할과 가치의 탐구에 일조할 수 있음을 매우 기쁘게 생각한다.

2019년, 저자들을 대표하여

조 히피

이 책을 집필하면서 가장 즐거웠던 점 중 하나는 우리
와 현재 협력하고 있거나 과거에 협력했던 클라이언트
들을 끌어들일 구실을 찾는 일이었다. 우리도 다른 여
러 조직들과 마찬가지로 피드백과 성찰을 최대한 활용
하지 못한 적이 많았는데 이 일이 중요한 동기가 되어
주었다. 형식적인 사례연구를 서술하기보다는 전 장
에 걸쳐 여기서 소개할 기여자 11인의 일화와 관점을
엮는 데 집중했다. 그들은 모두 이 책을 출간하기 2년
전 우리가 함께 프로젝트를 진행했던 이들이다. 그 프
로젝트들의 목적과 결과는 우리가 함께 일했던 조직들
만큼이나 다양했지만, 모든 기여자들이 서비스 디자인

프로젝트를 경험했으며, 프로젝트와 더불어 그들이 속한 조직의 사고와 업무 차별화를 위한 디자인 씽킹과 방법의 활용이라는 병행 안건도 진행했다. 기여자 전원이 재능 있고 야심찬 사람들인지라 우리의 컨설팅 이후 일부 직원들은 그들의 역할을 변경했고 심지어 고용주를 바꾸기도 했다. 그들을 소개하도록 하겠다.

애덤 엘리엇은 국립전송망National Grid 고객 경험 계획 개발 부장이었다. 국립전송망은 영국의 전기 및 가스 전송을 담당하는 기관으로 국립그리드그룹 산하기관이며 미국에도 지부를 운영하고 있다. 우리가 국립전송망에서 애덤과 작업하기 전에 그는 당시 우리의 고객이었던 E.ON의 고객 팀 멤버로서 처음에는 영국에서 그리고 차후에는 유럽 전역을 무대로 E.ON의 고객 경험 개선 프로젝트를 위해 팀을 꾸리고 프로젝트를 운영했다. 그는 고객 경험분야의 노련한 전문가로 어떤 운동을 시작하고자 할 때 직면하는 도전들을 통과할 수 있는 능력을 갖추었으며 디자인 씽킹과 도구를 사용하여 뭔가를 실현하는 것을 좋아한다.

숀 라이즈브로는 지난 15년간 그가 일했던 여러 기업에서 고객 경험 의제를 주도했었고 앞으로도 그럴 것이다. 우리는 숀이 버진 미디어에 있을 때 처음 그와 작업을 하였는데, 그곳은 전화, 텔레비전, 광대역 인터넷 서비스를 제공하는 회사로 현재는 리버티 글로벌 그룹의 계열사로 있다. 당시 버진 미디어는 사업 초창기로 숀은 고위 간부들에게 고객 경험 개선의 중요성에 대해 계속 이야기했다. 이에 버진 미디어에서는 그에게 고객 경험 개선이 끼칠 영향력을 입증해보라는 도전과제를 던져주었고 우리는 그의 팀과 함께 몇 가지 프로젝트를 놓고 4년간 작업을 진행했다. 그 이후 숀은 이직을 거듭해 최근 그의 직장인 의료보험회사이자 의료서비스 제공업체인 부파Bupa에서 그와 함께 작업을 시작했다.

서맨사 무랏은 영국 주요 식료품업체로서 현재 소매업 그룹인 유로스타와 세인스버리를 포함한 몇몇 유수 서비스 브랜드에서 일했다. 우리는 서맨사가 런던 교통국 내에 신설된 직위로 이전했을 때 그녀와 함께 작업을 했는데, 거기서 그녀는 수도 전역의 공공교통을 관장하는 일을 했다. 그녀는 사실상 공무집행 권한을 지닌 엔지니어링 회사 내에서 고객 경험 담당자 역할을 하는 몇 가지 어려움에 대해 설명한다. 그 조직은 유서 깊은 기관임에도 불구하고 자체적인 자금 조달의 필요성에 직면하자 런던의 교통 경험은 물론 조직 자체의 중대한 개혁을 단행했다.

이연희와 스텔라 상옥은 한국의 현대자동차에 몸담고 있다. 글로벌 기업인 현대자동차는 자동차 업계 서비스 부문에서 세계 최고가 되려는 원대한 야망과 염원을 지니고 있다. 우리는 연희, 스텔라와 함께 수도 서울의 부유층 지역인 강남에 설립될 그 회사의 새로운 소매경험 모델로서 획기적인 소매 경험을 제공하는 현대자동차 스튜디오를 상상하고 디자인하는 작업을 했다. 그 경험 디자인 작업의 핵심은 이 멀티스토리형 매장에서 일하며 고객 서비스를 제공하는 현대차 직원들의 역할과 태도를 고려하는 것이었다.

크리스핀 험은 영국 레일 딜리버리 그룹 여객사업부 장으로 20개의 철도운행회사를 대표하며 영국 전역의 철도망의 서비스 및 고객 경험 개선을 도모하고 있다. 우리는 고객 정보제공 개선방향을 가늠해보고 계획하기 위해 크리스핀과 그가 이끄는 팀과 함께 작업했다. 크리스핀은 일찍이 영국 육군 장교로 복무한 경력을 갖고 있다. 그는 대화 도중 특별히 분명한 비전의 커뮤니케이션과 현재 개인의 전권 하에 있는 자원의 활용 방안과 시기 분석의 필요성에 관해 이야기하면서 군의 계획과 임무 완료 관행을 디자인 도구의 일종인 도구와 아이디어에 비유했다.

키이스 플레처는 E.ON 에너지의 고객 경험 혁신 계획 수석 관리자이다. 키이스는 고객추천기준인 넷 프로모터Net Promoter를 유럽 전역에서 실행하며 고객 경험 분야 최고의 관례를 보급하기 위해 E.ON과 협력하고 있다. E.ON이 어떻게 사람들을 훈련하고 디자인 씽킹을 하는지는 차후에 살펴보도록 하겠다.

조해너 자칼라는 핀란드의 국영항공사인 핀에어의 마케팅 및 고객 충성도 부서의 최고마케팅경영자이자 브랜드 부회장이다. 핀에어는 피나비아가 운영하는 헬싱키 공항에서 운항 중이며 이 두 조직은 공항 탑승객과 방문객을 위한 서비스와 탁월한 경험을 제공하기 위해 긴밀히 협력 중이다. 헬싱키 공항은 그 효율성과 청결도, 그리고 신뢰성 면에서 놀라우리만치 잘 운영되고 있다. 하지만 여타 공항과 마찬가지로 헬싱키 공항 역시 여행객을 위한 항공사 루트와 여행객 유치 경쟁이 치열하다. 피니비아는 기존의 공항을 개선함과 동시에 새로운 터미널 청사 개발에도 투자하고 있다. 우리는 조해너와 그 팀과 함께 그들이 이미 건축을 시작한 놀라운 공항 청사들에 걸맞은 탑승객 서비스와 경험을 상상하는 작업을 수행했다.

헬렌 우드로는 2017년까지 두바이 공항 연구개발 부회장을 역임했다. 헬렌은 수용능력, 운영계획, 고객 경험을 선도하는 몇 개의 감투를 썼다. 그녀의 역할은 요구 예측, 다중 시간대에 걸친 수용능력과 경험 요구 규정, 수용능력과 효율성 및 서비스 수준 향상을 위한 최적의 해법을 찾는 것이다. 그녀는 두바이 공항의 고객 경험 전략 개발을 주도했으며 조직의 연구와 이해 및 방대하고 다양한 두바이 국제공항의 고객 시설 전반에 걸친 고객의 요구와 기대에 대한 민감성 향상을 위한 다양한 프로젝트와 계획 및 작업방식을 확립했다.

프랭크 매크로리는 두바이 공항 운영 팀의 수석 부회장이며 터미널, 출국 게이트, 엔지니어링 서비스를 포함해 인원 800여명의 팀을 이끄는 책임을 맡고 있다. 그에게는 갈수록 제약된 환경 속에서 고객 경험, 안전, 수용력을 포함한 운영 전반의 개선 상태 유지를 총괄하는 한편 기대치에 부합하는 업무 실적을 올릴 직접적인 책임이 있다. 그는 그의 운영 팀 전체의 서비스 문화를 주도하는 선봉에 있으며 세계적으로 가장 붐비는 공항으로 손꼽히는 두바이 공항의 서비스 개선 계획 개발이라는 만만치 않은 과제를 부단히 이끌고 있다.

클레어 배커스는 주택에 대한 노년층의 고려방식의 재고를 사명으로 하는 자산개발기업인 페가수스라이프의 고객 경험 디렉터로 있다. 우리는 클레어와 함께 소비자들이 단순한 건물매입에서 탈피하여 노년층의 라이프 스타일과 야망을 반영하는 브랜드와 서비스 구매라는 새로운 판매 여정을 창출했다. 페가수스라이프 주택들은 매입 후에도 여전히 공사가 진행 중인 경우가 많기 때문에 우리는 페가수스라이프 주택 생활 경험을 실감하게 해주는 도구들을 영업 팀에게 제공할 필요가 있었다. 우리는 아파트 생활, 부대시설, 커뮤니티, 각종 서비스 및 65세 이상 노년층의 건강성 증진과 즐거움의 조화라는 페가수스라이프의 접근법을 입증하는 방식에 역점을 두었다. 그들의 사명은 고객들이 자신들의 주택으로 입주하기 전 단계부터 페가수스라이프 브랜드에 대한 옹호를 창출하며 결국 상업적 성과를 추진하는 것이었다.

서비스 디자인을 이용한 고객 주도 혁신을 위하여

이 책은 영국에서 서비스 디자인이란 분야를 개척한 엔진Engine의 창립자들이 저술한 기념비적 교과서이다. 엔진은 국내에서도 현대자동차의 프로젝트들과 몇몇 연구 결과를 통해 잘 알려져 있는 디자인 전문회사다. 서비스 디자인이란 새로운 비즈니스 모델을 개발하거나 당면한 문제를 해결하기 위해 고객의 관점에서 서비스를 재정의하고 고객 경험과 관련된 이해관계자들 모두를 대상으로 한 리서치를 통해 결과물을 만들어 내는 방법론을 의미한다. 그 서비스 디자인의 프로세스에서 가장 핵심적이고 어려운 일은 서비스를 완전히 다른 각도에서 바라보고 브랜드, 마케팅, 그리고 여러 세부 직무 등 비즈니스의 다양한 요소들을 종합적으로 고려하는 것이다.

이 책은 바로 이러한 부분을 도와준다. 서비스 디자인을 어떻게 활용할 수 있는지, 그리고 그것을 위해 어떻게 생각하고 행동해야 하는지를 알려준다. 서비스 디자인의 개념을 정립하는 데 공헌한 저자들은 이 책에서 그동안의 경험을 녹여내어 서비스를 위한 디자인 씽킹design thinking에 대해 설명한다. 디자인 씽킹은 디자이너의 창조적 작업방식과 감성을 기업 경영에 접목한 방법이다. 좀 어렵게 말하자면, 직관적 사고와 분석적 사고를 병행하는 통합적 사고법으로, 분산적 사고를 통해 다양한 아이디어를 떠올린 다음, 수렴적 사고를 통해 그 중 최선의 해결책을 탐구하는 과정이다. 처음 접하는 독자들에게는 모호하게 여겨지겠지만 이 정의가 서비스 디자인의 거시적 프레임을 이루므로 여기서 잠시 언급하는 것이다. 이 책에는 서비스 디자인에 필요한 디자인 씽킹의 원리가 자연스럽게 내포되어 있어 전문적인 디자인 씽킹 지식이 없이도 충분히 이해가 가능하다. 이 책의 부제에도 '디자인 씽킹'이란 말이

붙었는데 그 이유는 본문에서 비즈니스 혁신을 위한 디자인 씽킹 기반의 방법론들과 사례들을 다루고 있기 때문이다.

한국에도 이미 서비스 디자인의 가치가 알려져서 전국의 여러 지자체에서 '국민디자인단'이라고 하는 국민 중심의 공공서비스 디자인 사업을 추진했고, 디자인진흥원에서는 서비스 디자인을 디자인전문회사들의 주력 업종 중 하나로 분류하기도 하였다. 하지만 발표되는 사례들은 대체로 특정 제품이나 서비스를 개선하거나 대상을 정해두고 그것의 부분적 문제를 해결하는 수준에 그쳐 기존의 제품디자인이나 UX 디자인 등의 영역과 크게 다른 점이 없었던 것이 사실이다. 다른 점은 고객 중심의 리서치 기법들을 사용하였다는 것인데, 사실 그러한 방법들은 최근 대부분의 디자인 분야에서 보편화된 것들이다(그래서 이 책에서도 핵심적인 방법들만 제시한다). 보다 큰 그림을 그려 수익을 창출하는 비즈니스 모델을 제시하거나 기업이나 국가의 정책에 변화를 줄 수 있는 안들은 드물었다. 서비스 디자인의 가장 큰 가치는 이미 존재하는 문제를 해결하는 것이 아니라 존재하지 않던 문제를 스스로 만들어내어 해결책을 제시하는 하는 것이다. 완전히 새로운 서비스를 창조해내는 것이다. 기존의 사례들이 서비스 디자인 이론의 실제 응용을 보여주었다면 이제는 서비스 디자인과 디자인 씽킹으로 조직 전체를 업무 수행 방식을 변화시키는 시도들이 나와야 할 시점이다. 그것은 이 책이 전달하고자 하는 궁극적 지향점과도 일치한다.

서비스 디자인은 서비스라는 상품을 디자인하는 과정이지만 기존 제품의 결함을 보완하거나 더 나은 서비스를 제공하기 위한 해결책을 찾는 경영전략이 되기도 한다. 유럽 최대의 공항이자 가장 혼잡한 공항으로 꼽히는 히드로 공항에서도 최대 규모의 건물인 5터미널은 연간 2500만 명의 승객이 이용하는 공간이지만 첫 방문자들도 가야 할 목적지를 찾거나 방문예정지에 대한 정보를 얻는데 특별한 어려움을 겪지 않는다. 공항에서는 도착승객의 대기시간을 줄여주고 혼잡함을 줄이기 위해 방향과 정보를 제시하는 사이니지를 새롭게 디자인하였고 안내데스크를 방문하지 않아도 모바

일에서 몇 번의 클릭만으로 다양한 정보를 얻을 수 있도록 하는 등 개선된 서비스를 도입했다. 엔진이 건축 전문가들과 협업하여 진행했던 히드로 공항 서비스 디자인 프로젝트는 디자인의 기존 역할인 사용하기 편리하고 아름다운 제품을 만드는 데에서 한층 진화한 사례이다. 서비스 디자인 프로세스를 통해 완전히 새롭고 혁신적인 상품이 탄생할 수도 있고 기존에 발견되지 않았던 상품의 문제점을 획기적으로 개선할 수도 있기 때문이다. 이미 마이크로소프트, 삼성전자 등 글로벌 기업들은 디자인 경영에 서비스 디자인을 활용하고 있다.

디자인이 제품 디자인, 패션 디자인, 그래픽 디자인 등으로 구분되는 것과 달리 서비스 디자인은 독립적인 분야로 존재하지는 않는다. 기존의 디자인 분야들에 서비스 디자인 고객 중심 철학 및 과정 중심의 방법론과 프로세스를 융합하면 된다. 다시 말해, 모든 디자이너들이 필요한 지식과 경험을 갖춘다면 서비스 디자이너의 역할을 수행할 수 있다는 말이다. 전통적인 디자인 실무에서 디자이너의 감각과 상품을 사용할 미래의 고객 리서치에 의존하는 것과는 반대로, 고객의 입장에서 출발하여 그들의 피드백과 경험을 디자인에 반영해나가는 것이다. 서비스 디자이너들은 현재의 고객들(잠재적 고객을 포함한다)이 언제, 어디서, 어떻게, 왜, 어떤 경험을 해나가는지에 주목한다. 그들은 단순히 창조적인 작업만을 지향하는 것이 아니라 기업의 문제를 발견하거나 해결하고, 나아가 서비스 중심의 새로운 비즈니스 모델을 만들어내기도 한다. 그러한 측면에서 기업의 경영전략과도 직결된다. 이것이 경영자들이 서비스 디자인에 관심을 가지는 이유이다. 천편일률적인 분업화로는 다양한 요소들이 복잡하게 얽혀 있는 고객 경험의 문제를 해결하지 못한다. 그래서 엄밀히 말하면 서비스 디자인은 디자인의 영역이면서 동시에 경영전략의 영역이기도 하다. 고객 경험 기반의 혁신 프로세스에 디자인이 가진 시각화, 즉 물리적 실체화의 기능을 더한 것이라 할 수 있다.

한편, 서비스 디자인이라고 해서 반드시 서비스 산업에만 적용되는 것은 아니다. 지금은 제품과 서비스가 통합되는 시대이며 온라인과 오프라인 플랫폼에서의 경험이 유기적으로 연결되고 있다. 예컨대, 자동차 회사는 자동차라는 제품을 판매하지만 자동차를 보여주고 경험하게 되는 전시장이나 자동차 구매 이후의 관리 및 수리는 서비스의 형태로 제공한다. 좋은 제품을 뒷받침하는 좋은 서비스는 성공의 필수조건이 되었다. 현재 대부분의 대형서점들은 온라인 쇼핑몰과 오프라인 서점을 동시에 운영하고 각 공간은 상호 보완적 관계를 유지하고 있다. 온라인이 효율적인 것을 알면서도 오프라인을 포기하지 않는 이유는 책이라는 제품이 직접 만져봐야 내용을 알 수 있는 특성을 갖고 있기 때문이다. 물론 오프라인 서점에서 책을 매개로 하여 카페나 북클럽을 운영하는 등 다른 서비스를 제공하는 경우도 있다. 이처럼 복합적이고 서로 연결되는 속성을 가진 고객 경험에서는 맥락을 중시하는 서비스 디자인의 위력이 더욱 커진다. 결국 서비스 디자인은 고객 경험의 여정을 추적하여 필요한 무언가를 찾아내는 일이다.

저자들이 설립한 서비스 디자인 전문회사 엔진은 단순히 물리적 결과물만 제공하는 일반적인 디자인회사들과 다르다. 그들은 시장 조사와 사용자 조사를 시작으로 해서 디자인, 업무 프로세스, 조직 관리, 공간 기획 등 경영 전반의 문제를 다루는 종합적 디자인 경영 컨설팅을 하고 있다. 고객이 진정 원하는 것을 발견하고 이를 바탕으로 사용자의 편의성과 경영 효율성을 고려한 경험의 여정을 디자인하고 직원들의 고객 응대 방법까지 체계적으로 매뉴얼화하는 것이 엔진이 추구하는 서비스 디자인이다.

1세대 서비스 디자인 기업 엔진의 노하우와 많은 경험을 축적한 디자이너이자 컨설턴트인 저자들의 포괄적 접근법을 담은 이 책은 그 상징성 때문에 '바이블'이란 제목을 달았으나 실제로는 현 시대에 맞는 디자인 기반의 혁신 전략과 고객 경험 기반의 서비스 개선책까지 함께 제시하는 디자인 경영서라 할 수 있다. 따라서 디자이너뿐만 아니라 디자인을 혁신의 무기로 활용하고자 하는 경영자, 기획자, 마케터 등 모든 독자들에게 유익할 것이며, 특히 지금 서비스에 관여하고 있는 관계자들에게는 디자인에 대한 고정관념과 사고방식을 바꿀 수 있는 통찰을 전해줄 것이다.

현호영

우리는 모두 서비스의 소비자들이며 탁월한 서비스가 어떤 것이고 어떤 느낌인지에 대한 직관적인 감각을 갖고 있다. 하지만 정작 고객이 무엇을 선호하며 진정 가치 있게 여기는지, 그리고 적합한 서비스를 출시하도록 조직을 정비할 방안이 무엇인지에 관해서는 오리무중이다.

만약 조직이 손쉽게 놀라운 서비스를 상상하고 창출하며 제공할 수 있다면 얼마나 경이로운 세상이 될지 생각해보라. 또한 몇 분 안에 뚝딱 긍정적인 고객 경험을 디자인하고 제공할 수 있다면 서비스 제공자의 삶이 얼마나 단조로울 지도 생각해보라. 하지만 알다시피 우리가 사는 세상은 그렇지 못하다. 그러나 이제 곧 적합한 서비스를 한 발 앞서 출시할 방안을 배우게 될 독자들에게는 서비스 개발과 제공이 그리 나쁜 일만은 아닐 것이다.

이 책의 마지막에 이를 즈음이면 고객이 진정 원하는 서비스를 창출할 방안을 이해하게 되고 이런 지식을 동료들과도 나눌 수 있게 될 것이다. 만약 자영업자라면 계속 매장을 찾도록 고객을 독려하는 데 필요한 통찰력을 지니게 될 것이다.

따지고 보면 우리 인간에게 서비스 없는 발전은 불가능할 정도로 서비스는 현대인의 생활에서 거의 모든 영역을 뒷받침한다. 해외여행을 갈 때 날개 없는 우리는 비행기를 타며, 이웃 동네에 사는 누군가와 대화하고 싶을 때 거기까지 들릴 만큼 목소리가 크지 못한 우리는 전화를 걸고, 무료함을 느끼면 보다 손쉽게 즐거움을 얻을 수 있는 텔레비전을 켠다.

서비스는 우리의 시야를 넓히고 부를 창출하며 우리 삶을 체계화 내지는 나아가 확장시켜줌으로써 우리의 관계나 경력에서 더 많은 것을 성취하게 한다. 의사,

치의사, 종교 지도자, 변호사, 교사, 심지어 미용사와의 관계까지, 그것이 다음 대에도 연결된다는 생각은 우리에게 감정적 부담을 느끼게 한다. 사실상 서비스는 출생부터 교육, 결혼, 그리고 종국에는 죽음에 이르는 보편적 통과의례들의 대부분을 촉진해준다.

오늘날 우리가 이용하는 서비스의 상당수가 수많은 경로로 접근가능하다는 사실은 그 복잡성을 가중시킨다. 우리는 인터넷 사이트, 앱, 매장, 인간 또는 기계와 연결된 전화로 집안 또는 외출 시에도 어떤 조직과 상호작용을 한다. 우리의 일상에서 어떤 방식으로든 서비스를 접하지 않는 순간은 거의 없다.

이로써 서비스를 제대로 받는 것이 얼마나 대단한 일인지 알 수 있으며, 따라서 그것은 디자인을 잘해야 할 가치가 있다. 이것이 바로 탁월한 서비스 디자인의 역할이다. 이 책은 고객에게 사랑받는 보다 나은 서비스를 상상하고 디자인해서 한 발 앞서 출시하도록 사람들과 팀원들을 독려하고 동원할 수 있는 방안에 관한 책이다.

하지만 왜 굳이 그렇게 해야 할까? 마땅히 고객에게

잘해야 함을 직감하면서도 막상 그런 사례를 만들기란 어려운 일처럼 느껴진다. 고객을 위한 경험에 투자하는 것이 몇몇 조직원들에게는 단순한 비용으로밖에 보이지 않으며 따라서 고객 만족수치가 급락하고 불만이 상승할 경우에만 그럴 가치가 있는 일로 비칠 수 있다. 하지만 고객의 분노를 달래는 것보다 서비스와 경험의 디자인 개선을 위해 할 수 있는 일이 더 많다. 상당수 조직에 있어 고객의 경험을 디자인하고 관리하는 일은 기업 성장의 가장 중요한 동력이다. 그 이유가 무엇일까? 주된 이유는 그들이 그 외의 다른 것들은 전부다 해봤기 때문이다. 현재 진정 고객중심이라고 자부하는 기업들은 그런 방식에서 출발했거나 아니면 수년에 걸쳐 자사의 절차를 바로잡거나 기업문화를 바꾸는데 상당 시간을 할애했다. 그들은 고객을 중심으로 기업을 조직화했는데 이것이 그들에게 상당한 이점을 안겨다주었으며 특히 이미 제품화되었거나, 시장이 포화상태거나, 제품의 질이 어중간하거나, 전환의 장벽이 낮은 부문에서 효과를 거두었다. 고객이 보기에 경쟁회사들 간에 가격이나 제품의 질에서 큰 차이가 없을 경우, 서비스가 구매결정이나 충성도의 요인이 된다.

기업이 제공하는 서비스 개선이 곧 운영비 상승을 의미하는 것은 아니다. 사실상 서비스 개선은 몇 가지 중요한 방식으로 경비를 절감해준다. 고객의 주문과 문의사항을 파악하게 해주는 기술의 활용으로 대고객 서비스를 향상시키고 인력을 감축시킨다. 문제가 발생 했을 때 보다 나은 경험을 디자인하는 일은 고객에게 미칠 부정적 영향을 감소시키고 고객으로부터 상당한 호감을 확보할 수 있는데 이는 고객에 대한 보상과 유지에 드는 비용의 감소를 의미한다. 무엇보다도 디자인 주도적 접근에서 가장 중요한 점은 항상 보다 적은 비용으로 보다 많은 효과를 거두는 방법을 찾게 해준다는 것이다. 서비스에서 이것은 일례로 고객이 즐겨 이용할만한 탁월한 셀프서비스 제안과 경험을 개발하는 것을 의미한다. 아울러 동료 및 고객들과 함께 서비스 일부를 리디자인하는 작업은 오류 발생 횟수를 줄이고 비용이 많이 소요되는 재작업이나 고객의 서비스 센터 전화 상담을 방지하는 데 도움을 준다.

그 모든 상업적 이익 외에도 이 책에서 우리가 설명

하는 방식과 같은 기업의 팀들과의 디자인 주도의 프로젝트 운영은 보다 고객 중심적인 조직으로의 혁신과 더불어 고객을 위한 디자인과 서비스 전달을 더 잘할 수 있게 도와준다. 이런 방식의 작업은 기업이 상업적 목표 달성을 위해 의식적으로 개선해나갈 수 있는 대상으로서 서비스와 경험을 바라보게 도와줄 것이다. 팀들은 고객에게 보다 가까이 다가가게 되고 그 과정에서 고객이 보다 쉽고 즐길 수 있는 기회를 파악하고 고객이 계속 찾아오게 만드는 새로운 해법과 제안을 찾게 될 것이다. 조직은 비전에 자극을 받아 혁신에 대한 동기를 부여받으며, 마땅히 해야 할 일로 여기고, 사례와 계획을 분명히 하게 될 것이다. 이로써 조직은 마음껏 도전하고, 상상력을 활용하며, 실험해도 좋다는 허락을 받은 것처럼 느끼게 될 것이다.

본론으로 들어가기에 앞서 몇 가지 용어에 대한 정의부터 짚고 넘어가도록 하자.

- 디자인이란 무엇인가?
- 디자인 주도적 혁신이란 무엇인가?

- 고객 경험은 무엇인가?
- 무엇이 서비스를 만드는가?

디자인이란 무엇인가?

우리는 숙련된 디자이너이지만 디자인의 의미를 둘러싼 논쟁에 휘말릴 위험 때문에 늘 이 질문만큼은 피하려고 노력했다. 하지만 이 책의 목적과 관련해 유념해야 할 두 가지 중요한 개념이 있다.

1. 디자인은 사물의 외형 그 이상에 관한 것이다.

우리가 말하는 디자인(조형적 디자인이 아닌)의 목적은 어떤 일들을 단순히 구체적인 형태로 보여줄 수 있도록 개선하는 것이며, 현실세계의 문제에 대한 해법을 상상해보고 깨닫도록 돕는 것이다. 그 해법이 반드시 거창하거나 사악한 것일 필요는 없다(물론 그럴 수도 있지만). 해법이 사소하면서도 중대한 문제에 관한 것일 수도 있는데 예를 들어 '우리가 보낸 첫 고지서를 받고 나서 은행계좌를 말소하는 고객의 수를 줄이는 방안은 무엇인가?' 또는 '향후 은퇴를 위한 연금 적립에 관심 있는 청년층을 고객으로 만들 방안은 무엇인가?' '우리 제품 구매를 보다 용이하게 만들 방안은 무엇인가?' 비록 우리가 숙련된 디자이너(누차 이야기하지만, 조형 디자이너가 아닌)이며 중요한 기술과 경험을 보유하고 있다고 자부하지만 동시에 우리 스스로를 우리 클라이언트 팀의 일부에 불과하다고 생각한다. 서비스를 디자인하고 전수하는 작업은 상당 부분 팀의 노력으로 이루어진다.

그리고 디자인에 대한 첫 번째 정의로부터 디자인에 관한 두 번째 중요한 생각이 도출된다.

2. 디자인은 단순한 결과물만이 아닌 하나의 과정이며, 이 것은 위대한 과정이다.

디자인 과정에 관한 서적이 많으나 본질적으로 디자인 과정은 통찰력, 아이디어, 해법을 향한 작업, 이 세 가지에서 출발한다. 그다지 혁명적으로 들리지 않을지는 몰라도 역사적으로 조직의 개선과 혁신을 위한 수많은 접근은 새로운 해법의 모색에 착수하는 개인 또는 팀별 문서 작성과 더불어 해법을 정의하는 일에서부터 시작되었다. 하지만 삶의 가속화와 시스템의 연결 및 복잡성 증대, 그리고 고객 요구의 다변화로 이런 방식의 작업이 거의 불가능한 실정이다. 그래서 그 대안으로 디자인 프로세스에서 탐구하고, 시험하며, 다수의 창의성을 문제나 기회에 적용해볼 수 있도록 허용한다. 해법이 완전히 정의되는 시점은 수용 가능한 선까지 연기되며, 가능한 경우 해법이 결코 완전히 정의되지는 않지만 사용자로부터의 피드백에 반응하며 지속적으로 진전되기까지 최대한 연기되기도 한다.

따라서 우리가 이 책에서 사용하는 '디자인'이라는

용어는 현재 조직의 요구에 잘 부합하는 것의 개선에 대한 접근을 의미한다. 그것의 기초는 고객의 통찰력이며, 그 원동력은 아이디어이다. 그것은 창의성과 실험에 충분할 만큼의 구조를 제공하며, 중요한 것은 그것이 접근가능하다는 점이며, 이는 비단 '워크숍'만을 위한 것이 아니라 함께 작업하는 과정을 통해 다양한 전문지식과 경험을 한데 모을 수 있는 훌륭한 방법이라는 의미이다.

디자인 주도적 혁신이란 무엇인가?

우리가 말하는 '디자인 주도적 혁신'이라는 용어는 조직을 위한 두 가지 중요한 결과가 있음을 암시한다. 첫째, 고객과 기업에게 이로운 보다 나은 솔루션(제품, 서비스, 경험)을 구현하게 된다. 둘째, 디자인 활동은 조직화 또는 운영방식 측면에서 조직을 혁신하게 된다. 본서의 전제는 우리가 관찰한 바로는 일단 우리가 조직의 서비스를 리디자인하거나 고객 경험을 개선하는 작업을 시작하면 이제 다른 길은 없다는 것이다. 그 조직은 서비스 운영과 서비스 개발 및 고객 경험 관리 접근 방식을 혁신해야 한다. 우리의 결론은 이렇다. 만약 서비스와 고객 경험을 리디자인하기 원한다면 먼저 그런 새로운 솔루션을 디자인하고 실행하며 그 서비스를 전달할 사람부터 '리디자인'해야 하는 경우가 대부분이라는 것이다.

고객 경험이란 무엇인가?

우리가 이 질문에 대답하기 위해 거치는 하나의 경로는 '고객 서비스'와 '고객 경험'이라는 양자 간의 차이점에 대해 생각해보는 것이다. 서비스라고 하면 속으로 안내 데스크나 소매점의 환경을 떠올리는 것이 일반적인 사람들의 정상적 생각이지만 이것은 전체의 일부분에 불과하다. 고객 서비스는 오로지 고객과 회사 사람이 접촉하는 것으로 연결시켜 생각하는 경향이 많으며, 그 중에서도 거래 또는 문의로 한정시키는 경우가 많다. 반면 고객 경험은 고객이 서비스에 대해 갖게 될 경험을 총제적으로 일컫는 말이다. 예를 들어 만약 온라인 주문으로 제품을 구매한다고 했을 때 고객의 경험은 검색부터 시작해서 광고 클릭, 원하는 물품의 선택 및 구매 절차, 업체가 보내는 후속 정보, 배송조회와 기다리기, 미도착 시 고객센터에 전화 또는 채팅, 제품 개봉과 포장지 처리로 마무리될 것이다. 이러한 경험에서 고객 서비스적인 요소는 물품구매와 배송관련 업체연락이 해당되며, 이를 포함한 다른 모든 측면들이 어우러져 총체적인 경험을 형성하며, 이것이 진정한 의미의 경험이다.

'고객 경험'은 기업의 제품과 서비스 각각 또는 모두에 대해 고객이 갖는 경험은 물론 그 결과, 고객이 브랜드에 대해 갖게 되는 신뢰를 전부 합한 개념이다. 뒤에 나올 표1에 제시된 우리가 '총체적인 고객 경험의 팔레트'라 부르는 것을 한 번 보도록 하자. 이 표에서 고객 서비스는 총체적인 고객 경험의 한 표제 또는 측

표 0.1 고객 경험은 고객과 기업 간의 상호작용을 구성하는 개별 요소와 전체 요소를 모두 함한 총체이다.

총체적 고객 경험 팔레트

서비스 역량	서비스 사용성	고객 서비스	정서적 충족	브랜드 존재감	제품 혜택
	고객이 자신의 경험을 평가하고 기업 브랜드에 대한 인식을 재확인할 때 고려하는 사항들				
서비스 빈도 신속성 정확성 신뢰성 청결성	검색 용이성 접근성 편리성 탐색성 간편성 용이성	이용가능성 접근성 친절성 개별성 공감성 해결력 수리	유용성 매력 즐거움 교양 안전성 보안성 보상	차별성 확신성 야망 친밀감 흥미성 지속성	연관성 명확성 가치성 가격 포장
총체적 경험 측면은 자신의 핵심 또는 고객을 얻는 방식으로 도입한 기업 영역					
• IT • 운영 • 프로세스의 탁월성	• 제품 관리자 • 컴퓨터 디자인 • 소매 디자인 • 법률 및 준수 팀	• 고객 운영 • 인사담당자 • IT • 프로세스 효율성 연구팀	• 제품 관리자 • 고객 경험 팀	• 브랜드 팀 • 고객 경험 팀	• 전략적 마케팅 • 영업팀 • 기술자

면에 불과함을 발견할 것이다(이것이 우리가 선호하는 고객 서비스에 대한 정의이다). 고객이 경험하는 것은 각각의 측면들의 조합이며 이런 조합을 통해 구매결정의 요인인 기업에 대한 인식을 형성하게 된다.

팔레트의 항목별로 그 밑에 특성 또는 원칙들을 제시하여 기업이 현재 운영 중인 서비스에 이들을 적용함으로써 총체적 고객 경험에 대한 자체적인 정의를 확립할 수 있게 배려했다. 여기에 비춰볼 때 이중 현재 어디에 주력하고 있으며, 강점은 어디에 있다고 생각하는가?

기업에는 이런 측면들이 다른 부분들과 혼재하므로 각각의 측면을 통제하려고 하면 어려움이 발생한다. 아울러 기업의 규모가 커지면 이런 조합된 인상이 파편화되어 전체적인 효과가 와해되기 시작한다. 조직 내 다른 기능들의 '고객 경험', 그것과의 관련성, 자신의 역할에 대한 각기 다른 해석이 이러한 비일관성과 해체라는 고객의 최종인식으로 몰아간다. 이것을 두 가지 예로 설명해보겠다.

대부분의 조직에서 고객 서비스는 고객 운영 팀의

핵심이다. 그것은 접수된 고객문의의 관리와 해결에 관한 것이며 주로 사람이 하지만 점차 인공지능 시스템으로 대체되고 있다. 특히 공장에서 생산된 제품이건 금융 상품이건 제품의 경계가 명시된 조직에서는 역사적으로 '고객 서비스'와 '고객 경험'이 동일한 의미로 사용되어져 왔다. 제품의 특성과 혜택은 성장의 주요 동력이며 제품에 대한 지원은 일종의 '필요악'으로 간주된다. 이런 기업의 다른 부서들은 고객의 마음에 올바른 인식을 불러일으키는 일에 자신들의 역할이 크다고 생각하지 않을는지도 모른다.

마찬가지로 휴대폰 운영자처럼 보다 덜 가시적인 제품을 판매하는 조직들도 마케팅 중심으로 접근하는 성향이 있다. 그들은 제품 혜택이 모호하거나 이해하기 어려울 때 고객과의 정서적 연결을 위해 자사의 브랜드와 광고에 투자한다. 이러한 상당수 기업의 핵심은 '고객 가치 제안'이며 서비스가 브랜드 차별화의 핵심으로 격상된다. 하지만 실제 고객이 받는 서비스는 마케팅 목표로 설정된 기대치에 사실상 못 미치고 있다.

따라서 탁월한 서비스와 경험을 디자인하고 전달하

는 일은 단지 상상력의 도전이 아니라 조직력의 도전이다. 따라서 기업의 각 영역이 자신의 몫을 해야 한다. 하지만 대부분의 조직은 이렇게 움직이지 않으며 '총체적 경험'을 위해 협업하도록 조직화되거나 숙련되지 않았다.

표 0.1에서 우리는 기업 내의 어떤 기능부서가 총체적 경험의 여러 측면 중 어떤 것을 자기 부서의 핵심으로 도입하는 성향이 있는지 제시했다. 우리가 경험한 바로는 CEO가 경영의 초점을 고객에게 맞추면 이에 따라 예산이 배정되고 기업의 각 영역은 고객과 고객 경험을 '차지'할 방안을 모색하며 서비스와 고객의 일부 측면을 자신의 핵심으로 도입할 것이다. 하지만 CEO의 지시 이후 접근법의 혁신, 자율적인 업무추진 허용, 인센티브, 기술이 뒤따르지 않는 경우가 많다. 그 결과 기업의 부서들이 가능한 최고의 총체적 경험을 제공하기 위해 협업한다기보다는 고객 소유권 경쟁에 매달린다는 느낌을 줄 수 있다.

탁월한 고객 경험은 우연한 일이 아니다

그렇다면 어떤 기업이 이 모든 것을 성공적으로, 그리고 중요한 것은 총체적으로 수행하는가? 이것은 까다로운 문제이며 사람들마다 각자 브랜드 선호도가 다르긴 하지만 영국 버진 애틀랜틱 항공의 예를 들어보도록 하겠다(표 0.2).

무엇이 서비스를 만드는가?

그렇다면 서비스는 어떻게 이루어지며 우리는 서비스에 대해 어떻게 생각하는가? 서비스는 자연적으로 진화하기도 하고 때론 계획적으로 진보하기도 하지만 이유가 어찌됐건 그것은 다른 사람을 위해 그리고 사람에 의해 디자인되고 운영된다. 효율적인 서비스는 삶을 보다 즐겁게 해주지만 형편없는 서비스는 우리를 답답하고 짜증나게 만들기도 한다. 힘들었던 경험은

표 0.2 완벽한 서비스란 존재하지 않으며 온라인상에는 나쁜 평가들이 넘쳐난다. 하지만 버진 애틀랜틱 항공사는 항상 기업 차원에서 모든 항공사의 핵심인 '고객 서비스'와 '총체적 고객 경험' 디자인의 차이를 진정으로 이해했다.

총체적 고객 경험 팔레트 – 버진 애틀랜틱

서비스 수행	서비스 사용성	고객 서비스	정서적 충족	브랜드 존재감	제품 혜택
2017년 전체 서비스에서 100개 항공사 중 33위 기록	버진 애틀랜틱은 런던 히드로 공항에 세계 최초로 무인 탑승 수속기를 도입한 주요 항공사 중의 하나다. 이는 어퍼 클래스 '라운지' 직행 라무진 서비스' 제안이과 동시에 출시되었으며 어퍼 클래스 탑승객이 사전 예약한 리무진으로 공항까지 운전해 와서 바로 지정된 보안검색대를 통과해 어퍼 클래스 라운지로 직행하는 느긋한 과정이 수월해 해졌다.	2017년, 2018년 2년 연속 유럽 최고 장거리 항공사 수상	2016년 최고의 비즈니스 라운지 4위, 이것은 버진 애틀랜틱이 어떻게 그들이 어떤 방식으로 고용주로부터 대접받고 보상받는다는 느낌을 누리고 싶은 기업인의 요구에 부응했는지에 대한 증거다.	기업 슈퍼브랜드 7위. 버진 그룹과 버진 애틀랜틱 브랜드는 지난 10년 간 영국의 슈퍼브랜드 조사에서 수차례에 등장했다. 그들은 탁월한 입지 제각에 막대한 투자를 하는데 여기에는 종종 바람이 여기에는 종종 바람이 매장을 묘사하면서 스쿠의 브랜드 이미지를 등 풍자하는 등 제미있고 유쾌하게 도전적인 그들의 특성이 잘 표현되어 있다.	이것을 타사와 구별하기란 항상 분명치 않으며 타 항공사들은 1980년대와 1990년대에 버진 애틀랜틱이나 다른 장거리 운항 항공사에 의해 세워진 기준에 묶여 있다고 해도 과언이 아니다. 버진 서는 경영진을 우시해 대담하고 독창적인 탐승객 최대한 활용할 줄 아는 것으로 항상 유명하다. 그들은 다른 영국들도 혁신하였느냐, 일례로 어퍼 클래스 개발 영역을 승객들에게 마사지 서비스를 제공하는 데 활용했다.
2017년 가장 안전한 항공사 20위권					

자료출처: 2017년 스카이트랙스 세계 항공대상, 에어라인 레이팅스 사이트, 2017년 영국 슈퍼브랜드 조사, 2001–2017년 영국 슈퍼브랜드 조사

쉽게 떠오르는 반면 탁월한 서비스를 받았던 경험을 떠올리려면 온종일이 걸린다. 우리는 최소한 목적에 부합하는 서비스라도 받았으면 하는 것이 소원이지만 이왕이면 고객 한 사람 한 사람을 소중히 대해줌으로써 우리를 기쁘게 해주며 기억에 남을 소중한 경험을 선사해주길 갈망하는 마음도 갖고 있다. 외부로부터 서비스를 받는 경험을 하면서 서비스가 이루어지기 위해 작동하는 모든 요소를 고려하는 사람은 거의 없다. 하지만 서비스 제공 업무를 해본 사람이라면 서비스가 일련의 복잡하고 상호의존적인 시스템으로 이루어진다는 사실을 경험으로 알 것이다. 각각의 시스템은 고유의 규칙과 구조를 지니며 전체가 효율적으로 작동하려면 이들이 마치 윤활유를 넣은 엔진처럼 함께 어우러져 일해야 한다. 이를 위해 조직은 단지 고객에게 무엇을 전달할 것인가 뿐만 아니라 그것을 어떻게 전달할 것인가에 대한 혁신을 필요로 할 수도 있다.

그림 1 서비스는 기업 및 그 고객의 가치를 창출하도록 디자인된 사람과 기술이 어우러진 작업 시스템이다.

생각만큼 쉬운 일이 아니다

알다시피 고객이 원하는 서비스를 창출하고 전달하는 것은 쉬운 일이 아니다. 우리가 상용하는 서비스를 통해 사람들과 그렇게 빈번하게 상호작용을 하면서도 그토록 공감이나 인간성이 결여될 수 있다는 사실이 놀라울 따름이다. '시스템'에 의해 자율성이 박탈된 고객 서비스 운영 팀의 상투적인 어구가 느슨하나마 끈덕지게 붙어 다닌다. 그 이유는 서비스 제공자가 고객의 다양성을 이해한다는 것은 고객이 서비스 제공 기업이 사업을 하는 복잡한 시스템과 그 기업들이 속해 있는 산업 모델의 한계성을 받아들이는 것만큼이나 어려운 일이기 때문이다.

그렇다면 조직에 있는 사람들에게 고객과 협력하며 공감하는 탁월한 서비스 개발이 그토록 어려운 이유는 무엇일까? 거기에는 다음의 세 가지 주요한 원인이 있다.

- 그들에게 놀라운 서비스를 제공하고 싶은 열망은 있으나, 이러한 열망과 그것이 실제 어떤 모습일지 그려보는 것 사이에는 현실과 상상의 간격이 존재한다.
- 그들에게 비전은 있지만 그것을 전달하는 데 요구되는 혁신이 너무도 거창하고 두렵게 느껴진다.
- 그들에게 서비스를 창출하기에 적합한 기술과 역량이 없기 때문에 서비스가 기본적인 기능은 할지 몰라도 고객에게 즐거움을 주지는 못한다.

만약 고객을 위한 서비스 개발과 관리가 요구되는 직업에 종사하는 사람이라면 이런 상황의 복잡성을 온몸으로 경험했을 것이다. 어느 길로 가야 하나? 무슨 일을 가장 먼저 해야 하나? 고객을 계속 찾아오게 만들 서비스를 디자인하고 실행하는 어려움을 어떻게 뚫고 나갈 것인가? 그런데 이는 단지 고객과 직접 접촉하는 직원만 관련되어 있는 문제가 아니라 총체적인 고객 경험에 영향을 미치는 기업 구성원 모두에게 해당하는 문제다.

현재 기업들이 처해 있을 법한 각기 다른 세 가지 단계는 다음과 같다.

1. **보수 단계**: 현재 기업의 서비스가 엉망인 상태라 보수할 필요가 있다. 고객 만족 지수는 형편없고 뭔가 대책이 필요한데 그것도 급히 손을 쓰는 것 외에는 대안이 없다.

2. **발전 단계**: 기업은 고객이 보다 나은 경험을 할 수 있도록 서비스를 개발하거나 서비스 제안service proposition을 한 단계 더 진척시키길 원한다. 아마도 기업이 다른 경쟁사들의 월등함을 목격했거나 아니면 서비스 제공체계를 재구축할 필요가 있음을 의미하는 사업상의 중대한 변화를 겪고 있을 수 있다. 그게 아니라면 단순히 기업이 업무 수행 향상을 위해 현재 진행 중인 절차가 있을 수도 있다.

3. **혁신 단계**: 기업이 현재 실시하고 있는 서비스의 종류와 그 수행방식에 중요한 혁신을 단행하면서 서비스 혁신을 위한 임무를 이행하고 있는 중이다. 이 과정에서 직원(또는 관리자)에게 새로운 역

할이 주어지기도 하며, 서비스 전달에 박차를 가해야 할 수도 있다. 아니면 기업의 여러 기능이 연계된 고객 경험 팀이 신설되어 이 분야의 연구조사를 유발할 수도 있다. 그 유발 요인이 무엇이 됐건 이런 방식의 서비스 혁신은 조직의 혁신을 필요로 한다.

현재 어떤 단계에 처해 있든 고객들에게 그들이 사랑하는 것을 제공하라는 과제가 가로놓여 있을 것이다. 하지만 여기서 다시 이런 질문이 제기된다. 우리의 고객은 누구인가? 그들에게 기쁨을 줄 서비스는 무엇인가? 또 하나 큰 질문은, 어떻게 하면 서비스 창출과 전달에 협력하도록 동료들을 설득할 수 있을까? 문제의 가장자리를 파봐야 해답이 나오지 않는다는 것은 과거의 경험으로 잘 알고 있을 터이다. 아울러 발생하는 문제만 고치는 일을 계속하는 것은 해법이 될 수 없을뿐더러 심지어 그런 소소한 개선의 효과가 더 큰 문제로 인해 약화된다면 자원의 낭비라는 생각이 들 수 있다. 이건 아니다. 조직이 원하는 것은 서비스를 디자인하고 또 그것을 실현하는 것이다.

이를 이루려면 예지력 있는 상상, 고객의 마음을 꿰뚫어보는 깊은 통찰력, 대의에 헌신하는 자세를 지니는 것이 좋다. 아울러 고객의 감정과 연결될 수 있는 예민한 감각과 원만하고 효과적인 탁월한 서비스를 빚어낼 수 있는 방법을 개발하는 것이 필수임을 알게 될 것이다.

무리한 요구처럼 들리는가? 걱정할 것 없다. 바로 그래서 이 책이 나온 것이니까. 지난 18년간 우리는 엔진 서비스 디자인(세계 최초의 디자인 서비스 컨설팅 업체의 하나다)의 파트너이자 디자이너로서 10억불 이상 조직들의 서비스를 재구성하고 재상상하는 일을 도왔다. 그러면서 우리는 복잡한 조직의 서비스 디자인과 전달에 대해, 그리고 그 실패 원인에 대해 많은 것을 배웠다.

여타 회사들과 마찬가지로 우리 클라이언트의 상당수 역시 마케팅 예산 증가와 효율적 운영, 디지털 혁신의 조합을 통해 상업적 이익을 얻었다. 문제는 기업이 효율성과 기술 추구의 한계를 비로소 깨닫게 된 것이다. 이는 곧 더 많은 것이 가능해질수록 이런 해묵은 질문들이 더 결정적으로 다가온다는 의미다. 무엇이 고객에게 최고의 가치가 될 것인가? 무엇이 고객으로 하여금 우리 제품을 사도록 만드는가? 어떻게 하면 탁월한 서비스를 신속하게 출시할 수 있을까? 이런 도전에 응하는 것은 단지 디자인과 개발만이 아닌 새로운 제품과 서비스의 창출과 전달에 필요한 기업 혁신을 대하는 다른 사고방식과 접근법에 대한 포용을 요구한다.

디자인 주도적인 기업이 되라

그렇다면 무엇이 일부 조직들로 하여금 이 부분에서 타 조직보다 앞서게 만드는가? 성공하는 조직은 기술, 마케팅, 또는 최적화 중심의 자원이라는 관리 접근방식에서 보다 실험적이고 신속한 행보를 갖춘 고객 영감에 따른 그리고 비전 중심의 접근으로 옮아가고 있다. 이는 팀들을 연결시키고 활성화시키며 일의 바른 순서를 인식하게 만드는 관리 접근인데, 먼저 고객의 통찰력을 활용해 서비스 제의 정보를 얻으며 그로부터 고객 경험을 디자인하고 최종적으로 그것을 전달하는 데 필요한 역량을 개발하는 순으로 진행된다.

개선과 혁신의 도전을 '디자인 주도적'으로 접근하는 방식은 고객의 손에 새롭고 가치 있는 뭔가를 쥐어주는 일이 단지 제품 개발 과정을 완료하는 것만 말하는 것이 아님을 인식하게 한다. 그것은 조직이 그 일에 투자하고 잘 실행하며 탁월하게 판매하고 지원하도록 영감을 주고 지원하는 것에 관한 것이다.

우리가 경쟁력 있는 7곳의 디자인 주도적 기업이 탁월한 서비스로 시장을 공략하도록 돕는 과정에서 경험한 핵심사항은 다음과 같다.

- 목적의식이 있는 서비스 디자인으로 이끄는 강렬한 비전 창출하기
- '효과 만점'의 멋진 서비스 디자인 고안하기
- 그것이 왜 중요한 지 확실한 사례를 만들어 모두

의 신뢰 형성하기

- 그것을 만들 만반의 준비가 갖춰져 실행에 아무런 문제가 없음을 확신시키기
- 그 프로젝트가 매력적이고 흥미롭다는 것을 확신시켜 모두가 참여하고 싶은 프로젝트 만들기
- 고객을 위한 제품 역시 고품질이 되도록 프로세스 전반에 걸쳐 품질을 최우선으로 하기

우리가 이런 접근법을 하룻밤 사이에 개발한 것은 아니며 실상은 우리 회사의 클라이언트들과 수년에 걸쳐 머리를 맞대고 작업한 끝에 만들어진 것이다. 우리는 과거 그 누구도 생각하지 못했던 새로운 것을 질문 받고 아울러 도전적인 질문에 대답하는 과정을 통해 배움을 얻었다. 일례로, 우리는 클라이언트들이 자신의 비전이나 디자인의 어떤 부분을 진행시킬지 결정하는 일을 얼마나 어려워하는지 똑똑히 보았다. 전례가 없는 사안들에 대해 판단을 내리는 것은 까다로운 일이며 그 과정은 주관적이고 종종 어떻게 최대의 가치를 창출할 것인지 보다 성격에 의해 몰아붙여지는 경

우가 많았다. 그래서 우리는 공동협력 워크숍 운영 시 사용 가능한 계획서 분석 방식을 고안했는데 가치에 근거한 의사결정의 장애물 제거에 큰 효과가 있었다. 이제 우리는 프로젝트를 할 때마다 이런 워크숍을 운영한다.

아울러 현재는 물론 미래에 고객들이 무엇을 원할지에 대한 야심찬 비전을 창출하는 길은 '외부지향적' 접근밖에 없다는 사실을 발견했다. 만약 고객의 입장에서서 그들이 진정 원하는 것을 구상하는 것이 아니라 자신이 기존에 지니고 있던 관점으로부터 시작하면 스스로를 제한하는 것이다. 고객의 마음을 얻고 감동시키려면 공감과 이해가 필수다.

하지만 아무리 놀라운 아이디어가 있어도 그 효과를 발휘할 시스템이 있어야 좋은 아이디어가 될 수 있다는 사실을 결코 잊지 않는다. 서비스에 대한 상상이 실제 기업 운영 환경 내에서 실제 일어나는 서비스 디자인의 구축으로 이어지려면 일종의 한바탕 살풀이가 필요하다. 아울러 큰 그림과 근소한 세부 사항들 사이의 적절한 균형 유지가 관건이다.

이 책은 이 모든 것을 행할 수 있도록 도울 것이다. 아울러 우리는 주로 많은 대기업들과 작업을 했지만 우리가 행했던 일부 프로젝트는 서비스 수행의 제한된 영역에 관한 것들도 있으므로 우리의 접근법은 다방면으로 적용가능하다. 그것은 완전한 혁신만을 위한 것이 아니며, 기존에 제공하던 서비스의 지속적인 개선과 혁신에도 도움을 준다. 우리는 우리의 접근법, 도구, 마음가짐, 사고방식을 그 어떤 규모나 수준의 조직에도, 그들의 혁신에 대한 야망이 무엇이든 간에 동일하게 적용할 수 있음을 그간 우리가 얻을 결과를 통해 입증했다.

우리는 이 책을 2부로 나누었다. 1부에서는 고객으로부터 사랑받을 만한 서비스 창출에 있어 조직이 이미 직면하고 있을 6가지 주요 도전을 언급하겠다. 조직의 현주소를 모르고는 전진할 수 없으므로 이들을 이해하는 것은 매우 가치 있고 안심되는 일이다. 2부에서는 디자인 주도형 서비스 조직이 되기 위해 필요한 7가지 경쟁력의 세계로 인도할 것이다. 2부의 말미에 이르면 정상급 서비스 기업으로 등극하는 데 필요한 접근과 마음가짐을 이해하게 될 것이다.

도전

본서의 첫 번째 도전을 담은 1장은 탁월한 서비스 디자인의 첫 걸음이 확실히 무엇인지, 그리고 보다 고객 중심 조직이 되는 방향으로 간다는 것이 정녕 무엇인지, 고객의 눈으로 세계를 바라볼 수 있는 조직 역량 개발이 무엇인지 규명한다. 분명 그것은 쉽지 않은 일이지만 고객에 대한 이해, 보다 강력하게는 고객으로부터의 영감, 그리고 고객의 세계는 조직의 업무와 출시할 제품, 서비스, 그리고 경험에 중요한 영향을 미칠 것이다.

 2장은 비전의 중요성에 관한 모든 것을 담았다. 심지어 이미 혁신과 신제품 출시, 보다 중요한 변화를 위한 정서적, 재정적 장기 투자에 대한 보다 기민한 대응 방식을 개발한 조직에서조차 더 큰 아이디어를 요구하고 있다. 도전은 바로 '비전'이라는 단어의 모호성에 있는데, 비전은 누구나 갖고 있는 것 같고 전체의 비전은 서서히 중단될 수 있는데 이유는 단순히 조직의 주요 인물들이 이 비전의 실제적인 의미를 상상하지 못하기 때문이다.

3장은 일을 해내야 할 필요와 사전 계획의 필요, 순간적인 변화 요구에 대응할 필요, 그리고 보다 중장기적인 미래에 대비해야 할 필요처럼 조직 전반에 걸친 다양한 필요들 사이에 존재하는 건강하고 중요한 긴장을 살펴본다. 이런 긴장은 팀 들이 협업을 위해 한 데 모일 때 그 모습을 드러낸다. 그것은 간혹 부서 및 기능들 간의 상충하는 목표들 틈에서, 그리고 조직 주요 인물들의 성격들 틈새로 그 모습을 드러낸다. 이런 긴장의 존재와 '기초 대사율'과 대응 모두의 필요성을 받아들이는 것, 그리고 양자 모두의 관리를 확실히 해줄 디자인 도구와 방법을 찾는 것, 그것이 바로 기회다.

4장은 우리가 작업한 수많은 부문에서 상업적 성공의 주요 요인 중 하나인 감정에 대해 살펴본다. 성공적 비즈니스 모델 운영의 필수 요소들은 많지만 시장의 차별화가 고객과 감정 차원에서 연결될 수 있는 능력, 즉 고객을 감정을 지닌 존재로서 인식하는 능력에서 비롯되는 경우가 늘고 있다. 아울러 당연히 감정은 조직 내부에서도 중요하며, 고객 서비스와 경험 향상을 위한 조직 혁신이라는 도전 앞에서는 특히 더 그러하다. 문제는 우리 모두가 감정을 지니고 있으며 이런 감정이 우리가 소비자이자 피고용인으로서 내리는 결정을 주도함에도 불구하고 간혹 기업은 마치 우리가 그런 존재가 아닌 것처럼 운영될 수 있다는 점이다.

5장은 고객의 선택과 기업에 대한 고객의 인식을 형성하는 디자인의 또 다른 중요한 측면을 살펴보겠는데, 기업이 제공하는 서비스의 범위와 타 경쟁업체들과 '차별화'된다고 느끼는 고객의 경험의 측면이다. 만약 경쟁사와 동등한 제품과 가격을 갖고 있으며 기본적인 고객 서비스가 제 역할을 한다면 고객이 브리티시 에어웨이나 어메리칸 에어웨이의 경험보다 버진 애틀랜틱의 경험을 원할 것이라고 보증하는 10%는 무엇이겠는가? 아울러 시각적 브랜딩, 유니폼, 항공사 대표 색상의 이면에 있는 이런 차이는 어떻게 인식이 될까?

6장은 핵심적 도전, 즉 일이 되도록 만드는 도전에 대해 알아본다. 서비스를 위한 비전과 훌륭한 디자인을 가진 기업은 얼마든지 존재할 수 있다. 그것을 실행할 방안을 알아내며 브랜드 차별성을 느끼게 만들 수도 있다. 하지만 그러한 프로젝트에는 약점이 있다. 고위 직원은 상상력 부족이고, 조직 전체가 혁신을 극히 위험한 존재로 느끼는 분위기고, 동료직원들은 다른 산출 가능한 단기목표에 급급하다. 어떤 일을 하지 않을 핑계거리는 상존하는데 그렇다면 보다 많은 좋은 것을 출시하기 위해 이해와 아이디어와 도구로 스스로를 무장하는 일은 어떻게 할 참인가?

기술
- - - - -

7장에서는 서비스를 위한 실행 가능한 비전을 갖는 것의 중요성과 강렬한 비전으로 만드는 방안을 제시한다. 우리는 비전의 참된 정의와 목적에 대해 이해하고 다른 사람과 소통할 방법을 제안하고 조직의 비전이 확실히 강렬하고 완전한 것이 되도록 하고 싶다면 고려해야 할 몇몇 요소들을 살펴본다.

8장은 아름다움에 관한 것이다. 기업경영서 소제목으로 삼기엔 이상한 주제처럼 보일지 모르겠지만 부디 참고 들어주길 바란다. 이 장에서 우리는 '잘 조형화되고' 진정 '아름다운' 서비스와 경험의 개념을 논의하며 그 실행의 의미를 둘러싼 몇 가지 변수를 제시한다. 중요한 것은 여기서 아름다움이란 물론 외형적인 것 그 이상이다. 서비스와의 모든 접점은 보기에도 아름다울뿐더러 효과적이기 때문에 우리에게 아름다움이라는 단어는 이용에 즐거움을 주는 서비스 디자인의 축약형과도 같다. 사실상 서비스의 모든 부분들이 원활히 협력하며 그 기저에 있는 제의는 우리에게 진정 가치가 있으며 전체가 목적에 부합된 것으로 느껴진다. 보다 근본적으로는 내가 이용하는 서비스와 그것이 대표하는 브랜드가 어쩐지 나와 내가 살고 있는 시대와 문화에 적절하다고 느껴지는 것이다. 게다가 나를 끌어당기며 더 많은 서비스를 찾아 계속 되돌아오게 만드는

독창성의 반전도 있다. 이 모든 것을 제대로 갖추는 것
은 확실히 아름다운 서비스 디자인인가?

9장은 약간의 실용주의를 제공하며, 심지어 최고로
강렬한 비전과 가장 아름답게 디자인된 솔루션을 가
지고도 성공할 기업이라면 사례를 진전시키는 내부적
능력이 탁월해야 한다. 문제는 기업들이 과거 데이터
를 사용한 업무 수행 관련 비용과 예상에 근거해 대안
을 분석하고 기업 사례를 구축하는 경우가 너무 많다
는 것이다. 그들은 또한 단기적 목표의 방어와 시장에
서 진정 차별화될 수 있는 프로젝트의 호소를 제한하
기 위해 기본을 고쳐야 할 필요성을 활용한다. 만약 해
법이 유례없이 새로운 것이라 업무 수행을 예상할 데
이터가 전무한 경우라면 어떤 방법으로 분명한 사례를
구축하겠는가?

10장은 크건 작건 새로운 서비스와 경험이 일어나게
만드는 작업은 운송협력업체나 납품업체를 포함해 각
자 자신의 역할을 하는 수많은 사람과 팀을 필요로 하
는 현실 문제에 답한다. 이것은 위험을 야기한다. 1부
에서 우리는 비전을 해법과 팀 전반의 행동으로 옮기

는 도전을 살펴보았다. 그렇다면 그 비전이 옮겨지는 과정에서 헤매지 않도록 확실히 해두려면 어떻게 해야 할까?

11장은 프로젝트의 진척과 성공을 뒷받침할 조직 내부의 적절한 상황을 창출하고 유지하는 일의 중요성을 살펴본다. 우리는 디자인 방법, 스토리텔링, 그리고 프로젝트 내내 고객들의 참여를 지속하는 것과 같은 몇 가지 방식이 핵심목표와 탄력 유지에 도움을 줄 수 있다고 제안한다.

12장은 바쁜 현대인의 현실에 맞서는 내용이다. 기업도 바쁘고 서비스를 필요로 하는 고객도 바쁘다. 우리가 함께 작업했던 조직들도 모두 하는 일들이 너무 많았다. 현재 맡고 있는 프로젝트 역시 또 다른 산적한 업무의 하나로 느껴질 수 있을 것이다. 그렇다면 어떻게 하면 그것을 만인이 일하고 싶어 하는 프로젝트로 만들 수 있을까? 우리는 여기서 이 문제를 좀 더 깊이 파고들어가 인력과 자원을 끌어 들이며 팀 전체가 일에 대한 흥미와 기대감을 지속할 수 있는 몇 가지 실용적인 방안을 설명한다.

13장은 숙련된 디자이너의 특별한 기술과 마음가짐, 그리고 우리 엔진 서비스 디자인의 관행에 관해 성찰해보겠다. 맞다. 그것은 특별한 일련의 기술을 홍보하는 영업성 멘트다. 하지만 우리는 여기서 접근법과 누구나 자기 역할에 적용 가능한 디자이너의 습관들에 대해서도 언급했다. 비록 당장은 디자이너라는 느낌이 오지 않겠지만 아마 이때쯤이면 벌써 디자인 씽킹을 하고 있을 것이며 만약 핵심기술 중 아직 부족한 부분이 있다면(예를 들면 시각화 기술 같은 것) 조직 내에 그런 자질을 갖춘 다른 사람의 도움을 구하면 된다.

본서 전체를 통해 기업의 타 부서에 이전할 수 있는 다른 업무 방식의 모델화 방안과 미래의 모든 역할에 대해서도 발견하게 될 것이다. 기업의 한 영역이나 한 부문에서만 작용한다든지, 이면의 원리를 모르면 적용할 수 없는 것들을 배우는 건 우리의 신조가 아니다. 대신 우리는 '디자인 주도적'이 된다는 것의 원리를 이해함으로써 이 지식을 기업에게 이익이 되게끔(그것은 곧 자신의 이익이기도 하다) 그 어떤 프로젝트에도 적용할 수 있는 방법을 보여주고자 한다.

이제 기업과 고객 모두를 위해 기업의 서비스를 성공적으로 운영하는 것은 대안이 아니라, 그것은 기본이고 필수다. 이 작업을 수행하는 데 수많은 도전과 기회가 따르지만 만약 그 일을 제대로 해낸다면 모든 사람이 사고 싶어 하는 기업으로 돌아설 수 있는 잠재력을 갖게 될 것이다. 그렇지만 이제는 허비할 시간이 없다. 기업인도 그 자신 한 사람의 고객으로서 얼마나 이상적인 고객 경험을 고대했었는지 잘 알 것이다. 그 기업의 고객들도 마찬가지 심정이다. 훌륭한 서비스의 디자인과 계획과 실행이 그 어느 때보다 중요한 시점이다.

우리는 감동적인 고객 경험의 창출과 그 전달이 어려울 수 있다는 것을 잘 알고 있다. 만약 그렇지 않았다면 모든 기업이 그 작업을 수월하게 행했을 것이고 우리 모두는 매일 받는 서비스로 인해 기뻐했을 것이다. 그렇다면 더 자주 찾고 싶은 서비스 제공의 당면과제는 무엇인가? 그 6가지 단계를 1부에서 자세히 살펴보겠다.

비록 우리가 여기서 부정적인 것들에만 초점을 맞춘 것처럼 보일 수도 있겠지만 실은 기분 좋으라고 1부를 그렇게 디자인했다. 한 기업의 문제는 십중팔구 서비스 중심의 타 기업 관리자가 직면한 문제와 대동소이하다. 하지만 이 책을 읽은 독자들은 다르다. 독자들은 1부가 끝날 때쯤이면 본서를 읽지 않은 사람들에 비해 훨씬 많은 사안들을 이해하게 될 것이며 따라서 이어지는 2부에서 여러 가지 기술과 맞붙을 준비를 갖추게 될 것이다.

이런 도전을 간파하고 표현할 능력의 개발은 동료들과 이를 나눌 수 있는 단계를 향한 첫걸음이다. 훗날 서비스 디자인의 베테랑이 되기에 앞서 먼저 이 도전을 이해하는 시간을 가진 것에 대해 기뻐하게 될 것이다. 서비스 디자인의 베테랑이 되어감에 따라 먼저 이 도전을 이해하는 시간을 가진 것을 기뻐하게 될 것이다.

1부

비즈니스 혁신을
위한 도전

1장

외부지향성의 도전

가장 최근에 통신사 또는 생활시설 업체에 전화했던 때를 한 번 돌이켜보라. 아마 헷갈리고 갈수록 복잡한 선택지가 줄줄이 딸려 나오고 그 중에서 선택을 마치고 나서야 한 인간으로 인정받게 되고, 그때부터 당초 이미 다 입력해놓은 개인정보들을 또다시 말하라는 요청을 받을 것이다. 아마 분통을 터뜨리고 싶은 유혹이 들겠지만 심호흡을 하고 나서 울분을 가라앉히기 시작한다. 그리고 스스로에게 이렇게 되뇔 것이다. '고객서비스 대행업체가 무슨 잘못이야? 그들이 일하는 시

스템이 문제지.'

이런 상황은 인터넷으로 주문한 중요한 택배를 기다리는 때라고 크게 나을 바 없으며, 기다려봐야 물품이 도착하지 않는다는 사실을 깨달을 뿐이다. 우리가 배송업체로부터 받는 것이라고는 예정시간이 표시된 메일 한통이 전부이며 그것이 언제 도착할 것인지 문의하기 위해 그들과 연락을 취할 수 있는 길은 전무하다. 설령 있다 해도 배송조회로 연결되는 페이지에는 '자사의 창고를 떠나' 배송 중이라는 메시지만 달랑 뜬다. 퍽이나 도움이 되는 정보다. 답답한 마음에 급기야 그 물품을 주문했던 업체 사이트에 들어가 그들의 고객 서비스 부서와 통화를 시도한다. 그때부터 상기 시나리오를 복창해야 한다.

그래도 예전에 비해 이런 시나리오들이 줄어들어 감사하다. 스마트폰을 통해 그나마 빠르고 손쉬운 상거래가 일상적으로 이루어진다. 보다 협력적이고 스마트한 시스템들이 기본적인 신청에 드는 수고를 덜어주고 있다. 하지만 역설적이게도 우리는 진정한 도움과 이해를 가장 필요로 하는 때에 최악의 경험을 하는 경우가 다반사인데, 그 기업의 표준 절차에 더 이상 부합되지 않을 때나, 사람이 필요하고 기계는 그 수준을 충족시키지 못할 때 그런 일을 겪곤 한다.

왜 아직도 고객들이 상용하는 서비스 문제로 이토록 힘들고, 비인간적이며, 분통 터지고, 심지어 적대적인 상호작용을 해야 하는가? 이런 일이 일어나는 주된 요인은 상당수 기업이 고객과 고객의 경험을 중심으로 조직화되지 않았기 때문이다. 비고객중심형 기업은 상업적인 이익을 놓치는 것은 물론 시간과 노력의 낭비라는 위험마저 감수해야 한다.

이 장에서는 비고객중심형 기업들이 흔히 저지르는 실수와 그들이 잃어버린 기회 몇 가지를 파악해보도록 하겠다. 예를 들어 고객들이 무엇을 필요로 하며 무엇을 최고의 가치로 여기는지에 대한 이해가 없으면 잘못된 제품과 서비스 출시에 시간을 낭비할 위험이 있다. 공유된 고객 전략이 없으면 서로 다른 부서들이 각자가 문제라고 생각하는 것을 해결하고자 일을 시작하기 때문에 이중으로 수고를 할 위험이 있다. 공유된 비전과 계획이 없으면 부서들마다 심지어 일을 정반대로 하고 있는 자신을 발견할 수 있다. 잘해보겠다고 시작한 일이 결국 일관성 없고 협력체계도 없는 서비스 경험을 영속시키는 데서 그치고 만다.

고객중심의 외부지향적인 기업으로 가는 길에 가장 큰 장애는 상당수 조직이 지닌 '사일로(회사 내에서 담을 쌓고 외부와 소통하지 않는 부서)식의 수직적인' 구조에 있다. 일면 필요한 부분이긴 하나 이러한 구조적 장애는 거대한 조직들이 다음의 두 가지 중요한 일을 수행하는 것을 가로막는다. 그 첫째는 그들의 고객이 보는 그대로 세계를 보는 것이며(기업의 기능과 전문적 기술역량이라는 그들의 목적을 통해 세계를 바라보기보다) 둘째는 그들의 서비스를 고객들의 경험(총체적이고 협력적인)으로 보는 것이다. 경영의 도전은 수평적이면서도(고객에게 전폭적으로 집중할 수 있는 가능성을 열어주도록) 독립적인 업무체계를 갖추는 것이다(기업의 핵심 기능과 전달을 유지하도록).

집필진은 조직들과의 협력을 통해 그들이 얼마나 고객중심인지, 그들이 어떻게 고객을 디자인 및 의사결정의 핵심의 자리에 둘 수 있었는지 이해하고 분석하

였다. 이렇게 하려면 먼저 고객의 눈, 다시 말해 외부
지향적인 시각에서 세계와 자사 브랜드, 그리고 서비
스를 바라봐야만 한다.

1. 비고객중심적인 기업이 놓친 기회

고객들의 관점을 시작점으로 하지 않는 서비스를 제공
할 때 어떤 일이 일어나는지 살펴보도록 하자. 그 결과
는 네 가지 주요 영역으로 나뉘며 예상했던 바와 반드
시 일치하지 않을 수도 있을 것이다.

고객이 원치도, 필요치도 않은 서비스 출시에
시간과 돈을 낭비할 수 있다

세상에 어느 기업이 이렇게 하겠는가 싶겠지만 불행히
도 현실은 그러하다. 이런 일이 비일비재한 이유는 기

업이 고객의 가치관에 대해 잘못된 추정을 가지고 일하기 때문이다. 추정과 아이디어를 예상하고 시험할 분명한 통찰력과 프로세스가 없는 신규 서비스 개발은 임기응변의 성격을 띠며 심지어 모든 의미를 이해하지 못하는 일개 의사결정권자의 변덕에 휘둘리는 경우도 간혹 있다. 이론적으로 기발하고 반짝이는 것처럼 보이는 어떤 아이디어가 실제로도 효과적이라는 보장은 없는데 그 이유는 사람들이 그것을 가치 있게 여기는지, 그리고 그것을 어떻게 사용할지에 대해 충분히 생각하지 않기 때문이다.

일례로 2013년 페이스북은 선택적 홈스크린이 가능한 안드로이드폰으로 사용자의 뉴스피드를 볼 수 있는 페이스북홈을 출시했다. 문제는 대다수 사람들이 자신의 홈스크린에 표시되는 콘텐츠를 통제할 수 없는 점을 좋아하지 않는다는 것인데, 즉 그것은 페이스북 마니아들에게만 매력적인 서비스라는 의미다. 여기에 높은 데이터 및 배터리 사용이 개입되고 그것이 유료 서비스라는 점들이 총체적으로 작용해 퇴락의 길로 접어들었다.

레일 딜리버리 그룹의 크리스핀은 조직이 종종 그들의 고객에 대해 추정에 근거한 의사결정을 내리는 현실을 강조했다.

조직이 자신의 구성원들에게 고객의 입장에 서보라는 요구를 전혀 하지 않는 경우가 허다하다. 고객이 원하는 바에 대한 추정이나 기업의 니즈 또는 그 양자를 뒤섞어 그것에 의거해 결정이 내려진다. 그런 그들이 고객 입장에 서라는 요구를 받았을 때 고전을 면치 못하는 것은 놀라운 일이 아니다. 2015년, 레일 딜리버리 그룹이 기존의 구성원들을 활용해 고객 부서를 설립했을 때 고객을 생각하라고 요청받은 직원은 극소수였으며, 실제로 자신의 역할을 설명하면서 고객이라는 단어를 언급한 사람은 구성원 중 극히 낮은 비율에 불과했다. 그것을 변화시키는 작업에 시간이 소요되었으며 그것은 사고의 전적인 변화를 의미했다.

세상에서 가장 쉬운 일은 고객들이 사고 싶어 하는 서비스가 무엇인지에 관해 잘못된 추정을 하는 것이며 실제로 그런 추정을 발견하기란 생각만큼 그리 어려운 일이 아니다. 앞으로 책 전반을 통해 평상 시 어떻게 그런 행위가 자행되고 있는지 살펴보겠지만 가장 좋은 접근법은 그저 잠시만이라도 고객들과 함께 지내보는 것이다.

제 기능을 못하는 프로세스를 만들거나
그것을 영속시킬 소지가 있다

상당수 기업이 서비스를 전체적인 경험이라기보다는 일련의 고객 프로세스를 운영하는 정도로 본다. 고객의 한 사람으로서 지나치게 상세한 양식을 작성하거나 특별히 관련도 없는 프로세스들을 메꿔주기 위해 똑같은 정보들을 수차례 제시했던 적이 얼마나 많았던가? 이런 일이 일어나는 이유는 조직이 한 번도 고객의 세계에 발을 들여놓거나 고객과 소통한다는 것이 어떤 것인지 이해하려고 해본 적이 없기 때문이다. 오히려 기업은 고객이 자신들의 형편없는 프로세스 디자인을 보완해주길 은근히 바란다. 예를 들어, 자선 부문의 조직은 사람들의 기부를 기대하며 저비용 고수익의 직접 발로 뛰는 마케팅에 의지한다. 이런 주자들이 '새로운 현실'을 직시하고 현재 지나치게 공격적이라 생각되는 기부운동의 수위를 낮추려는 규제기관으로부터의 압력을 이해하는 것이 중요하다. 대신 그들이 할 수 있는 일은 외부지향적 태도를 취하는 것이며 자신들을 먹여 살려 주는 고객이 어떻게 대우받고 참여하기를 원하는지에 초점을 맞추는 것이다.

일을 이중으로 하게 될 소지가 있다

비교적 최근까지만 하더라도 대기업 내의 일부 다른 부서들이 그들만의 특별한 영업 또는 서비스 영역을 위해 각자 따로 고객 사이트를 운영하는 일을 심심찮게 볼 수 있었는데, 여기에는 고객 경험이나 기업 내 중복에 관한 일관성 있는 시각이 없다. 그 결과 시간이 흐를수록 수많은 인터넷 사이트들이 우후죽순처럼 생거나 각 사이트마다 로그인을 요구하며 고객에게 일관성 없고 짜증나는 경험(브랜드에 대한 인상을 확 구긴 것은 말할 것도 없고)을 주었다.

우리는 서비스 여정의 몇 군데 시점에서 기업이 고객에게 전송하는 커뮤니케이션을 감사한 적이 많았는데 그때마다 우리가 거의 항상 놀라는 것은 그런 일들이 너무나도 잦고 중요하게는 일관성이 없다는 사실이다. 서비스와 관련된 각각의 기능은 의사소통이 약간씩 달랐다. 결국 많은 제품과 팀을 가진 조직은 고객에게 중복되고 혼란스러운 판매 메시지를 난사하는 것으로 끝나는 경우가 많았다.

고객을 기업의 미래 경쟁력을 위한 영감의 원천이 아닌 부담으로 바라볼 소지가 있다

잘못된 제품을 반품하면서 전적으로 도움이 되고 긍정적인 반응을 얻는 일은 거의 없다. 물건을 반품하거나 문제점을 지적하는 고객은 여전히 '반품 건의 정당성을 입증하라는' 요구를 받는다. 대다수 기업은 구매자가 달리 입증하지 않는 한 고객은 '한 번 찔러나 본다'는 식이라고 추정한다. 직접 판매를 하거나 말단 고객으로부터 이익을 챙길 필요가 없는 조직, 예컨대, 공공 부문 또는 개인이 독점 소유하는(규제가 있기는 하지만) 공공 기반시설의 경우, 고객 서비스와 전반적인 고객 경험의 재고에 대한 그들의 논의는 주로 가격 통제 내지는 오로지 불평밖에는 하는 일이 없는 고객을 달래는 일에 드는 비용 정도다.

이런 관점은 개선되고 있으며, 주로 자신이 부당한 대우를 받았다고 느끼면 소셜 미디어에 올릴 만반의 태세가 갖춰진 고객들 때문이다. 현재 상당수 기업은 고객과 공공연한 싸움을 하느니 차라리 재작업이나 환불 또는 교환에 동의한다. 기업이 보기에 교환의 비용은 소소하지만 나쁜 언론의 평판은 엄청난 손해다. 다른 고객들이 현금을 지불하려고 줄을 서서 기다리는 판국에 계산대에서 길어지는 언쟁을 자처하는 것은 시간 낭비기도 하다. 어쨌거나 정직한 사람들이 더 많은 세상에서 그들을 믿지 않을 이유가 무엇인가? 게다가 만약 이런 태도의 전환을 조직이 적당히 잘 처리한다면 그것은 고객에 대한 기업 전체 사고방식의 변화를 유도할 수 있다. 만약 기업이 이 세상은 부정직한 사람 일색이라는 신념을 갖고 있으면 이는 그 기업의 문화를 형성하며 자사 서비스 디자인에 관한 결정을 유도하고 기업의 소통방식에도 영향을 미친다. 반면 보다 긍정적인 시각을 지닌 기업이라면 그런 생각이 고객을 더욱 배려하는 이미지로 반영이 될 것이다.

물론 믿는 방향으로 접근한다는 게 생각만큼 그리 단순한 것은 아니다. 예를 들어, 보험 분야에는 소수의 사람들이 사기를 친다. 그쪽 문화는 항상 위기관리에 기반을 두어 왔고 그 결과 고객 경험에 관한 한 최고의 평판을 가질 수 없는 것이 당연하다. 하지만 보험업자들은 스스로를 금융 상품을 파는 회사로 생각하지 않고 고객이 살면서 큰일을 겪을 때 그가 연락할 수 있는 곳으로 생각한다. 우리는 모두 가정, 건강, 금전상의 안전이라는 정서적인 이유에서 보험을 들며 가장 큰 발전을 이룬 회사들은 보험계약자들과 정서적으로 연결되도록 그들의 서비스를 쇄신하고 직원들을 재교육시켰다. 그러한 기업들은 자산실사를 하더라도 고객이 처한 상황의 정서적 영향력을 인식하는 방식으로 행한다.

생명보험이나 치명적 질병보험 제품을 판매하는 금융 서비스 회사를 상상해보라. 그 회사는 항상 자신들의 목적은 보험을 파는 것이고 의료비 청구를 처리하는 것이라 생각한다. CEO로부터 '고객 서비스를 개선하라'는 도전을 받을 때 팀들은 판매 및 의료비 처리 프로세스를 쇄신하고 낭비요소를 제거하며 종이를 디지털 형태로 서서히 바꾸는 일에 착수한다. 일부 성공을 확인하기도 하지만 불만은 여전히 들어오고 있으며 그들 업계에서 자신들이 원하는 성적을 거두지 못하고 있다.

이때 누군가가 고객과 대화를 해보면 어떻겠냐는 제안을 하면 그렇게 하면서 많은 것을 배운다. 그들은 자기들이 '고객 여정'이라고 보았던 것이 고객이 경험한 바가 아닌 바로 자신들의 여정이었음을 깨닫게 된다. 그들의 고객은 사별 아니면 심각하거나 생명을 위협하는 질병의 진단 둘 중의 하나를 대하고 있었다. 고객의 삶에서 이런 사건들의 영향력이란, 그리고 그것을 어떻게 대처하느라 그들이 얼마나 많은 일을 겪었을 지가 일순간 자명해진다.

오늘날은 고객이 보험 청구를 하면 그들이 이 상황을 헤쳐 나가는 것을 돕도록 디자인된 일련의 지원적 성격을 띤 질문을 보험설계사들이 하고 나서 그들의 '회원들'(더 이상 '청구자'가 아니라)에게 만약 그렇게 하는 것이 그들에게 가장 유익하겠다 싶으면 자사의 서비스를 넘어 다른 서비스를 안내해줄 수도 있다. 회사는 그 서비스가 단순히 무엇을 해주느냐의 문제가 아니라 그것이 어떻게 사람들로 하여금 그것이 중요하다고 느끼게 만드느냐의 문제라는 사실을 깨닫는다.

만약 회사가 고객을 중심으로 스스로를 조직화하지 않을 때 잘못될 수 있는 몇 가지 문제들을 주의 깊게 생각해보면 그 모두에게 한 가지 공통점이 있다는 사실을 깨닫게 될 것이다. 그것들은 다름 아닌 대다수 거대조직의 전형적 구조인 사일로식 수직구조의 결과다. 여기에 내재된 문제는 상호협력 작업을 위해 기업의 전 부서의 단합이 어렵다는 점, 그리고 고객 니즈 중심의 기업 조직화가 어렵다는 점을 들 수 있다. 마치 사일로처럼 하나의 부서와 또 다른 부서 간에 상호독립성이 존재할 때 바로 그 사이 공간으로 고객이 빠질 수 있다.

고립된 사일로가 어떻게 이 문제의 주범인지 자세히 살펴보도록 하자(이것이 극복 불가능한 난제처럼 보이더라도 걱정 말라. 조금 후면 우리가 그 해법을 제시할 것이다).

2. 기업의 부서 이기주의가 고객에게 미치는 영향

한 기업이 일정 규모로 성장하면 부서별로 조직화된다. 그렇게 될 수밖에 없는 것이, 그렇지 않으면 마케팅, 정보기술, 구매 및 재정과 같은 기업의 여러 기능들을 효율적으로 운영할 방도가 없다. 하지만 이것이 고객에게 문제를 야기하는데, 이유는 기업이 고객 서비스에 영향을 미칠 어떤 결정을 내릴 때 과연 무엇이 고객에게 최선인가라는 전체적인 관점에 의거하는 것이 아니라 무엇이 각 부서의 체계와 리더십 및 경영에 가장 편리한가에 좌우되기 때문이다. 여기서 앞서 모두에서 예로 들었던 생활시설 업체로 다시 돌아간다면, 그 영업 팀의 목표는 떠날 생각을 하고 있는 고객을 유지하는 것이 될 수 있겠지만, 안타깝게도 그들은 애초에 고객을 떠나게 만든 문제의 해결에는 그다지 관심이 없다. 현장을 뛰고 있는 담당자 역시 항상 고객 직원 센터 직원을 통해 기사 중 한 명이 방문한 이후 고객으로부터 다시 전화가 있었는지 여부와 있었다면 그 이유가 무엇인지를 들을 생각만 한다. 그것은 기사가 아닌 고객 센터 직원의 할 일이다. 물론 그 고객은 그 회사에 어떤 부서가 있는지에 하등의 관심조차 없으며, 그가 원하는 것은 단지 탁월한 서비스일 뿐이다. 그럼 이 문제를 어떻게 해결할 것인가?

우리가 조직의 고객 경험을 쇄신하도록 돕기 위해 어떤 기업과 협업할 때 우리는 수평적 관행'을 창출하도록 돕는데, 이는 전적으로 고객에게 초점이 맞추어져 있다. 이것은 기존의 구조를 건드리지 않으면서 회사의 구조를 횡단하는 것인데, 고객 경험을 기업의 의식 내부로 영입하는 가장 효과적인 방법이다. 일면 우리가 인사팀이나 정보통신 지원팀처럼 또 다른 잘 확립된 수평적 기능을 창출(내지는 구축)하는 것일 수도 있는데, 이로써 기업은 예전에 한 번도 시도해본 적이 없는 방식으로 고객 중심적 기업으로 스스로를 조직화하게 된다.

우리는 이런 방식으로 2년간 영국의 한 주요 소매업체와 함께 작업을 했다. 소매업체에 걸맞게 그 회사는 수많은 오프라인 매장은 물론 온라인 쇼핑몰도 갖추고 있었으며, 그들은 고객이 과거 온라인 쇼핑몰이든 앱을 이용하든 아니면 직접 매장에 가든 일련의 유사한 특징을 누릴 수 있었던 회사에 대한 경험을 여전히 기대한다는 사실을 알고 있었다. 하지만 만약 그 본사를 방문해본다면 그 기업이 고객을 중심으로 조직화되어 있지 않은 모습을 보게 될 것이다. 다른 중소기업체들과 마찬가지로 그 회사도 마케팅 부서, 고객 운영 부서, 생산팀, 디지털 기술 부서 등의 여러 개의 고립된 사일로들 안에서 운영되고 있었다. 사실상 그것은 하나의 브랜드 하에 운영되는 여러 개의 기업을 가진 조직처럼 전 기업이 고객 경험에 기여하고 있지만 전체적인 것으로 보이지는 않았다. 이에 대응하기 위해 그 회사는 전체 고객 경험을 재검토할 팀을 신설했고 우리의 역할은 그 팀이 이러한 독립적인 부서들 전반에 걸쳐 다리를 놓을 수 있도록 팀을 위한 일련의 아이디어와 도구를 개발하는 것이었다. 마침내 고객 경험의 책임은 더 이상 하나의 팀에 달린 사안이 아니라 기업의 중요한 조직 원리가 되었다. 이런 움직임은 기업의 고객이 누구인지와 고객 경험 디자인 관행에 대한 이해의 내부적 커뮤니케이션을 위한 전용 인트라넷에 의해 지원되었다.

일정한 규모와 복합성에 이른 회사라면 전문가들로 이루어진 부서들로 조직되는 것이 마땅하다. 하지만 기업에 적합한 관리를 창출하고 적합한 프로젝트와 서로 다른 기능들 간에 협조하는 팀워크를 확립함으로써 전체 구조 개혁을 하지 않고도 임시 가교를 만들 수 있다.

우리가 이 작업을 무사히 잘 수행한 이후에 그 조직

은 한두 개의 부서에 있는 단일 고객 경험 팀의 구조를 넘어섰다. 대신 고객 경험 관리는 고객 경험 관리자들의 네트워크를 갖춘 기업 간의 기능이 되어 기업 파트너 차원에서 운영되며 툴킷과 각종 훈련자원의 지원을 받는다. 고객 경험 네트워크의 구축은 서비스란 조직 전체의 산물이며 총체적 고객 경험은 조직 전체의 도전이라는 기업의 현실을 뒷받침하며 역할과 책임보다는 기술에 중점을 둔다.

3. 상업적 모델과 놀라운 경험 제공, 이 양자 간의 긴장 조절 실패

대다수 기업의 존재 목적은 이익창출이며, 이를 위해 기업이 반드시 해야 할 일은 자신의 고객을 즐겁게 하여 계속해서 끌어들이는 것이다. 하지만 상업적인 모델과 놀라운 서비스를 제공하는 것 사이에는 긴장이 존재한다. 최고의 기업은 단기 영업이익 창출과 환상적, 즉각적 경험을 원하는 인격체로서의 고객에 대한 집중이라는 양자의 균형유지에 만전을 기한다. 고객 경험은 유지에 주력하는 시중 기업들에게는 절대명령처럼 되었는데, 고객 한 사람을 새로 얻는 것보다는 기존 고객에게 하나 더 파는 것이 쉽기 때문이다.

고객 중심적 조직이라는 것은 공유된 방향과 가치와 태도를 지닌 조직을 말한다. 그러한 조직의 초점은 모든 사람이 고객의 경험을 개선하는 일이 될 수 있다. 고객의 경험을 만들거나 망치는 것은 바로 이런 외부 지향적 접근을 도입하는 능력과 준비성에 달려있다. 하지만 고객의 입장에 서서 끊임없이 창의성과 민첩성으로 반응하는 완벽한 고객 중심적 조직이 되기란 쉬운 일이 아니다. 우리가 함께 작업했던 조직 중 항상 제대로 그렇게 하는 기업은 하나도 없었다. 사실 해당 분야에서 성공하기 위해 모든 일에 탁월해야 할 필요는 없다. 중요한 것은 기업이 속해있는 부문과 시장에서 각자에게 중요한 역량을 이해하고 거기에 집중하는 것이다.

우리는 수년간 유럽의 에너지 그룹인 E.ON의 유럽

시장 중 네 곳에서 그들과 함께 일했다. E.ON그룹 고객 경험 팀과의 협업의 일환으로 우리는 고객 중심성 성숙도 모델을 개발했다. 그런 다음 성숙도 측정 및 더 중요하게는 고객 중심성이 기업 전 부분의 책임이라는 의식 성장을 조사하기 위해 이 틀을 조직 전 부서에 활용하였다.

고객 중심성 기준은 조직의 기능 111가지를 담고 있으며 모두가 고객 중심성에 기여하는 것들이다. 그것들은 아래와 같은 6개의 넓은 영역으로 분류된다.

- **전략적 방향과 사명**: 귀사가 지지하는 것이 무엇이며, 어디로 가고 있는지, 각각의 직원들이 귀사를 그 목적지로 데려가려면 무엇이 필요한지 알고 있는가?
- **문화와 경영**: 귀사가 원하는 곳으로 데려가 줄 조직과 문화가 어떤 것인지 알고 있는가?
- **전달 가능성**: 귀사의 모든 사업이 고객을 위한 서비스 전달을 후방지원하고 있는가?
- **고객과 그들의 세계에 대한 이해**: 귀사의 전 분야

가 고객을 이해하고 있는가?
- **디자인 및 개발 경험**: 귀사는 고객의 변화하는 요구에 발맞춰 자사의 서비스를 신속히 변화시킬 수 있는가?
- **전달의 품질과 확신**: 고객의 니즈에 부응하는 경험을 전달하고 있는가?

무언가를 완벽에 가깝도록 성취한다는 것이 얼마나 어려운지, 특히나 각각의 고객 접점들, 그리고 디자인 및 전달에 있어 후방 팀들의 역할과 같은 요소들과 더불어 도전의 기능적이고 다채널적 특성을 고려할 때 그 사실을 절감할 수 있다. 기술은 해법의 일부이나 사람, 환경, 프로세스, 커뮤니케이션을 조정하고 가능케 하려면 그것 역시 필요하다. 팀 간, 기능 간 협업에 능숙해지는 것이 중요하다. 사내에서의 '점 연결하기'는 고객과의 점 연결을 수월하게 해준다.

그 설문지를 사용한 E. ON 그룹 내 단위 사업체들은 자신들의 점수를 다른 팀들은 물론 다른 시장과도 공유할 수 있었다. 채점을 하는 과정은 흥미롭고 사람들이 그 모델에 대해 대화하게 만들었지만 보다 중요하게는, 팀들로 하여금 왜 자신들이 현재 위치에 처해있는지, 그리고 그에 대해 무엇을 할 수 있는지를 진단할 수 있게 해주었다.

그렇다, 그것은 쉽지 않은 일이며, 한 번도 쉬운 적이 없었던 일이다. 하지만 고객 한 사람을 기업 내 상호작용하는 사람에 따라 각각 분리된 국면들로 보는 것이 아니라 진정한 하나의 인격체로 보는 방향으로 전환하는 것은 참으로 즐거운 도전이다.

4. 주요 시사점

- 만약 기업이 고객 경험 관리를 중심으로 조직화된 상태가 아니라면 어떤 식으로든 고객을 불만스럽고 짜증나게 만든다.
- 고객과 함께 하는 시간을 가지는 것은 여정의 현실과 고객-기업 관계를 고객의 눈을 통해 발견하

는 가장 유익한 방법이다. 이렇게 하는 것은 고객에게 과거 기업이 추정만 하던 것과는 근본적으로 다른 모습과 느낌으로 다가올 것이다. 고객은 기업이 전달하지 않는 것을 원하거나 기대할 수도 있고, 아니면 서비스의 요소 중 기업이 무시하고 당연히 여겼던 것들에 감사할지도 모른다.

- 고객 중심적이지 않은 기업이 빠지기 쉬운 몇 가지 함정은 다음과 같다.

  - 만약 고객이 무엇을 가장 가치 있게 여기는지 기업이 이해하지 못하면 자칫 고객이 원치 않거나 고객에게 불필요한 서비스를 출시할 위험이 있다. 이는 마땅히 고객에게 실망이 아닌 기쁨을 주는데 써야 할 시간과 재정을 낭비한 것밖에는 되지 않는다.

  - 기업이 서비스의 전달에 있어 전 부서가 협력하지 않을 때, 고객의 욕구를 감안하지 않은 역기능적이고 기계적인 서비스 프로세스를 만들어 낼 것이다. 각각의 기능이 오로지 자기 생각에 최고인 것을 한다고 해서 그 경험이 고객에게도 효과

가 있음을 의미하지는 않는다.

- 기업은 고객이 진정으로 가치 있게 여기는 서비스의 요소를 간과할 소지가 다분한데, 그 이유는 일을 시작할 때부터 고객이 원하는 것을 모르기 때문이다. 이것이 고객의 이익 극대화로 이끌지 못하는 것은 그나마 작은 일이고 최악의 경우 기업 브랜드를 매력적으로 만들어 줄 절호의 기회를 발로 차버릴 수도 있다.

- 다른 부서들이 제각각 다른 고객 서비스 요소들을 중요하다고 볼 때 그들은 서로 지향하는 방향이 다르게 되며 이것은 일관성 없는 서비스 전달이라는 결과를 낳는다. 고객이 은행 지점의 서비스에 대해서는 흡족한 경험을 하면서도 은행의 수수료 체계에 대해서는 끔찍한 경험을 하는 것은 바로 이런 이유 때문이다.

- 기업 전반에 걸친 고객에 대한 일관성 없는 시각은 양질의 고객 서비스를 더욱 어렵게 만든다. 하나의 일관된 시각 없이는 고객을 위한 불필요한 노력과 혼란, 이중의 노력, 그리고 불만족으로 인

한 고객 유지의 기회 상실을 피하기가 훨씬 더 힘
들어 진다.

- 이런 함정의 대다수는 조직에 존재하는 독립적인
구조로 인해 야기된다. 모든 기업의 업무는 기능
적 부서 내에서 이루어지는데 이는 기업의 원활
한 운영에 필요하다. 하지만 고객은 그 독립적인
구조들 사이의 간극에 빠지는 습성을 지니는데 그
이유는 고객의 전체적 경험에 초점을 두거나, 고
객의 관점에서 자사의 서비스를 볼 수 있는 능력
을 갖춘 팀이 전무하기 때문이다.

- 해법은 기업의 독립적인 부서들 간에 고객 경험을
위해 협업할 수 있으며, 고객 경험에 대한 이해와
관리와 홍보에 헌신된 내부 네트워크를 형성하는
것이다.

이 모든 것은 당장 이익도 창출해야 하고, 또한 장단
기적으로 고객을 즐겁게 하는 데도 역점을 두어야하는
기업의 두 가지 필요성 사이에서 탁월한 균형감각을
요구한다. 완벽이란 불가능하지만 공유된 시각과 태도

를 확립하고 적용한다면 투자한 노력과 자원이 부서들
이 제각각 일한 실적의 총합보다 더 큰 결과로 나타나
도록 하는 데 도움을 줄 것이다.

2장

비전의 도전

모든 탁월한 서비스는 비전으로부터 시작된다. 그것은
의식적인 것이 아닐 수도 있다. 항상 고객의 이름을 기
억하고 고객이 늘 필요로 하는 물품들을 챙겨놓는 성
실한 편의점 사장님은 한 번도 서비스 비전이란 걸 적
어본 적이 없어도 자신이 지역사회에서 행하기 원하는
역할과 어떻게 사람들을 대할지, 그리고 어디서 일하
기 원하는지에 대한 직관적인 감각을 가지고 있을 수
있다. 비전에 관하여는 7장에서 더 자세히 살펴보겠지
만, 지금은 탁월한 비전이 사업의 바람직한 미래상, 고

객을 위한 매력적인 제안, 그리고 마찬가지로 중요한 조직 혁신의 강력한 동력, 이 세 가지의 멋진 결합을 완성한다는 정도로만 이해해도 충분하다.

　사실 비전 없이 성공하는 기업들도 있다. 양적성장과 효율성 증대를 위한 성장전략이 핵심 목표를 견인할 것이다. 하지만 언젠가는 현재의 사업 모델과 제품 공급이 기업의 목적에 부합하지 못한다든지 주변 시장이 변하는 때가 온다. 이 시점에서 기업은 자신의 야망과 목적을 전면 재조정해야 할지도 모른다. 비전은 성공한 기업의 모습을 정의하는 것(이를 두고 '목표'라 일컫는다) 이상의 개념, 즉 감정과 동기, 그리고 흥미에 관한 것이다. 기업 스스로가 강렬한 비전을 갖는 데는 여러 가지 이유가 있다.

　이 장에서 우리는 현저한 변화와 운영환경 변화 앞에서 대처를 원하는 기업에게 왜 여전히 분명한 비전이 필요한지 사례를 들어 설명하도록 하겠다. 비전에 대한 이런 필요성에도 불구하고 비전의 창출과 활용은 어려운 일이며('비전'이라는 용어가 지닌 모호성 때문은 결코 아니다), 따라서 첫 과제는 비전의 정의와 비전의 실현을 위해 해야 할 일에 합의하는 것이다. 그리고 여기에는 또 다른 함정들이 있다. 과연 그것은 누구의 비전인가? 그것을 성취하기 위한 기간은 어떻게 되는가? 대체 무엇을 상상해야 할지 감이 잘 안 온다면? 비전을 가지면 어떤 일이 일어나는가? 우리가 생각하는 기업 공동의 목표와 기업 자체의 비전, 양자의 큰 차이(바로 여기서 종종 혼란이 발생하곤 한다)에 대한 설명을 시작하도록 하겠다.

주지의 사실이지만, 굉장한 아이디어를 가지는 것과 그것을 실현시키는 것은 별개의 문제다. 우선 규모가 크건 작건 올바른 비전의 틀을 잡는다는 것은 생각만큼 쉬운 일이 아니며 그렇게 한 이후에는 비전의 실현을 위해 넘어야 할 여러 장애물들이 있다. 상당수 조직이 씨름하고 있는 것은 바로 이처럼 비전을 실현의 개념으로 연결시키는 해석이다. 이로 인해 잘못될 수 있는 것들을 몇 가지 살펴보도록 하겠다.

그런데 아마도 원대한 비전 수립에 가장 큰 장애는 상상일 것이다. 상상한다는 것은 미래의 서비스 또는 기업이 실제 어떤 모습일지 미리 구상해보고 이런 아이디어를 현재로 끌어와서 다른 사람들도 그것을 상상해보게 만드는 능력이다. 우리는 강렬한 비전을 발견하는 일의 중요성을 논의코자 하는데, 야심차면서도 얼마든지 이룰 수 있을 것 같은, 그리고 자신이 속한 팀이나 파트너, 그리고 궁극적으로는 고객에게 동기를 부여해줄 수 있는 그런 비전 말이다. 7장에서 비전이라는 주제로 다시 돌아가 우리가 흔히 '실용주의적 야망'이라고 부르는 것을 각자 자신의 기업에 맞게 구축하는 방안을 보다 자세하게 탐색해보도록 하겠다.

하지만 본격적인 논의에 앞서 비전과 전략의 차이점이라고 생각하는 부분부터 정리해보고자 한다. 요컨대, 비전이라 함은 개인이 창출하기 원하는 기업 또는 서비스(혹은 세계일 수도 있다)에 대한 서술이고, 전략이라 함은 그것을 창출해낼 방안을 말한다. 전략은 몇 가지 요소를 포함하는데 발전에 대한 로드맵과 전반적인 접근법에 대한 세부사항, 그리고 취해야 할 구체적인 조치가 이에 속한다. 아울러 비전의 수치화에 도움을 주는 목표 수립, 진행 도중 그리고 목표달성 후의 단계들도 포함된다. 비전(이상)이 반드시 혁신적이거나 진정 음... 이상가적일 필요는 없다. 비전이 매력적이지 않은 기업 사안을 언급할 수도 있다. 하지만 비전이라면 반드시 충분히 먼 미래의 것이어야 하며, 그것이 달성될 경우 일정 부분 기업과 고객의 판도를 바꿀 수 있어야 한다.

1. 비전이 필요한 이유

먼저 희망하는 고객 경험의 모습과 느낌에 관한 비전이 필요한 이유에 대해 생각해보도록 하자. 요약하면 모든 조직은 한정된 자원에 대한 명확하고 합리적인 결정을 내릴 필요가 있다. 비전은 계획, 의사결정, 투자를 위한 자원조달 체계를 제공한다. 즉, 자금조달의 측면에서 조직 상부의 동료들과 예산에 관해 의미 있는, 다시 말해 그 재정에 대한 보다 효율적이고 균형 있는 사용 방안을 가지고 대화할 수 있다는 뜻이다. 그것은 또한 모두가 동일한 목적지를 향하게 도우며, 이는 계획과정을 보다 용이하게 한다. 게다가 그것은 모든 부서들이 노력을 경주하기에 부족함 없는 동기와 흥미를 제공해준다. 그 결과 기업이 발전하고 있음을 사람들이 일단 눈으로 보게 되면 모두가 그 비전의 실현을 원하게 된다.

마찬가지로 비전은 경영진의 주요 이해관계자 및 주주들과의 관계 관리에도 유용한 도구이다. 행여 차기 주주총회에서 고객의 기대치 변화 예측을 위한 기업의 대응책이 무엇이냐는 문제가 제기되어도 비전이 있는 CEO는 신뢰성 있는 답변을 보다 능숙하게 제시할 수 있다.

반면에 비전이 없는 기업에는 어떤 일이 발생할지 한 번 생각해보자. 이 시나리오에서 사람들은 임기응변식, 점진적 개선으로 대응하기 쉬운데, 별개로는 너무 미소하여 고객에서 새롭고 흥미로우며 가치 있다는 인상을 남기기에는 역부족일 지도 모른다. 동료들은 그 최종목표에 대해 열정을 덜 느끼게 될 가능성이 크며 다음에 나타날 빛나는 새로운 아이디어를 지지함으로써 그 계획을 탈락의 위기에 처하게 만든다. 그리고 무엇보다 중요한 것은 여기서 작은 체계 하나 고치고, 그러고 나서 저기서 또 다른 틈 하나 땜질하는 이런 식으로는 고객을 위한 보다 나은 뭔가를 만드는데 도움이 될 혁신적인 작품의 최종승인을 얻기가 한층 힘들다는 사실을 발견하게 될 것이다.

그러므로 비전은 단지 미래상을 서술하는 것만이 아니라 계획의 실행에 있어 보다 광범위한 역할을 한다. 합의된 비전을 지니는 것이 얼마나 중요한지 이제는 알 수 있을 것이다.

2. 비전을 현실로 옮기는 것은 왜 그토록 힘든 걸까?

이론(비전)과 실천(기존 및 현행 서비스 모두) 그 사이의 길에는 수없이 많은 움푹 팬 곳들, 우회로, 그리고(아마 생각보다 더 많은 경우에) 막다른 골목이 도사리고 있다. 기업의 비전이 건전하다고 가정할 때 그것을 현실화함에 있어 잘못될 소지가 있는 것은 무엇인가? 우리는 이 과정과 씨름하는 수많은 조직들과 함께 작업하면서 거기에는 몇 가지 이유가 있음을 깨닫게 되었다.

- 비전이 무엇인지에 관한 기업 전반의 공통된 이해의 결여
- 충분하리만큼 강렬하지 않은 탓에 그것에 헌신하려는 마음의 결여
- 비전을 서술하면 모든 일이 다 끝난 것으로 생각하는 잘못된 신념
- 적당한 기간의 결여, 즉 이미 계획에 나와 있는 것들과 차별성을 보이기에 너무 짧은 기간 또는 연관성이나 성취가능성을 느끼기에 너무 긴 기간
- 비전을 가시적 변화로 옮기는 방법에 대한 명확성의 결여
- 비전의 실현이 누구의 책임인가에 대한 합의의 결여

다행히 2부에서 살펴보게 될 디자인 주도적 접근이

이 도전에 대한 구체적인 해답을 제시한다. 지금은 그 어려움에 대해 좀 더 자세히 살펴보도록 하자. 이중 어떤 것에 공감이 가는지 생각해보라.

비전이 무엇인가에 대한 혼동

불행히도 많은 조직이 고객 경험에 대한 비전을 가지고 있다고 생각하지만 사실은 그렇지 않다. 그 이유는 그들에게 비전이 무엇이며 그것이 무엇에 대한 비전인지에 대한 온전한 이해 또는 합의가 없기 때문이다. 비전이나 전략, 미션(사명), 타깃 같은 경영기획 관련 용어들은 해석의 폭이 광범위하며 어떤 이들은 이런 용어들을 혼용하기도 하는데 이를테면 한 팀이 자사가 고객 경험 '비전'을 가지고 있다고 생각하지만 사실 그것은 자사가 고객이나 업계에 어떤 모습으로 인식되기 원하는지를 기술한 일련의 사업목표 또는 선언서에 불과하다. 이런 용어를 둘러싼 혼동이 사람들로 하여금 기업이 무엇을 성취해야 하는지에 관해 각기 다른 추정을 하도록 만든다.

버몬제이 헬스케어 인터내셔널(가칭)이라는 가상의 건강보험업체에 대해 한 번 상상해보자. 그 기업은 미래의 비전을 창출하기를 원하며 이 목표의 달성을 위해 경영진은 회의실에 갇혀 지내다시피 하며 수차례에 걸친 이사회 끝에 세 가지 선언문과 행동계획을 내놓는다. 이 선언문의 요지는 다음과 같다. '우리는 더 많은 이익을 창출하기를 원하며, 더 많은 고객을 끌어들이고, 일하기 좋은 직장으로서 자리매김을 확실히 하고자 한다.' 표 2.1에서 그들이 내놓은 각각의 요소들

표 2.1 대부분의 기업이 전략적 성명서 모음집을 통해 핵심을 찾으려하지만, 아래에 있는 것들 중 그 어떤 것도 그들이 정의하는 목적과 혜택을 깨닫는 데 필요한 서비스와 고객 경험을 시각화하지 못한다.

버몬제이 헬스케어 인터내셔널	
목표와 타깃	내년 4사분기까지 리스크가 있는 신규보험 부분의 5,000,000파운드
의향서 / 사명선언서	세계 최고의 신뢰받는 건강보험 회사가 되자
기업 모토	'고객의 성공을 위해 일하는 기업'
행동계획	고객 문화 계획 구축, 파트너십 역량 개발, 의료 서비스 제공자 네트워크의 성장, 리브랜딩, 글로벌 고객 관계 관리 실행

간의 차이를 설명했는데, 기업들은 종종 이들을 기업과 서비스 그리고 고객 경험에 대한 비전으로 혼동하곤 한다.

이러한 가상의 설명은, 물론 각각의 선언들이 나름대로 유용하겠지만, 고객을 위해 기업이 실제로 무엇을 창출할 것인지, 그리고 그렇게 하는 것이 어떻게 표에 서술된 혜택을 실현할 것인지 전혀 설명해주지 못함을 보여준다.

사실 다수 기업이 고심 끝에 이와 동일한 것을 비전으로 삼고 있지만, 이런 기술로는 비전 구실을 못하며, 그것은 단지 의향서에 지나지 않는다. '매출상승'이라는 말이 그럴 듯 해보이나 사실 그것은 목표가 아닌 질문이다. '매출상승'이 목표처럼 들릴지 모르나 사실상 그것은 질문이다. '매출상승을 원한다면 이제 기업은 무엇을 해야 하는가? 어떤 종류의 기업이 되어야만 하는가? 어떤 서비스를 운영하고자 하는가? 서비스에 부과하는 요금에 비해 서비스 제공에는 얼마만큼의 비용을 지출할 것인가?' 기업이 비전이라고 생각했던 것이 사실은 비전을 모색해가는 일련의 질문이었던 것이다.

비전이라면 이런 질문에 대한 해답을 줄 수 있었을 것이며 여기서 디자인 씽킹이 도입된다. '디자인 씽킹'은 미래를 거꾸로 현재로 끌고 와서 이미 여기 있는 것처럼 볼 수 있게 하는 데 탁월한 방법이다. 그것은 일면 미래를 보여주는 영화와도 같다. "지금부터 3년 후엔 고객들이 '이것'을 할 수 있고 '이런저런' 방식으로 우리에게 지출을 할 것이며 그 결과 우리가 고객에게 심어주길 원하는 그런 브랜드 이미지대로 고객이 기업을 이해할 날이 올 것이고, 이는 곧 우리의 비즈니스 목표가 달성 가능함을 의미한다."

어떤 서비스가 되어야 하는지 상상하고 이런 가시적인 콘셉트를 기업이 추구하는 가시적인 혜택으로 연결시키는 능력이 없다면 이런 가상의 기업은 현재의 서비스와 비즈니스 모델에 대한 점진적인 변화와 개선을 계속하게 될 가능성이 크다. 이렇게 해서는 기업이 원하는 수준에 이를 수 없다.

따라서 비전이 아닌 것을 요약하면 다음과 같다.

- 일련의 목표와 타깃
- 의향서 또는 사명선언서
- 새로운 기업 모토
- 행동계획action plan

우리의 경험상 비전은 표에 제시된 다른 요소들과 함께 수행할 분명한 역할을 지닌다. 비전이 반드시 갖추어야 할 요건은 다음과 같다.

- 향후 달성할 상업적 목표를 포함한 기업의 미래상을 생생하고 가시적으로 설명할 것
- 기업이 그것을 의사결정에 활용할 수 있을 정도로 완벽하고 많은 정보를 포함할 것(그렇게 애써 만든 비전이 그러고 나서는 환상적이고, 불필요하고, 비현실적인 것으로 치부되어 조용히 사라진다)
- 사람들이 그것을 실현하도록 동기부여를 할 수 있을 정도로 충분히 흥미롭고 실제적일 것

2부에서 무엇이 비전을 '강렬한 것'으로 정의하게 만

드는지, 또 그런 비전을 창출하려면 어떻게 해야 하는지 보다 심층적으로 살펴볼 것이다. 하지만 그에 앞서 왜 비전이 기업이 원하는 혁신을 촉발하지 않는지 그 몇 가지 이유에 관한 지식을 갖추는 것도 가치 있는 일이다.

그다지 강렬하지 않은 비전

모든 이상가적인 계획의 실현에는 엄청난 양의 헌신적인 노력이 필요하다. 만약 비전이 동료들의 마음에 크게 와 닿을 정도로 감동적이거나 흥미롭지 않다면 그들의 열정을 북돋우기에는 역부족일 것이다. 그들에게는 이 새로운 프로젝트가 자신들의 시간과 자원을 투입할 가치가 충분하다고 느끼게 해줄 뭔가가 필요하다.

강렬한 비전은 그 자체만으로도 홍보가 되어야 한다. 상급자가 그것을 봤을 때 그것이 성취가능하고 혁신적임을 믿게 해주어야 한다. 어떤 모습의 고객 경험을 원하는지 생생한 그림을 그려보고 상급자가 이사회 동료들과 논의할 수 있도록 두어 개의 핵심사항과 더불어 상급자에게 그것을 제시한다면 비전이 자기 앞으로 관심과 자원을 이끌어오면서 스스로 열심히 일하게 만들 수 있다. '그림을 그리다'라는 말은, 비전이 본질상 시각적인 피조물이라는 점에서 문자적 의미 그대로를 뜻한다. 그간 우리가 봤던 고객 경험 비전 기술서 중에는 이를테면 '우리는 우리 고객의 문제를 해결하길 원하고 있다'는 식의 일반적인 기술 몇 개가 적힌 스프레드시트와 다를 바 없는 것이나 아니면 고작 20명을 앞에 두고 PPT 프리젠테이션을 하고는 더 이상 진전이 없는 건들이 수도 없이 많았다. 만약 비전을 설득하는 것이 시각적이지 못하고 영감을 주지 못하면 아무런 변화도 기대할 수 없을 것이다.

비전을 명확히 하는 것은 작업의 일부일 뿐

자, 이제 모든 주주들이 그 비전을 구미 당기는 막대한 건수로 느끼게 만들 비전을 내놓았다 치자. 일단 그것만 해놓으면 사람들은 무슨 큰 실적이라도 올린 양 편안히 앉아서 휴식을 취한다. 이런 일이 일어나는 이유는 거의가 비전을 장기적 프로세스의 첫걸음이 아닌 독립적인 프로젝트로 여기는 일개 핵심 팀에 의해 만들어지기 때문이다. 연말에 우리에게 비전이 있는가? 자문해보고 '그렇다'에 체크표시를 하면 그것으로 그해 목표는 완수다. 하지만 비전을 얻었다고 신나게 달리다 보면 어느새 흐지부지되고 만다. 비전을 창출하는 것이 혁신을 불붙게 하는 불꽃은 될 수 있지만 그 자체의 생명력은 한시적이다.

마치 요구르트처럼 비전에도 유통기한이 있다. 만약 원대한 비전 제시에 너무 오랜 시간이 걸린다든지 그것을 계획으로 옮기는 데 너무 지체되거나 하면 유통기한이 지나버린다. 우리는 클라이언트들과 같이 작업하며 비전이 수차례 바뀌는 것을 많이 보았는데, 적당한 조건이 갖춰지지 않았거나 아니면 비전을 현실화할 수 있을 만큼 충분히 빠른 속도로 움직이지 못하다가 매력을 상실한 채 사라져버렸기 때문이었다. 이제 더 이상 관련성도 없고 관심을 끌지도 못하는 비전이 되어버린다.

비전이 성장함에 따라 그것을 이해하고 그로부터의 동기부여를 필요로 하는 사람의 수가 증가하기 시작해 비전에 관한 스토리를 계속 하다보면 그것이 거의 전업이 되다시피 한다. 그런데 누가 그런 수고를 자처하리라고 기대하는 기업은 거의 없으며 그러다보니 아예 계획을 수립하지 않는다. 비전을 설득하고 또 설득하는 그런 순환의 지속이 사람들을 지치게 하여 더 이상 진전이 안 되고 주춤한다.

비전을 현실로 옮기는 과정에는 중단해야 할 일뿐만 아니라 더 많은 작업을 해야 하는 일(또는 처음 시도해야 하는 일)이 무엇인지 결정하는 일이 수반된다. 왜냐하면 우리 인간은 익숙한 활동을 편안하게 느끼기 때문에 그것을 포기 못하기로 악명이 높다. 우리는 진정 우리가 원하는 곳으로 데려가 줄 수 있는 확률이 가장 높

은 것보다 우리가 가장 쉽다고 생각하는 사례를 고집
한다. 비전을 세부적인 계획으로 옮기는 일의 중요성
에 대해서는 2부에서 더 많이 이야기할 것이며, 비전
의 당위성에 관한 이야기를 재차 반복하는 역할에 대
해 받아들여야 할 실제 행동에 관한 분명한 지침도 함
께 제시하도록 하겠다.

지나치게 장기적인 비전의 수립

어디쯤 적당한 시간에 비전을 안착시킬 것인가도 중요
하다. 비전은 추구할만한 가치가 있다고 느낄 정도로
충분히 먼 미래로 데려갈 수 있어야 하지만, 지나치게
멀리 떨어져 야망이 너무 크다고 거부당한다든지 아니
면 현실화될 때쯤이면 무관한 것이 되어버릴 위험이
있을 정도가 되어서도 안 된다. 만약 비전이 이런 기간
을 벗어난 시점에 위치하면 단기적 해법의 와중에 소
실되거나 단순히 우선순위에서 밀려날 위험이 있다.

   우리가 함께 일했던 많은 기업들은 혁신적이 되어야

할 필요와 속도감의 결여, 특히 기술에 대한 접근에서의 부진에 대해 고도로 민감하게 되었다. 그 결과 그들은 비전을 10년 더 먼 미래로 설정함으로써 자신들의 생각을 밀어붙이고자 했다. 하지만 상당수 조직에서 조직원들이 비전에 영향을 미칠 수 있는 가능성과 영향을 미치고 싶은 소원을 느끼기에 10년은 너무 먼 시간이다. 지금부터 10년 간 무엇이 필요할지를 예측한다는 것은 너무 어려운 일이다. 우리는 3개월부터 36개월까지의 연동계획을 갖춘 3년 후의 비전을 추천한다. 여기에 부가적으로 5년 후의 그림을 개발할 가치가 있는데, 그것은 상급자들이 새로운 기술과 부상하는 고객 트렌트가 주류로 자리 잡는 과정에서 그 영향력을 고려하기 시작하는 것에 도움을 준다.

우리는 종종 클라이언트들이 우리가 그들 기업을 위해 제시한 비전에 대해 보다 큰 야망을 지니는 모습에 도전을 받았다. 간혹 우리가 트렌드나 기술의 미래 서비스와 경험의 중요성을 간과하거나 과소평가한 것이 사실이다. 하지만 적합한 수준의 야망을 가진 비전을 설득한다는 것은 또한 단지 한 야심찬 개인이 아닌 조직 전체가 행할 수 있다고 느끼는 것을 분석하는 것에 관한 것이기도 하다. 우리는 우리가 '실제적 야망'이라고 명명한 것을 추구하고 있으며, 이는 최대다수의 상급자들을 올바르게 이해시킬 것이다.

완성된 서비스의 모습이 어떠할 지 상상하는 것의 어려움

일부 기업의 경우 오늘날 고객 경험이 과연 무엇인지에 대한 완전한 그림을 갖고 있는 팀이 없다는 것이며, 따라서 그것이 어떤 모습이 되어야 하는지 상상하기가 힘들다. 아마 그들은 이렇게 자문할 것이다. "무엇에 대한 비전을 가지라는 거야?" 만약 어떤 사람이 자신의 집을 증축할 계획이 있다면 그는 완공 후 자신이 원하는 집의 모습에 대한 비전을 가질 것이다. 이것이 가능한 이유는 그가 현재 자기 집의 모습을 알기 때문이며 그래서 그는 증축을 통해 환골탈태할 자기 집의 모습을 상상할 수 있게 되는 것이다. 하지만 서비스 기안자의 경우는 자신이 정확히 무엇에 대한 비전을 창출하려고 애쓰고 있는지 상상하기가 거의 불가능함을 발견하게 될 텐데, 그 이유는 그가 현재의 서비스를 온전한 형태로 볼 수 없기 때문이다. 이로 인해 기안자는 내부적인 커뮤니케이션에 어려움을 겪게 되며 따라서 비전의 실현을 어렵게 만든다.

예를 들어, 만약 기업이 소매업체라면, 고객 경험의 시작과 종료지점은 어디인가? 고객이 문으로 들어오는 순간부터 매장을 나가는 때까지인가? 아니면 그보다 앞서 일례로 고객이 핀터레스트를 통해 클릭하는 순간부터인가? 만약 고객이 한 달 후 어떤 물건을 반품하길 원하는 경우는 어떠한가? 그때가 종료지점인가? 만약 은행사라면 지금부터 5년 후 소액거래부문에 대한 기업의 비전은 무엇인가? 그것은 단지 기업 홈페이지의 모습이나 고객 센터 운영 계획으로만 구성되는 것은 아니며, 이런 요소들 외에도 더 많은 것들을 포함한다.

한 번은 우리가 8~10여 개월에 걸쳐 보험업체와 협업하면서 그들이 새로운 비전을 창출하도록 도운 적이 있었다. 우리가 도착하기 전 디렉터들마다 스스로에게 분통을 터트리는 중이었는데 그 이유는 그들이 이미 자신들의 목표가 무엇인지 알고 있었음에도 불구하고 각기 다른 해법을 상상하고 있었기 때문이다. 한 사람에게는 다른 방식의 홈페이지 구축이 목표 달성을 의미한 반면, 다른 사람에게는 고객이 자사 브랜드와 더 많은 상호작용을 하도록 장려할 새로운 디지털 제품 개발이 해법이었다. 또 다른 한 사람에게는 새로운 사업모델과 판로개척이 절실했다. 그들은 금융업계에서 경쟁할 엄청난 기회가 있었음에도 불구하고 재빨리 스스로를 조직화하지 못했고 그 결과 기업 탄력은 분열되었으며 기존의 운영방식에 대한 임기변식 조정으로 되돌아갔다. 그들의 재정은 문서 전산화에 지출되었다. 기업의 각 영역과 기업 전체가 비전의 의미를 이해하는 데 어려움을 겪을 때 이런 일이 발생한다.

3. 프로세스 전반을 누가 관리할 것인가?

아마 기업 내에 고객 경험을 위한 총체적 비전과 전략 개발 관리를 전담하는 개인 혹은 팀이 전무할 수도 있다(고객 전략 팀이 있어도 고객 경험이 아닌 영업위주일 가능성이 크다). 고객에 대한 의무가 수직구조의 최상부에 위치해 있어도 고객 경험 개선에 대한 책임은 수평적인 몇몇 역할 간에 분산되어 있을 것이다. 만약 그런 기능들 간의 책임이 최고경영자와 더불어 최상부에 위치해 있으며 그것이 예컨대, 고객 이사회로 조직되어 있다면 그 기업은 뭔가를 이뤄낼 기업이다. 만약 그런 기능들을 망라한 그룹이 충분히 조율되지 않거나, 상급자가 아니거나, 혹은 둘 다라면, 일관성 있는 비전 수립은 계속 난항을 겪을 것이며 비전을 실현하는 일은 더더욱 힘들 것이다.

최악의 경우 팀들이, 물론 잘해보겠다는 의도는 좋지만, 고객 경험 개선 소유권을 놓고 암투를 벌일 수도 있다. 고객 경험이 사실은 상이하면서도 조율된 노력을 요구하는 공동의 책임이라는 이해의 공유가 없을 때 이와 같이 깍듯이 예의를 차리는 내분이 일어난다. 한 금융 서비스 회사의 이해관계자들과 가진 일련의 초기 인터뷰에서 몇몇 사람들은 고객 경험 개선을 자신들의 책임으로 보는 기색이 확연했지만(굉장히 바람직한 현상이다), 그러면서도 그들은 다른 사람들이 하는 일에 미묘하게 비평적이거나 회의적인 반응을 보였다. 우리가 서비스 디자인 개선 작업을 시작할 수 있으려면 먼저 현재 그들의 일관성 없는 고객 경험 계획의 '해부도'에 이어 어떻게 하면 각 팀별로 이루어지고 있는 일들의 각 부분을 충돌 없는 일관성 있는 고객 경험 역량으로 조직화시킬 수 있는지를 시각적으로 보여주어야만 했다.

그간 우리가 만났던 사람들 중에는 저사 서비스에 대한 비전 확립의 인식, 워크숍 운영, 자신들의 사례를 담당자들에게 적용함으로써 다른 사람들의 흥미유발을 시도하는 헌신적인 사람들도 많았지만, 기업 내의 상급자 중 비전에 대해 질문하는 사람이 없을 곳에서는 아무런 성과를 얻지 못했다. 이런 이들에게는 그 일에 우선권을 두도록 상급자들을 설득하는 일이 시급했지만, 막상 그렇게 할 수 있는 도구가 없는 경우가 많았다(만약 이런 경우에 해당한다면, 이 책이 그러한 도구들을 제공할 것이다).

기업은 고객 서비스 제공의 모든 요소에 대해 책임이 있지만 불행히도 상당수 조직은 고객 경험을 그런 시각으로 바라보지 않고 여전히 맨 마지막에 고려할 요소로 보고 있다. 종종 고객 경험 팀은 '케이크 위의 장식용 체리'를 제공하는 곳으로 인식되곤 한다. 이런 이유로 우리는 기업을 향해 고객 경험 팀을 조직의 위계에서 더 격상시키고 그들에게 기업의 여러 영역에 걸친 프로젝트를 수립할 수 있는 자원과 권한을 부여하도록 권장한다.

우리 클라이언트 중 하나였던 한 소매업체의 마케팅 디렉터가 고객 경험담을 이사회에 가져 와서 그 조직이 보다 고객 중심적인 방식으로 일할 수 있는 하나의 사례를 만들었을 때 우리는 무척이나 신이 났다. 그녀가 성공하기는 했지만 그 후 실질적인 프로젝트 업무를 하고 또 유관 중간관리자층이 필요한 사항을 이해하고 그들이 다시 더 상급자들을 설득할 자신감을 갖는 지점에 이르기까지 고객에 대한 긍정적 영향력을 입증하는 데에만 1년이란 시간이 걸렸다. 그 와중에 주변의 다양한 팀 들이 다시금 자신들의 부서에서 소규모 프로젝트들을 열정적으로 이행했지만 기업의 모든 부서가 협력적인 노력으로 동일한 비전을 실현하는 것보다는 훨씬 비효과적이었다.

비전을 구체적인 변화로 만드는 과정에는 수많은 방해요소들이 있으므로 시작 단계부터 기안자의 프로젝트를 섬세하고 강력하게 이끌어주는 것은 현저한 차이를 만든다. 이처럼 권위를 지닌 사람이 적절한 우선권을 올바른 방식으로 추진함이 없이는 당초 계획했던 고객의 주목과 인정을 얻을 과감한 혁신과는 달리 간간히 미미한 성과를 얻는 데 그칠 것이다. 비전은 종종 고객을 생각하는 민감성, 통찰력, 호기심을 가진 사람 그리고 변화에 영향을 미칠 수 있는 권위와 권한을 지닌 사람에게 임한다. 아울러 항상 같은 사람에만 그런 것은 아니다.

3. 주요 시사점

- 서비스에 대한 비전은 기업이 원하는 고객 서비스와 경험에 대한 바람직한 미래상에 대한 그림이다. 고객을 즐겁게 할 자원 활용방안을 확정하려면 기업에게 비전이 있어야 한다. 비전은 조직 구성원 전체가 한 방향으로 끌고 나가며 앞서 언급했던 일관성 없는 효과를 피하도록 도와준다. 만약 기업에게 비전이 없다면 혁신적인 변화가 아닌 일련의 임기응변식 개선에 지나지 않으며, 이런 것들은 고객에게 긍정적 영향력을 거의 미치지 못한다.

- 대부분의 기업은 비전을 현실로 옮기고, 그를 통해 유의미한 변화를 일으키는 것이 어렵다는 사실을 발견한다. 이 과정에 내재된 6가지 장애물이 있다.

  - 비전을 다른 것으로 혼동하는 경우가 있다. 어떤 이는 비전이라고 보는데, 다른 사람은 그것을 일련의 공동목표, 전략, 사명선언문, 행동계획으로

생각한다. 사실 비전은 이런 것들이 아니라 그 배후에 있는 추진력을 말한다. 계획과 목표는 비전이 아니며 따라서 비전을 대체할 수 없다.

- 비전을 창출했다고는 하나 강렬한 비전이 아니다. 비전은 기업의 의사결정 기준이 될 수 있을 만큼 완전하고 그 분야에 정통해야 하며, 아울러 구성원들에게 그 실현가능성을 설득할 수 있을 만큼 흥미롭고 실제적이어야 한다.

- 비전이 무엇인지 결정하는 것은 첫 걸음에 불과하다. 만약 비전이 재빨리 행동에 나서게 만들지 못하면 내부적인 홍보는 갈수록 더 힘들어질 것이며, 결국 행동은 흐지부지 되어 버린다. 비전이 발표되고 공유되는 초기에는 탄력을 받다가 이후 그 기세를 이어가지 못하는 기업이 많다.

- 과감하고 야심찬 비전을 시도하려다가 완료시점을 너무 먼 미래로 잡는 경우가 있다. 10년은 대다수 동료들이 흥미를 느끼기에는 너무 긴 기간이므로, 3년 내지는 최장 5년을 지키는 것이 좋다.

- 이미 실행 중인 서비스조차 시각화하기 어려운

서비스의 특성상 장차 수 년 후 서비스 혁신이 어떤 모습일지, 그리고 고객이 어떻게 느낄지 상상하는 것이 얼마나 어려운 일인지 생각해보라. 여기에 각자 다른 견해를 지닌 조직의 모든 구성원을 곱하면 얼마나 혼란스러울지 짐작할 수 있다.

- 고립된 사일로에 관해 언급했던 장으로 되돌아가 단일팀이 비전의 실행을 전담하기는 어려울 듯하다. 그럴 경우 일관성 없는 실행으로 이어질 수 있는데, 특히나 권위를 지닌 한 상급자가 그 프로세스를 통제하지 않을 경우 더욱 그러하다.

3장

빠름과 느림의 도전

저명한 심리학자인 대니얼 카너먼은 자신의 저서 〈생각에 관한 생각(2012년)〉에서 인간의 뇌에서 작동되는 2개의 판단 시스템인 시스템 1과 시스템 2이 있다고 밝힌 바 있다. 카너먼에 의하면 "시스템 1은 빠르고 직관적이며 감정적이라고 했으며, 시스템 2는 그보다 더 느리고 고의적이며 논리적이다." 이런 두개의 시스템은 조직에도 존재하는 듯하다. 그 중 어느 것이 옳다 그르다 분명히 말할 수는 없지만(진화론적 측면에서 볼 때 둘 다 필요하다), 빠른 사고는 매력적이긴 하나 이로 인해 어떤 기회를 놓쳐버릴 수 있다. 카너먼은 '빠른 판단'을 지칭한 것인데, 이는 과거 경험을 통해 확립된 신념에 근거해 이루어진다. 이런 판단은 종종 잘못된 것으로 드러나기는 하지만 그래도 우리가 이런 방식을 실행하는 이유는 시간이 없기도 하고, 또 장기적이고 큰 그림을 고려하기보다는 제시해야 할 증거를 활용하는 편이 더 빠르기 때문이다. 우리가 사는 세상은 빠른 기업, 요구에 반응하는 기업을 요구하지만 자칫 이런 속도의 요구가 기업의 야망과 판단을 저해할 수 있다 (실제적 측면으로는 재정 낭비다).

모든 조직은 빠른 성과를 위한 고속 주행의 필요성, 그리고 조화롭고 지속적인 혁신 창출을 위한 장기전의 필요성, 이 양자 간의 긴장을 경험한다. 조직의 도전은 인간의 뇌와 마찬가지로 빠른 사고와 느린 사고가 함께 작용할 수 있는 접점을 찾아내는 것이다. 이는 고객 경험 혁신에 특정한 영향력을 행사하는데, 특히 고객 경험을 전달하는 과정에 개입하는 수많은 사람들, 그리고 일에 대한 태도와 방식의 혁신에 대한 도전과 관련될 때 그러하다.

현재 시중의 모든 은행들은 모바일뱅킹 앱을 보유하고 있으며, 기업 내에 신규 디지털 팀을 신설하여 앱의 기능을 지속적으로 향상시키고 있다. 현재 스마트폰 뱅킹 앱의 디자인과 개발은 흔한 일이지만, 그 배후에는 현저한 변화가 진행되고 있다. 일부 은행들은 자사의 은행업무 운영체제를 재구축해야 하며, 신원확인, 공인인증, 정보보안을 재검토해야하고, 은행지점 및 거기서 근무하는 직원들의 역할을 재구상해야 했다. 스마트폰 개발 이후 모바일 뱅킹의 비전이 수립된지는 10년도 넘었다. 이런 엄청난 투자와 혁신에 몰두하라는 요구를 받은 고위 경영진은 수 년 전 드디어 그 일을 해냈다. 신속한 개발을 통해 앱이 급속히 발전함에 따라, 조직 역시 근본적인 변화를 거듭해왔지만 보다 느린 속도의 변화였다. 오늘날 그들이 달성할 수 있게 된 속도는 오랜 시간 계획된 것이었다.

이 장에서 우리는 새로운 제품과 서비스를 출시하는 사안과 관련해 빠름과 느림의 동시관리라는 도전의 일부를 밝히도록 하겠다. 모든 조직에는 수많은 사업 기능과, 각기 다른 방식으로 운영되도록 고용되었고 위계도 다른 다양한 전문적 경력을 지닌 인력이 있다. 우리는 비록 '애자일 개발'이 효과적이며 현대인 모두가 경험하는 변화의 속도에 대한 올바른 대응이긴 하지만 일부 조직은 규모에 있어 신속한 '고개 숙이고' 빨리빨리 업무하는 방식이 협력의 결여는 물론 속도를 위한 속도에 주력하는 결과를 초래한다는 사실을 발견했다.

물론 우리는 그 해답이 균형 찾기와 미래 어느 시점의(하지만 너무 멀지 않은) 비전을 세우는 일, 그런 다음 역으로 관리할 제품을 규명하는 계획의 수립에 있다고 주장하는 바이다. 우리는 '비전화' 역시 신속해야 할 필요가 있다고 주장한다(7장에서 이런 주장을 발전시키도록 하겠다).

아울러 우리 회사의 클라이언트 중 하나인 두바이 공항의 직원 두 사람의 이야기를 듣도록 하겠다. 그 팀은 '빠름과 느림'의 극단적인 사례(매일 수천 명의 탑승객들과 수십 회의 운항의 와중에서 진행되는 공항 운영 관리하는 것과 동시에 공항의 미래를 계획하는 일)를 관리할 수 있는 디자인 씽킹과 도구의 활용방안을 습득했다.

1. '빠름'과 '느림'을 종합적으로 관리하지 않을 때 어떤 문제가 발생하는가?

기업 내에서 고객 경험에 대한 비전을 얼마나 빨리 실행할 것인가를 놓고 기업의 팀들 간에 견해의 차이가 있을 때, 무엇이 새로운 제안과 고객 경험이 되는지 그리고 그 전달 시점을 언제로 할 것인지 결정이 힘들어진다. 일례로 디지털 업계 사람들이라면 전략적이고 점진적이며 비통합적인 개선을 요구받을 것인데, 물론 그런 것도 하면 좋기야 하겠지만, 시장에 미치는 영향력 측면에서는 그것이 항상 그렇게 중요한 것은 아니다. 이와 동시에 좀 더 복잡하고 장기적이며 보다 많은 투자와 인력을 요하는 혁신적인 변화의 시도는 시작할 엄두도 못 내는데, 그 이유는 모두가 유지와 신속한 해결에만 중점을 두기 때문이다.

그것이 얼마나 대조적인지 보여주기 위해 이런 시나리오를 한번 그려보도록 하겠다. 디지털 및 오프라인 매장 전반에 걸친 완벽한 고객 경험을 창출하고자 하는 한 회사가 있다고 치자. 그 프로젝트 출범을 위한 회의가 소집되고, 마케팅, 영업, 기술, 훈련 및 개발, 운영부서 대표자들이 참석한다. 마케팅은 새로운 홈페이지, 디지털 마케팅 콘텐츠와 브랜딩에 관한 아이디어들을 가지고 얼른 시작하고 싶어 안달이다. 영업팀 역시 이를 단기매출을 올릴 수 있는 절호의 기회로 보고 즉각적인 변화를 간절히 원한다. 반면 훈련과 운영 팀은 보다 신중한 입장이다. 그들은 혁신에 있어서 인간적인 의미, 즉 직원 문화, 소매업 운영 관여, 고객 운영의 디지털과 '오프라인' 부문 간의 간극과 같은 요소를 고려한다. 기술 팀은 디지털 경험을 쇄신할 절호의 기회에 흥분함과 동시에 IT 스택*의 상태와 요구되는 시스템 통합을 걱정한다. 이 시나리오가 모든 기업의 상황을 반영하는 것은 아니지만 조직의 각 영역 별로 일하는 속도가 얼마나 다른지 설명해준다.

이런 빠름과 느림의 괴리는 다음의 세 가지 원인으로 설명된다.

(1) 첫째는 특히 상대적으로 변경이 어려운 운영부

---

* 일시적으로 보존해야 하는 데이터를 차례로 겹쳐 쌓듯이 수납해 가는 기억 장치

서처럼 장기적 시각을 요구하는 업무 종사자와 그런 것이 요구되지 않는 업무 종사자 간의 문화적 긴장이다.

(2) 둘째는 신속한 성과를 얻어야 할 필요성, 특히 상급자가 매출목표에 중점을 두거나 이에 따른 인센티브를 받는 경우다.

(3) 셋째는 혁신의 인간적 규모를 고려하지 않은 상태에서의 급속한 혁신에 대한 열망이다.

문화의 충돌이 발전을 저해할 수 있다

애자일 제품 관리의 개념에 대해서는 익히 들어봤을 터인데, 그것의 목표는 새로운 제품이나 서비스를 최대한 빨리 만들어내고, 조기에 그리고 지속적인 고객 피드백을 활용해 그것을 개선해나가는 것이다. 이는 소프트웨어 개발에서 비롯된 운동으로, 그 세계에서는 이것이 완벽하게 이해가 된다. 소프트웨어의 경우 신속한 개발, 시험, 이후에 다시 이어지는 빠른 변화가 가능하며 이 세계가 얼마나 빨리 돌아가는지 만약 IT 프로젝트 하나를 완성하기까지 수개월이 걸린다면 그것이 완성되기도 전에 이미 그 제품은 한물 간 것이 되어버릴 위험이 있다.

문제는 애자일 사고방식이 전통적인 서비스 기반의 조직에게까지 도입이 되어 그런 업무방식이 몸에 밴 사람들과 그렇지 않은 사람들 간의 괴리가 생겨난 것이다. 당연히 디자이너와 개발자는 혁신적 변화라는 미지의 바다를 통과하는 사람 기반의 회사라는 유조선의 키를 조정해야 할 과제를 떠맡은 사람들의 느린 걸음에 좌절하게 된다. 그들이 원하는 것은 뭔가를, 그것도 최대한 빨리 만들어내는 것이다. 반면 100,000명의 직원들이 자신들의 고객 경험을 관리하고 전달할 방법을 만들어내는 것을 원하는 사람도 있다. 이는 마치 다른 속도로 움직이는 두 개의 기어가 서로를 마모시키는 것과 같다.

지난 장에서 우리가 예로 언급했던 보험회사의 고위 관리자들은 소프트웨어 개발자건 아니건 모두 애자일 기술을 훈련받았다. 그 결과 그렇게 먼 미래를 생각하거나 이중삼중의 보안장치로 중무장한 프로젝트 운영 프로세스를 따라야 할 필요로부터 해방된 그들은 자신들이 만들기 원하는 변화를 신속히 몰고 나갔다. 하지만 이런 업무방식은 보험회사라는 조직의 문화에 맞지 않는데, 전통적인 보험 회사는 위험요소에 대해 항상 극히 보수적인 태도를 가지며 삼중의 인증 과정을 거치지 않은 서비스 제공에 불안감을 느낄 것이다. 그 회사는 애자일에 관한 지식의 층은 형성되어 있었지만 이를 실행할 문화적 여건이 아니었던 것이다. 이런 빠름과 느림 간의 긴장은 비균질적인 발전과 내부의 불일치를 초래하며 이는 결국 고객 경험 계획에 영향을 미친다.

속도는 그 자체로 목표가 될 수 있다

제품 개발과 관리부문에서는 애자일 관리법이 믿을 수 없으리만치 효과적일 수 있다. 일단 어떤 기능의 제품을 출시하고 싶은지 파악만 되면 제작에 들어가고, 시험과 개선을 통해 드디어 마음에 드는 제품을 작동해 볼 수 있게 된다.

하지만 고객 경험 계획의 경우는 애자일 작업이 분명한 비전과 함께 전략적 계획으로 통합되어야 한다. 우리가 예로 든 보험 회사는 빨리 움직이는 것에 너무 집착한 나머지 시작 단계에서 비전을 정의하는 작업을 충분히 하지 못했는데, 이는 그 회사가 어떤 사업 또는 고객 제안을 창출하기 원하는지 진정으로 이해하지 못했다는 의미다. 대신 회사는 빠르고 민첩한 것이 최고라는 착각 속에서 애자일 팀을 설립한다. 앞서 언급한 문화 충돌과 더불어 속도에 대한 이런 전체적 접근은 그것이 효과가 있어야 한다고 느끼는 지점에서 애자일 조직에서 기대했던 것과 정반대의 결과를 초래하는데, 일례로 개인인증이 간소화된 전통적인 홈페이지를 들 수 있다. 사람들은 일을 빨리 하려고 전심전력하지만 그들이 모르고 있는 것이 있는데, 바로 어떤 영역은 보다 느리고 신중한, 비전 중심의 접근을 필요로 한다는 사실이다.

비록 시작 단계에서 일부는 단지 새로운 홈페이지뿐

만 아니라 고객에게 직접 호소하는 신규 사업 라인을 탄생시킨 혁신 조치에서 기회를 발견하기도 하지만 실상은 기존의 홍보 홈페이지의 업그레이드된 버전에 불과하다. 그 결과 그들은 불분명한 방향성과 시간 낭비에 그 많은 자원을 소모했다.

보험 부문에 비해 빠르게 움직이는 업종의 기업의 경우, 설령 애자일 업무방식이 합당하다고 해도 단순히 속도를 높인다고 항상 효과를 보는 것은 아니라는 사실을 알 수 있다. 우선 그 기업은 사람들이 자신의 사고와 행동을 바꾸는데 얼마나 많은 시간이 소요되는지, 그리고 혁신을 일으키려면 그들이 무엇을 믿어야 할 필요가 있는지 고려하지 않았다.

미래가 현재를 사로잡기 전까지는
현재가 항상 더 중요하게 느껴진다

런던 교통국은 안전과 신뢰에 중점을 둔 사회기반시설 관련 기업으로서, 그런 사회기반시설의 상당수가 수십 년 이상 낙후된 것들이다. 설비현대화가 이뤄지는 중이라고는 하지만 시간이 걸리고 엄청난 비용이 든다. 서맨사의 설명이다.

"우리는 고객 경험 디자인을 처음부터 제대로 확실히 하는 데 중점을 두었는데, 다시 말해 우리가 미래에도 유효한 제품과 서비스를 구현하면서 비용 부담이 큰 재작업 또는 기능 향상을 피하는 것입니다. 미래에도 유효하다는 말은 장차 고객의 니즈와 기대가 무엇인지 예견하고, 보다 장기적 해법을 위한 사례를 만들면서, 기존의 것을 개선해나가야 함을 의미합니다. 비록 2년 앞의 일이지만 최고경영진이 승인할 수 있는 명확한 최종 상태를 정의하고 디자인하는 단계에 우리의 사활이 걸려 있었습니다."

따라서 영국 교통국과 같은 조직에게는 매일의 운영과 안전, 그리고 신뢰가 중점이다. 하지만 고객 서비스에 대한 단계적인 2개년 비전이 없다면 그들은 미래의 요구 예측과 혁신의 구현을 신속히 이행할 수 없을 것이며, 이는 현재의 투자를 목적에 부합하지 않는 것으로 만드는 결과를 초래할 것이다.

2. 빠름과 느림을 어떻게 종합적으로 관리할 수 있을까?

프랭크는 '빠름과 느림'에 대한 두바이 공항의 극단적인 사례와 디자인 씽킹과 도구가 세 가지 다른 수준의 문제 해결에 어떻게 사용되는지 다음과 같이 설명한다.

"빠름과 느림의 균형을 유지한다는 것은 두바이 공항 같은 주요 사회기반시설 제공자들에게는 극히 중요하고 복잡한 문제입니다. 다른 많은 기업들과 대조적으로 우리는 우리의 서비스 수준이 매일 매 시간 고객의 요구와 기대에 반드시 부응하도록 해야 할 필요가 있는 동시에 장기 선행 미래 설비 요구를 수십 년 앞서 예측하고 계획합니다. 운영상의 단기적 요구에 신속히 대응하는 동시에 사회기반시설에 대한 장기적 요구를 계획하고 개발하는 일, 이 양자 간의 차이는 극심합니다.

두바이 국제공항은 2017년 국제선 기준 8천8백만 명의 승객이 이용한 세계에서 가장 분주한 공항입니다. 예상되는 수요성장이 공항 측 추산 최종 잠재적 수용능력을 초과함에 따라 장기적 계획은 두바이 국제공항을 지속적으로 향상시키는 동시에 두바이 공항 제2청사인 두바이 월드 센트럴 국제공항을 미래 공항의 중심축으로 개발하는 것이다. 개발의 모든 측면이 완성된다면 그것은 최대 2억4천만명의 승객을 수용할 수 있게 디자인되었다.

우리는 이 두 공항의 미래 비전 개발의 일환으로 우리의 기업을 다른 시각으로 바라보는 것부터 시작해야 했으며, 그러면서 미래와 현재의 목표를 모두 달성하기 위해서는 프로젝트와 계획의 인식 및 개발, 그리고 실행 방안을 재설계하는 것에 강조점을 두면서 기존의 계획과 운영방식을 바꿔야 할 것이라는 사실을 깨닫게 되었습니다. 우리는 사회기반시설 제공자를 넘어 친절과 고객 경험을 핵심으로 하는 혁신적 서비스 회사로의 진화를 목표로 하는 계획을 실시하였습니다.

우리는 역할을 초월하여 전 구성원의 의사결정에 있어 고객 경험을 주요 인자로 만들려면 시간과 인내가 요구된다는 사실을 알았습니다. 우리 팀들은 일정한 방식으로 구현하고 작업하는 데 익숙해졌으며 현재 우리는 전 직원들을 향해 전과 다른 방식으로 일해 줄 것을 요청하고 있습니다.

다면적인 도전을 감안하여 우리는 다음의 세 가지 문제를 동시에 고심하는 작업에 서비스 디자인 활동을 활용하였습니다. 첫째는 장기적 서비스 콘셉트와 우리 공항이 제공하기 원하는 경험을 정의하는 것이며, 다음으로 목표한 경험을 전달하는 데 요구되어지는 구성(인력, 프로세스, 시스템, 제품)을 정의하는 것이었습니다.

둘째는 미래 경험의 콘셉트에서부터 현재 공항을 역디자인하여 현재의 도전에 직면한 우리를 지원하기 위해 어떤 측면이 오늘날의 운영으로 구현될 수 있을

지 이해할 수 있는 방안을 강구하는 일이었습니다. 현재의 활동과 개선을 통해 미래의 야심찬 역량을 형성할 디딤돌이 될 아이디어 말입니다.

셋째는 우리 조직 내부에 이런 야망들을 응집력 있게, 그리고 가능한 최단시간에 달성할 수 있는 시스템을 갖추려면 무엇이 필요한지 이해하는 일이었습니다."

두바이 공항 팀은 우리가 '경험 로드맵'이라 부르는 것과 '경험 포트폴리오 관리'라 부르는 관행의 개발이라는 전략적 체계 안에서 애자일 제품 개발의 가치를 입증했다. 이에 관해서는 차후에 설명하도록 하겠다.

3. 비전의 체계 안에서의 애자일 개발

규모가 큰 조직은 자원을 편성하고 부서 간 독립성을 관리하면서 프로젝트와 프로그램을 전달하는 데 능숙하다. 하지만 조직에 최적화된 전달이라고는 하지만 그 효과가 외부에서 보기에는 그다지 협력적거나 흥미로운 것으로 느껴지지 않는다. 프로그램의 전달이 영향을 미치는 범위는 기반시설, 운영체제, 제품에 대한 점진적인 해법이나 개선이 대부분을 차지한다.

이러한 전달 프로그램은 필수적이다. 하지만 만약 시간을 투자해 서비스에 대한 비전을 정의하고 그것을 설명하며 심지어 시각화까지 하고 나서 막상 그것의 실현에 관해 서비스 전달자들과 대화를 하려는 순간, 기안자의 계획과 전달하는 사람의 계획이 일치하지 않는다.

2부에서 확실하게 비전과 서비스 디자인을 실현할 준비를 하고 적당한 조건을 마련하는 방법에 대해 보다 심층적으로 살펴볼 것이다. 하지만 여기에 비전 중심 및 고객 중심 혁신의 맥락에서 빠름과 느림의 종합적 관리 방안을 설명하는 두 가지 가시적인 개념이 있다.

경험 포트폴리오

포트폴리오 관리는 혁신을 구현하기 위해 프로젝트와 프로그램을 조직하는 변화 관리change management의 세계에서는 익숙한 개념이다. 하지만 종종 포트폴리오 관리의 개념은 고객 경험 관리에 총제적인 방식으로 적용되지는 않는다. 그렇기 때문에 서비스에 대한 비전과 동일하게 함께 개발된 요소들이 희석되고 손상되거나 손실될 수 있다. 따라서 경험 포트폴리오의 개념은 그러한 요소들과 함께 작용하여 그 총합은 각각의 부분보다 크며, 이런 해법에는 그것을 성공하게 만들고 따라서 결코 타협해서는 안 될 특정한 측면들이 있다는 생각을 유지하는 것이다.

경험 로드맵

어떤 조직이 고객을 위한 총체적 경험의 측면들에 관해 모두가 일하는 팀을 다수 보유하고 있다면, 향후

3~36개월 간 고객의 모습과 느낌이 어떨지에 관한 단일한 시각을 형성하고 관리하며 이것을 단일한 기준으로 합의하는 작업은 매우 유익할 것이다. 경험 로드맵은 전달 프로그램과는 다르지만, 그래도 팀 들은 서로 정보를 주고받아야 한다. 경험 로드맵의 목적은 비전을 위해 형성된 고객 제안과 경험을 영향력 있게 출시하는 것이며, 이로써 브랜드 인식과 구매 방식에 변화를 가져오게 만드는 것이다. 어떤 의미에서 경험 로드맵은 전달 프로그램보다는 마케팅 행동계획에 더 가깝다. 그것은 고객이 새로운 제안과 경험을 보고 느끼는 시점이 언제인지(이들이 언제 처음 시작하며 어떻게 확장하는지)를 파악한다. 또한 그것은 서비스에 대한 비전과 기업의 개발 역량 간의 '협상'을 통해 개발되었다. 일단 이런 로드맵의 범위가 정해지면(향후 지속적인 조정을 해나가야 할 것이다) 그 로드맵 하에서 전달 프로그램을 창출할 수 있다.

4. 변화에 대한 의지의 진정성을
시사하는 초기 결과

애덤은 E.ON과 영국 국립전송망 두 곳 모두와 함께 작업한 경력이 있으며 두 조직 모두 고객 중심적 혁신의 창출을 추구해왔다. 우리는 그가 영국 E.ON에서 일할 때 그를 처음 만났으며, 그 회사는 현재 10여 년째 서비스 디자인 팀을 운영하고 있다. 애덤은 성공뿐만 아니라 실패에 대해서 다음과 같이 이야기한다.

"우리의 초기 프로젝트 중 하나는 E.ON을 에너지 공급자로 선택하고 계약한 신규 고객을 위한 단계와 경험을 리디자인하는 것이었습니다. 그 기업은 우리가 디자인한 판매 및 실무교육 경험을 잘 수용했지만 해법의 대부분은 IT 시스템의 큰 변화를 요구하는 것들이었습니다."

문제는, 애덤의 말에 따르자면 '빠른 성과를 거둘 정도로 충분히 하지는 않았다'는 것이다. 한바탕 창의성,

활력, 선의의 물결이 지나간 후에 팀과 조직은 급속히 흥미를 잃고 임기응변식의 해법으로 다시 되돌아갈 수 있다.

E.ON의 클라이언트 팀은 시스템 혁신 사례가 만들어지고 작업을 행할 수 있게 되는 동안 일보 후퇴하여 사람들이 단지 어울릴 수 있는 것들을 알아낼 필요가 있겠다고 결론지었다. 소위 '빠른 성과'라는 것이 중장기적으로 고객을 위한 유의미한 차이를 만들어낼 해법만큼 가치 있는 존재인지 명확히 파악하고 이해하는 것이 중요하다.

'탄력을 형성하고 유지하기 위해서는 일을 신속히 추진할 필요가 있습니다.' 애덤은 혁신을 추진하기 위한 행동을 확립할 필요성을 언급했다. 일단 비전이 정해지고 새로운 서비스와 경험을 규정했다면, 사람들이 움직여야 하며, 일이 정말로 신속히 진행되는 것이 느껴져야 한다. 비전을 향한 단계인 조기성과를 얻는 것은 추가적인 투자를 위한 사례를 만들고 현재 취하고 있는 접근을 검증하도록 도와줄 것이다.

5. 주요 시사점

- 애자일 업무 방식은 현재 상당수 조직의 기준이며, 그렇지 않은 경우라도 최소한 부분적으로나마 도입되고 있다. 이것은 고객의 니즈에 더욱더 제대로 반응하는 새로운 서비스의 유입을 창출했다.

- 장기 및 단기 계획을 결합하려는 시도는 서비스 디자인에 특별한 도전을 던진다. 모두가 빠른 해결을 선호하지만 서비스 제공에는 단순히 서둘러서는 안 되는 측면들도 있다.

- 이는 내부적인 갈등을 야기할 수 있으며, 특히 고객 경험에 대한 비전을 얼마나 빠른 시일 내에 실행할 것인지에 대해 조직의 팀들이 각자 나름의 견해를 지니고 있을 때 더욱 그러하다. 그 어려움은 아래의 요인들로 압축된다.

  - 각기 다른 분야에서 근무하는 직원들 사이 문화 충돌이 발전을 저해할 수 있다.

  - 영업실적이나 예금액 목표를 채워야만 하는 빠른 성과에 대한 압박감이 속도 그 자체를 목표가 되

게 만든다.

- 혁신의 복잡한 인간적인 요소에 대한 관심의 결여, 특히 다수의 고객 서비스 직원이 개입되었을 경우 특히 그러하다.

- 빠름과 느림의 문제는 이 둘을 종합적으로 관리하는 것이 정답이다. 이는 제품 및 서비스의 애자일 개발을 하되, 원래의 비전 유지를 보장하는 전략적 틀 안에서 이행함으로써 실현 가능하다. 경험 포트폴리오는 새로운 고객 경험의 모든 측면들을 단기적인 것과 장기적인 것을 모두 합해 한데 모은다. 경험 로드맵은 실행이 고객의 관점에서 어떻게 보일 것인지에 관해 하나의 타임라인을 창출한다(이는 프로그램 기획에 대한 전통적인 접근법들과 구분되는 것으로서 그것은 이용 가능한 내부적 자원과 상업적 우선순위에만 근거한 선형 실행의 성향을 지닌다).

• 프로젝트 초기에 빠른 성과를 창출하는 것은 그 조직이 헌신적이며 사람들에게 지속적인 동기부여를 하고 있다는 신호다.

감정의 도전

지난 10년간 기술의 발전으로 기업 운영의 효율성은 나날이 증대되고 있다. 고비용의 온라인 콜센터에서 여행 상담원이 고객 문의에 응답하는 대신 챗봇chatter robot*과 연결된다거나, 자동차 판매원과의 상담 대신 온라인 주문을 통해 시트커버나 차량용품을 고르고 차를 구매한다. 내원할 필요 없이 처방약을 타게 해달라는 요구가 늘고 있으며, 여권과 스마트폰만 있으면 공

---

* 인공지능이 빅데이터를 이용해 고객과 대화하며 서비스를 제공하는 기업용 메신저 시스템-감수자 주

항을 통해 여행할 수 있다(조만간 스마트폰과 얼굴만 있으면 될 날이 올 것이다).

만약 기업이 전례를 따른다면 저비용의 고객 서비스가 가능하므로 이는 최종결산 결과상 바람직한 소식이다. 서비스 전달을 간소화하는 것도 고객 입장에서 불필요한 과정을 없애주므로 이 역시 고객의 환영을 받을 것이다. 하지만 너무 멀리 갔다는 느낌이 들기 마련인 때가 있다. 그렇다고 해서 우리가 다시 모든 걸 사람이, 손으로 하던 시절로 되돌아가고 싶다는 말은 아니지만 인간의 상호작용을 전부 다 디자인해버리면 기업이나 사람들이 사용하는 서비스와 정서적으로 연결되는 일은 거의 없거나 전무하게 될 것이다.

게다가 현재 대다수 기업이 고객과 훨씬 더 효율적으로 거래하는 상황에서 한때 유행했던 인간적인 접촉으로는 더 이상 경쟁력이 되지 못하는 추세다. 일단 거래가 마찰 없이 혹은 심지어 무인거래가 이뤄진다면 과연 무엇으로 고객이 역시나 마찰 없는 다른 경쟁사로 옮기는 것을 막을 수 있을까? 고객의 요구가 있건 없건 간에 자사 브랜드와의 인간적인 연결의 순간을 디자인에 반영해야 할 상업상의 강제가 실제로 존재할까? 지난 수십 년 간 조직의 시스템으로부터 인간성을 디자인을 해오던 기업이 이런 필생의 질문을 던지기 시작했다. "감정은 다 어디로 간 거야?"

'고객 감정의 새로운 과학'이라는 제목의 기사를 쓴 사람들에 의해 의하면 '기업이 고객의 감정과 연결될 때의 수익은 실로 막대하다(Magids, Zorfas and Leemon, 2015).' 그 증거로 그들은 몇 가지 사례를 들었는데, 그 중에는 밀레니얼 세대를 대상으로 신세대 층과의 감정적 커뮤니케이션을 위해 특별히 디자인된 신용카드 제품을 출시한 주요 은행도 포함되었다. 그 은행은 70%의 신용카드 사용 증가와 40%의 전반적 거래가치 상승을 보았다. 이 기사는 기업 브랜드와 감정적으로 관계를 맺은 고객이 단지 만족하기만 한 고객보다 더 가치가 있음을 보여준다. 글쓴이들은 '감정적 요인'에 대한 이해를 반드시 조직을 위한 '과학, 그리고 전략'으로 고려해야 한다고 제안한다. 이 기사는 마케팅 메시지 타깃을 정하기 위해 고객 특성 파악에 데이터와 분석정보를 활용할 것을 강조한다. 우리에게 보다 흥미로웠던 점은 고객의 감정적 요인들에 대한 반응을 어떻게 서비스 제안이라는 캔버스에 디자인해 넣을 것인지, 그리고 어떻게 그것들을 고객의 경험 속에서 파악할 것인가 하는 것이었다.

우리는 이 장에서 인간의 감정을 탁월한 서비스 디자인과 가치 있는 제안을 위한 영감의 원천으로 이해하기 위한 사례를 보여줄 것이다. 우리는 서비스 사용자의 긍정적 감정을 유발할 수 있는 서비스와 경험의 특성과 이런 유발 요인들을 디자인에 포함시킬 것을 제안한다. 아울러 왜 기업이 감정을 다루기 어려워하는지, 어떻게 그 부분을 개선할 수 있을지, 그리고 그렇게 했을 때 그들에게 어떤 혜택이 있는지 설명하겠다.

1. 왜 사람들은 감정을 망각하는 것일까?

서비스는 인간의 조건의 일부로 편입된 만큼 그 감정이라는 것에 접근해보도록 하자. 혹시 사람들이 왜 자사의 서비스를 이용하는지 정말로 이유가 무엇인지, 정말로 왜 그들이 그것을 이용하는지 생각해본 적이 있는가? 정말로 없는가? 만약 기안자가 내부에서 작업한다든지 개인의 목적과 무관한 것을 구현하고 있다면 이런 근본적인 질문을 잊어버리기 쉽다. 우리 인간은 감정적인 피조물이며 우리가 행하는 선택의 거의 대부분은 자신의 감정에 대한 반응이다.

심지어 일례로 전력 공급자 선정 문제처럼 가장 이성적으로 보이는 구매결정에도 감정적 요소가 개입되는데, 사실 유익한 거래를 성사시키면 정말 기분이 좋다. 나만 그런가? 이것은 서비스 업체가 고객 경험을 디자인할 때 어떻게 긍정적 감정 유발 인자를 디자인에 포함시킬지에 대해 심오한 암시를 준다. 예를 들어, 포레스터 고객 경험 지수에 의하면 호텔 업계의 경우,

자신이 가치 있는 존재로 대접받았다고 느낀 고객의 90%가 그 브랜드를 지지하며, 타 업종에 비해 짜증나는 경험을 한 고객이 가장 많은 TV 방송 서비스 업체의 경우 단지 8%만이 그러하다고 한다.

우리부터도 고객의 일인으로서 어떻게든 우리를 이해해주고, 가치관을 공유하며, 우리에게 헌신하는 것처럼 보이는 기업과 거래하길 원한다. 우리는 이런 일을 하는 데 성공한 기업에 충성한다. 하지만 이런 감정적 커뮤니케이션의 중요성을 십분 이해한다해도 막상 일을 할 때는 서비스와 경험의 이성적이고 거래 차원의 부분에만 주력한다. 이는 마치 출장 중에는 그렇게 생생하고 호흡하며 감정을 지닌 존재였던 사람이 사무실에만 들어오면 논리적인 로봇으로 돌변하는 것과 같다.

우리가 고객의 경험 여정을 디자인할 때 감정에 역점을 두는 태도를 견지하는 것이 왜 그토록 도전으로 다가오는 것일까? 여기에는 다음과 같은 세 가지 중요한 이유가 있다.

- 감정은 정량화와 측정 및 예측이 어렵다.
- 감정을 고객 경험의 기본 요소로 이식하는 데는 시간이 걸린다.
- 상당수 기업이 문화적 인식체계 속에 감정을 상업적 요인으로 심각하게 고려한다는 내용을 포함시켜본 적이 없다.

2. 긍정적 감정을 유발하는 자극을 디자인에 반영하라

서비스 디자이너들은 감정적 반응 유발에 필요하다면 어떤 요소든 디자인에 반영하여 서비스를 경험하는 사람들 속에 감정적 반응을 창출하길 기대한다. 그 반응이란 고객이 서비스를 경험하면서 종종 즐거워하거나 놀라는 순간에 어떻게 보고, 느끼며, 듣는지가 될 수 있다. 긍정적 감정을 창출하기 위해서는 먼저 우리가 불러일으키려고 하는 감정이 어떤 것인지를 알 필요가 있는데, 그래야 우리가 그것들을 처음부터 디자인에 반영할 수 있기 때문이다. 만약 우리가 이 작업에 성공한다면 고객은 그 서비스에 대해 더 큰 친밀감을 느낄 것이다.

서비스를 이용할 때 고객의 긍정적 감정 반응을 유발하는 순간과 기제를 의식적으로 디자인하는 작업은 서비스 디자인에서 결정적이다. 하지만 고객에게 긍정적 경험을 선사하는 탁월한 서비스는 과연 어떤 특성을 지닐까? 다음과 같은 특성들을 고려해 볼 수 있다.

- **믿을 수 있다**: 항상 탁월한 서비스를 제공하며, 따라서 믿을 수 있다.
- **유익하다**: 과제를 쉽게 완성하게 도와주므로 고객의 문제를 신속히 해결해준다.
- **관계적이다**: 고객과 그들의 기호를 알고 기억하며, 장기적 관계성에 관심을 가진다.
- **차별성을 지닌다**: 독특하고, 오리지널 브랜드이며, 기업 브랜드를 확실하게 표현해준다.
- **시기적절하다**: 강요하지 않으면서도 언제든지 도

움을 얻을 수 있다.

- **교육적이다**: 고객이 값을 지불한 서비스를 제공하면서 고객의 기술과 자신감을 개발해준다.
- **협력적이다**: 서비스를 디자인할 때 대화를 포함시켜 고객이 참여하게 할 뿐만 아니라 심지어 새로운 제품과 서비스 개발에 동참하게 한다.
- **조화롭다**: 모든 접점과 채널이 함께 어우러져 잘 조절된 서비스를 고객이 경험하도록 돕는다.
- **사려 깊다**: 고객의 필요와 욕구를 예상하고, 이해하며, 충족시킨다.
- **우아하다**: 부작용 없고, 설명할 필요 없는, 그런 것들은 적을수록 좋다.
- **아름답다**: 시선과 마음을 사로잡는다.

이중 몇 가지 특성은 단순히 서비스가 제 할 역할을 할 것임을 확신시켜주는 것들로서 매우 기본적인 사항들이다. 하지만 상당수 업체들에게는 여전히 이런 것들이 차별화 요소로 남아 있다. 예를 들어, 다수 기업이 온라인상의 로그인 과정을 단순화하는 것을 약속하지만, 결국 시간 낭비는 물론이고 지키지도 못할 약속을 받은 사용자들의 짜증만 유발하고 만다.

감정은 보다 정량화하는 것이 가능하다

대부분의 기업은 수치에 따라 움직이며, 또 그렇게 해야 마땅하다. 그런데 감정은 본질상 포장해서 번들 숫자로 나타내기가 쉽지 않다. 그러다보니 기업 중에서 정기적으로 수많은 고객 만족 요소를 조사하려고 노력하지만 이와 더불어 고객의 감정적인 반응을 추적하거나 측정하는 기업은 거의 없다. 이로 인해 기업이 보다 감정에 맞춰진 고객 경험의 가치를 입증할 기업 사례를 구축하기가 어렵게 되었으며 설상가상으로 고객이 어떻게 느끼는지에 대해 진정 배우기 원하는 많은 기업들이 엉뚱한 것들을 측정하는 경우가 많다.

더욱이 감정의 계측은 보다 개방적인 접근방식의 조사를 요한다. 기업은 자사 웹사이트에서 고객의 호불호를 말해주는 고객 만족 데이터를 다수 가지고 있을

지는 모르겠지만, 이것이 반드시 감정의 저변에 있는
것들을 드러내 보여준다고 할 수는 없다. 따라서 그 기
업의 고객 경험 팀은 수치, 그래프, 차트 해석의 어려
움을 느끼는데, 이는 그들이 왜 고객이 그런 식으로 느
끼는지, 또는 고객 만족의 기준점을 어디로 잡아야 할
지를 모르기 때문이다. 고객은 기업을 무엇과 그리고
누구와 비교할 것인가? 만약 기업이 '사람들은 우리에
게서 무엇을 기대하는가?' 또는 '우리가 제공하는 서비
스 종류에 대해 그들이 신뢰하는 것은 무엇인가?'와 같
은 보다 광범위한 질문을 한다면 기업은 더 많이 배울
수 있다. 다시 말해 만약 고객이 자사의 온라인 존재성
에 그다지 관심이 없다는 정도가 기업이 아는 사실의
전부라면 그들은 진정 자신들이 알기 원하는 것이 무
엇인지 발견하지 못한 것이며, 대신 그 기업은 근시안
적이고 정보력이 뒤떨어진 피드백의 반복이라는 연옥
에 갇힌 셈이다.

2016년 만 명의 미국 고객을 대상으로 한 한 조사는
기업에 대한 경험 후 고객이 느끼는 '즐거움'과 일련의
가능성들 간의 상관관계에 대한 증거를 제시한 바 있

는데, 구매 증가(즐거움을 느낀 고객의 87%), 기업에 대한 신뢰와 추천(87%), 새로운 것에 대한 시도(65%), 기업의 실수에 대한 용인(71%) 가능성이 있는 것으로 밝혀졌다. 특히 고객이 '화가 치미는 느낌'을 경험할 경우 상기 항목의 백분율이 각각 10%정도 하락하는 것으로 드러났다.

고객의 감정에 관한 이해는 실제적인 도구로 전환이 가능하며 예측을 용이하게 만든다

모든 일이 그렇듯이 고객 경험의 감정적 요소를 혁신하려면 일련의 계획을 시험해봐야지 그것에 대한 반응을 평가하고 이해할 수 있다. 소매업자가 어떤 제품에 대해 할인행사를 기획함으로써 매출증대를 예측할 수 있듯, 기업도 동일한 효과를 기대하면서 감성적인 고객 여정 구축에 투자를 할 것이다.

문제는 감정적인 반응으로 인한 '투자 수익'을 예측하기가 거의 불가능하다는 점이다. 마치 한 음악 제작자가 최고의 히트곡을 내려고 몇 년을 노력해도 성공하지 못하듯, 기업도 서비스의 일환으로 공연물을 창작한다든지 아니면 사은행사에 활용하려고 공연물을 제작할 때 그것을 시험해보기 전에는 고객이 어떻게 반응할지 정확히 알 길이 없다. 게다가 그것이 매출증가에 직접적인 도움이 안 될지 모르지만, 그래도 고객유지와 거래 공유 증진에는 도움이 될 수 있다. 그것을 수치화하겠다면 못할 것도 없겠지만, 그렇다고 직접적인 매출증가를 계산하기가 모자 쓰듯 그렇게 쉬운 일은 아니다.

그렇다면 이를 위해 무엇을 할 수 있을까? 우리는 영국 최대의 한 식료품 업체와 공동작업의 일환으로 '필요 계기판'이라는 걸 개발했다. 이를 위해 우리는 연구를 통해 고객이 브랜드와의 상호작용 시 할 수 있는 30개의 명확한 과제 또는 활동을 찾아냈다. 분명히 말하지만, 이것은 식품구매에만 한정된 것이 아니다. 구매뿐만이 아니라 고객이 계획하고, 영감을 찾으며, 슈퍼마켓의 제품이나 서비스 등을 시도해보거나 시험해볼 수도 있다. 일단 이런 다양하지만 보편적인 일련의 고

객 과제가 확립되자 우리는 각각에 필요한 '경험의 요
건'을 작성했다. 다시 말해 우리는 우리가 느끼기에 고
객이 그 과제를 완성하는(니즈를 충족하는) 경험에서 원
할 것 같은 부분을 기술했다. 그 니즈는 다음의 세 가
지 범주로 나뉜다.

(1) 우선 제품의 넉넉한 재고나 간편한 결재방식 같
 은 필요를 들 수 있는데, 일반적인 사항일지라도
 고객이 슈퍼마켓에 대해 탁월성을 기대하는 부
 분이므로 중요하다.

(2) 다음으로 고객이 탐색하기에 편리하고 매장이든
 온라인상이든 쉽게 도움을 얻을 수 있다고 느낄
 수 있는 매장, 웹사이트, 제품의 범위 등을 들 수
 있다.

(3) 마지막으로 이런 틀은 기업 내 행동에 대한 동기
 부여 차원에서 존재하는 만큼 최신 트렌드에 열
 광하는 주류층 소비자 행동으로 가치가 증대할
 것으로 예상되는 일련의 니즈를 포함시켰다. 아
 울러 기업이 브랜드 리포지서닝을 달성하려면

이런 니즈를 전략적 차별화 요소로 충족시킬 필요가 있다.

우리는 과연 우리 클라이언트 기업의 고객에게 이런 니즈가 실재하는지 알기 위한 몇 가지 통계자료 조사를 마쳤다. 이런 조사는 클라이언트 기업의 서비스 디자인과 그 전달에 있어 그들이 최우선시 해야 할 고객의 니즈가 무엇인지 우리가 파악하는 데 도움이 되었다. 그런 후에 우리는 그런 니즈와 현재 해당 기업이 평가하고 있는 것과의 간극을 파악할 수 있었는데, 이는 기업이 아무리 수많은 데이터를 끌어 모은다 해도 그 데이터로는 과연 기업이 고객이 가장 필요로 하고 가장 큰 가치를 두는 일을 제대로 행하고 있는지 알 수 없다는 사실을 보여준다. 우리는 기업의 우선적인 니즈와 적절한 데이터의 관련 출처를 바탕으로 '요구 현황판'을 개발했으며, 이것은 최종적으로 마케팅 책임자에게 넘겨져 매주 상업적인 마케팅과 영업 현황판과 함께 보고되었다.

우리는 부파Bupa, 국제적인 의료보험회사의 손과 함께 작업하면서 몇 가지 도구를 창안했는데, 이것은 우리가 고객에게서 이끌어내기 원하는 감정적 반응의 전환을 이해관계자와 서비스팀에게 이해시킴으로써 고객 여정을 리디자인하는 데 도움을 주었다. 숀의 설명이다.

"우리의 디자인 지침에는 우리 회사의 서비스 비전, 매 고객에 대해 매 순간 우리가 지키고자 하는 다섯 가지 약속, 그리고 13개 항의 디자인 원칙이 들어있습니다. 그뿐만 아니라 우리가 각 여정의 각 단계에서 고객이 어떤 식으로 다르게 느끼는 것을 목표로 했는지에 대한 설명도 함께 들어 있습니다. 이러한 개선 전과 후에 대한 기술은 매우 중요합니다. 그래서 일례로 고객이 보장 내용을 확인할 때 '나의 보장 범위에 대한 의심의 순간'에서 '당신이 보장받은 부분을 상기시켜주는 손쉽고도 안심되는 설명으로 놀랄 일 없는 순간'으로 전환되기를 원했습니다."

감정을 이식하는 데는 시간이 걸린다

일부 기업은 순전히 가격에만 초점을 두도록 고객을 교육하는 데 몇 년을 바친다. 신용카드사가 그 탁월한 예인데, 그들은 6개월 무이자 혜택으로 카드회원을 끌어들이는데, 그 무렵이 되면 고객은 할인을 제시하는 또 다른 카드사로 갈아탄다. 신용카드사와 마찬가지로 상당수 기업에서도 돈에 최고의 가치를 부여할 필요성을 기업문화에 이식시켜 왔는데, 이것이 기업으로 하여금 고객과의 감정적 커뮤니케이션의 가치를 상업적 이익의 한 방편으로 보고 이를 탐색하는 일을 어렵게 만들고 있다.

하지만 요즘 들어서는 사람들이 긍정적 느낌에 돈을 더 지불할 의사가 있다는 인식이 널리 퍼지고 있다. 슈퍼마켓 부문을 보더라도 그들은 지난 10년 간 고객에게 가장 중요한 것은 가격이라고 믿었다. 문제는 대다수 슈퍼마켓 체인점마다 자사가 최저가격임을 내세우고 있지만 항상 그런 위치를 유지할 수는 없는지라 이제 그들은 차별화의 요소로 보다 인간적인 가치라는 측면에 집중하여 계산기를 두드리고 있다. 그들의 도전은 자사의 서비스를 긍정적인 감정 반응을 창출하는 서비스로 리디자인하는 것과 동시에 고객이 그런 소프트웨어적인 유익에 가치를 두도록 고객을 '재교육'하는 일이다. 참으로 어려운 주문이 아닐 수 없다.

그러므로 기업은 그저 고객이 그들의 마음을 바꾸고 싶어 하도록 최대한 빨리 움직이는 수밖에 없다. 이것은 기업이 넘어야 할 하나의 장벽인데 왜냐하면 이미 각인된 고객의 추정을 바꾸는 작업은 더디고 고되며 엄청난 인내와 끈기가 요구되는 일이기 때문이다.

그리고 고객에 이어 동료들까지 재교육시켜야 한다. 부파의 손은 이 점을 다음과 같이 환기시켰다.

"저는 제가 하는 일을 사랑합니다. 누군들 그렇지 않겠습니까? 저는 날마다 우리 고객, 우리 직원을 위해 훌륭한 일을 하겠노라며 사무실에 도착합니다. 하지만 동료들을 대할 때 이성적이면서도 감성적으로 임해야 할 필요가 있습니다. 고객에게 좋은 것이 곧 기업에게 좋은 것이라는 인식을 전 구성원에게 심어줄

필요가 있습니다. 하지만 정서적 연결, 다시 말해 진정으로 고객의 입장에 섰을 때 사람들이 변화에 헌신하는 경우가 많습니다. 엑셀이나 파워포인트를 사용해 직원의 태도를 혁신하는 경우는 거의 드뭅니다."

아직 감성팀장이나 최고감성경영자라는 직함은 없다

모든 기업의 우선 과제는 이익창출이며 특히 급격한 매출하락이라든지 최대 경쟁사로부터 기대 이상의 실적발표가 있을 때는 더더욱 그러하다. 그럴 경우는 당연히 감성적인 고객 경험의 강화보다는 할인 또는 판촉행사 실시를 통한 신속한 해법을 급조하고픈 유혹이 들 것이다. 돈을 써서 반응을 이끌어내는 것은 빠르고 쉽고 상대적으로 안전하며 또한 그렇기 때문에 사례를 만들기도 간단하다. CEO와 디렉터는 기업의 긴급 사안 해결에 뭔가 건설적인 일을 했다고 느낄 수도 있다. 그에 비해 감정은 구체성이 떨어지고 합리화하기 쉬운데, 이는 대다수 기업에서 고객의 느낌 위주의 화제가 지출할 곳과 비교했을 때 그와 동일한 관심을 얻지 못한다는 의미다.

흥미롭게도 광고예산 편성에 이르면 이야기가 달라진다. 대형 기업의 대부분이 자사 브랜드의 광고에서는 감성의 역할을 인정한다. 자동차 업체를 생각해보면, 자동차는 본질상 공학적 단편들이며 주행성능, 안전성, 효율성을 염두에 두고 생산된다. 하지만 기업의 광고는 순전히 감성에 호소하여 인생의 변화를 가져올 차의 이미지를 고객에게 설득시키는 이야기를 창작해낸다. 이는 마치 자동차 제조업체가 광고대행사에 감정을 외주하는 것과 같다.

실제로 제조업과 서비스, 이 두 부문이 고객 경험 중 감정의 비중이라는 측면에서 어떻게 대조되는지 살펴보는 것도 가치가 있다. 제조된 제품은 고객이 경험하기에 앞서 사전 디자인 단계에서 감성적 특성을 넣어 세심히 디자인되고 만들어진다. 우리가 타고 다니는 차를 예를 들면, 고객이 차를 구매해서 직접 감정적인 접촉을 경험하기 전에 자동차 디자이너들이 고급스러운 느낌의 좌석과 계기판을 비롯해 마치 조각품 같은 바퀴들로 이루어진 외장을 설계할 것이다.

　반면 서비스는 그 발생 시점에서 고객과 감정적으로 연결된다. 어느 한 순간에 있어 사람의 감정을 관리하는 일은 고객 서비스 업체의 초석에 해당한다. 예를 들면, 고객 불만 접수 팀은 고객의 부정적 감정을 누그러뜨리기 위해 노력을 할 것이며, 호텔은 투숙객이 편안함과 대접 받는 느낌을 갖도록 돕기 원할 것이다. 하지만 점차 초기 단계부터 서비스에 긍정적 감정 반응 장치를 의식적으로 디자인하며, 전달을 뒷받침하는 기술에 감정을 계획해 넣기도 하고, 전방에서 일할 인력을 모집하면서 감정을 훈련하기도 한다. 자동차 부문의 서비스는 직영 대리점(또는 중개상)과 후방의 차량 정비 업소에서 발생한다.

　우리 클라이언트 기업이었던 현대자동차의 이연희는 그런 정서적 연결을 디자인해 넣는 작업이 얼마나 진정한 상업적 혜택을 가져다주었는지 다음과 같이 설명한다.

　"현대자동차는 탁월한 고객 서비스와 항상 동일시되

지 않는 자동차 업계에서 세계 최고 수준의 서비스를 제공하려는 결연한 의지가 있습니다. 우리에게는 '서비스'를 '판매'가 아닌 고객과의 소중한 관계로 바라본다는 사실을 이해하는 것이 중요합니다.

엔진은 우리가 새로운 소매 경험 모델로 계획한 강남의 '현대모터스튜디오'라는 획기적인 소매 경험을 상상하고 디자인하도록 도움을 주었습니다. 우리는 서울의 도산사거리 부근에 적당한 부지를 찾아 브랜드 경험 장소를 디자인하고 건축하였습니다. 스튜디오 개관 이후 처음 18개월 간 약 이십만 명이 이곳을 다녀갔는데, 이는 당초 예상의 네 배에 해당하는 수치입니다. 무엇보다 우리가 현대자동차의 기업 가치를 나누며 보다 젊은 층 시장의 요구와 기대를 반영하는 문화적 공간을 창출할 수 있었다는 점이 가장 중요합니다. 우리는 사람들에게 자동차를 산다는 것이 무엇을 의미하는지를 이해하고 또한 보다 젊고 부유한 고객층의 가치와 야망에 연결되는 것으로부터 접근을 시작했습니다.

현대모터스튜디오를 위해 개발된 서비스 모델은 전

세계 다양한 지역으로 확대되었습니다. 그것은 자동차 업계의 선도적 관행으로 자리매김하였으며 따라서 많은 경쟁사들이 우리의 성과와 차기 행보를 주시하고 있습니다."

그림 4.1 서울 강남의 현대모터스튜디오는 문화명소로 디자인되었으며 평소 진행하는 행사나 전시회 청중보다 젊은 층을 끌어들이고 있다.

3. 주요 시사점

- 고객 서비스 전달 자동화의 발전으로 비용이 감소했으며 여러 사례에서 관계자 모두에게 보다 원활한 경험을 제공할 수 있게 되었다.
- 인간의 감정은 서비스 디자인에서 저해요소가 아닌 영감의 원천이 될 수 있다.
- 탁월한 서비스는 우리를 보다 즐겁고 생산적인 삶으로 인도한다. 그러므로 기업이 서비스로 고객의 긍정적인 감정을 겨냥해 이를 촉발할 때 고객으로부터 그 혜택의 진가를 보다 온전하게 인정받을 수 있다.
- 문제는 기업이 감정을 '다루기' 어려워한다는 것과 서비스 디자인과 수행의 이성적이고 기능적인 측면에 중점을 두는 경향이 있다는 것이다. 그 이유는 감정의 정량화와 평가가 어렵기 때문이며, 감정을 서비스에 붙박아 넣기가 복잡하다보니 전통적으로 대부분의 기업이 이 일을 제대로 하지 못했다.
- 고객의 기본적 니즈에 부응하거나 차별화 요소가

되도록 감정을 서비스에 '디자인해 넣을' 수 있는 방법은 수없이 많다. 사려 깊고 우아하며 유익하고 즐거우며 심지어 키워주고 지지적인 서비스로 고객의 좋은 감정을 얻는다면 마땅히 되어야 할 일이 제대로 돌아가지 않을 때 고객으로부터 보다 신뢰받고 용납 받을 수 있다.

- 감정을 서비스로 끌어들일 수 있는 몇 가지 방법은 다음과 같다.
  - 일례로 고객 조사 같은 방법을 통해 서비스에 대한 감정적 반응을 보다 정량화한다.
  - 고객의 감정을 이해하고 예측하기 위한 도구를 개발한다.
  - 감정적 자극을 서비스와 업무 방식에 붙박아 넣는 데는 시간이 걸린다는 사실을 인정한다.
  - 시작 단계에서부터 서비스에 대한 긍정적 감정 반응을 자극하는 기제를 상상하고 디자인해 넣는 것이 가장 효과적이다. 그러지 않고 차후 감성 마케팅으로 서비스를 출시하는 것으로는 결코 이와 동일한 효과를 거둘 수 없다.

5장

차별화의 도전

다음 휴가를 어디서 보낼지 생각해본 적이 있는가? 만약 그렇다면 지금 그곳으로 가는 비행기에 탑승 중이라고 한 번 상상해보자. 다른 승객들과 객실 승무원 사이를 비집고 통로를 지나 여행 가방을 좌석 위 짐칸에 밀어 넣고 자리에 털썩 주저앉는다. 마침내 그토록 싼 가격에 휴가지로 가는 항공권을 예매한 것을 자축하는 호사를 누리며 이런 생각을 해본다. '대체 저가 항공이 생기기 전에는 어떻게 살았을까?' 그런 생각을 할 때면 집에서 열차 요금에 해당하는 비용으로 대륙 반대편으로 날아갈 수 있다는 사실이 얼마나 놀라운가? 옆 자리 승객과 몸이 닿는 것을 피하기 위해 팔꿈치를 오므리면서 해외여행 첫날 계획을 짜기 시작할 것이다. 어디로 갈까, 바다 아니면 수영장?

그 순간 뭔가 이상한 일이 일어난다. 한 객실 승무원이 미소를 지으며 샴페인이 담긴 쟁반을 들고 다가오더니 한 잔을 권한다. '이게 무슨 일이람?' 이런 생각을 하면서도 조심조심 잔을 받아든다. 그렇다. 이것은 꿈이 아닌 현실이다. 이것 참 근사하군! 단지 뭔가 살짝 잘못된 느낌만 빼면 말이다. 왜 마땅히 '부가 서비스 제공 없음'이어야 할 저가 항공사가 값비싼 음료를 내놓는 것일까? 군이 이의를 제기할 생각까지는 없지만, 항공사가 돈을 물 쓰듯 하는 부자라 생각하자니 갑자기 비행기 표의 가치가 하찮아 보이기 시작한다. 아니면 혹시 공항 내 포장도로 구역에서 비행기 출발이 네 시간 지연되었다는 안내방송을 내보기 전에 그들이 승객의 비위를 맞추려고 하는 걸까? 그게 아니라면 저들이 이토록 관대한 서비스를 베푸는 이유가 뭘까?

이런 저가 항공사와 마찬가지로 모든 기업은 자사

의 서비스가 여타 경쟁사들과 다르다고 인식되어지길 원하며 이는 어느 회사라고 다를 바 없다. 하지만 단지 특출하다는 것만으로는 충분치 못하며, 철저하게 그 회사만의 것인 차별화된 요소가 필요하다. 기업은 당초 목표대로 고객이 서비스 경험 이후 자사를 선택한 것에 대해 즐거움을 느끼는 것은 물론 그 일부로서 자사 브랜드에 대한 기억을 가지고 떠나길 원한다. 그런데 이런 항공사는 저가라는 기업 브랜드와 고객이 황송할 정도의 서비스 제안 간의 단절을 형성해버렸다.

이 장에서는 기업 서비스와 고객 경험의 차별화라는 도전을 탐구하도록 하겠다. 그리고 현재 상당수 대기업 조직에서는 고객의 기업 인식을 어느 팀이 관할할 것인지를 놓고 브랜드 팀과 고객 경험 팀 간에 힘겨루기가 진행되고 있음도 말하고자 한다. 아울러 '서비스 제안'을 '브랜드 제안'과 구분된 개념으로 정의하고자 한다.

1. 브랜드 표현이 고객 경험에 자리를 내어주게 된 경위

먼저 잠시 과거를 되짚어 보자. 우리가 처음 디자인 서비스를 시작했던 새천년 즈음은 기업 브랜드가 곧 기업의 차별화 요소라는 추정 하에 대부분의 기업이 움직이던 때였다. 하지만 기업 브랜드가 단지 로고나 상징색 만이 아닌 훨씬 더 많은 요소로 이루어진다는 사실을 기업이 인식하기 시작한 것도 바로 이 무렵부터였다. 그리하여 일례로 이동통신업체의 경우 시각적 기업 이미지를 뛰어넘는 움직임을 보이기 시작했는데, 영국의 이동통신 회사 오렌지는 '밝은' 미래에 대해 이야기했으며, 텔레포니카(영국에서는 O2)는 해방감을 주는 청량제 같은 존재에 대해 이야기했고, 보다폰은 기업 세계에 대한 확신과 신뢰감을 설파했다. 이런 차별화 요소는 당시 소위 '브랜드 표현'에 투자하는 것으로부터 나왔다.

물론 모든 서비스는 자연히 차별화될 수밖에 없다. 만약 지역 번화가를 걸어가면서 가장 먼저 눈에 띄는 작은 미용실 다섯 군데를 확인해보면, 비록 그들이 유사한 환경에서 유사한 서비스를 제공하는 것 같아도 저마다의 성격을 지닌 원장과 직원으로 인해 스스로를 멋지게 차별화시키는 모습을 발견할 수 있다. 굳이 거액의 브랜딩 자문을 통한 조언을 받지 않아도 그들은 그렇게 한다. 이와 마찬가지로 미용실보다 규모가 큰 기업의 브랜드 성격 역시 기업의 우선 가치, 창립자가 수립해놓은 기업문화, 그리고 기업의 판매 제품 및 서비스의 부산물로 인해 은연중에 드러나기 마련이다. 지난 수십 년의 세월은 브랜드 관리가 예술에서 상당 부분 과학으로 변모하는 과정을 보여주었다.

급히 현재로 돌아오면, 이제는 브랜드보다는 고객 경험이 기업에 대한 고객의 인식과 감정을 평가하는 첩경인 시대가 되었다. 아무리 최고의 로고, 초강력 마케팅 전략, 초저가 기업 브랜드를 보유하고 있어도 고객이 기분 좋게 기업에 돈을 쓰리라는 보장은 어디에도 없다. 흥미로운 마케팅을 펼치지만 고객이 좋아할 만한 서비스 경험을 제공하지 못하는 기업이 허다하다는 사실을 쉽게 떠올릴 수 있을 것이다. 아울러 우리가 저가 항공사의 예에서 살펴보았듯이 기업이 목표한 기업에 대한 고객의 인식과 실제 경험 간의 단절이 있을 경우 기업에 대한 고객의 신뢰는 상실되고 말 것이다.

2. '브랜드 표현'에서 '고객 경험이 곧 브랜드'인 시대로의 이동

단순히 고객과 서비스의 접점에 대한 물리적 디자인을 통해 브랜드의 성격을 표현하는 것보다 좀 더 근본적으로 차별성에 접근할 수 있다. 이런 접근법에는 서비스 제안의 창출 또는 재논의, 그것을 전달하기 위한 제안, 그리고 그러한 서비스를 핵심으로 하는 브랜드의 재구성이 요구된다. 고객과의 접점 디자인을 통해 기업 브랜드 성격을 표현하는 것이 '차별성 1단계'라면, 고객의 마음속에 기업에 대한 올바른 인식을 갖게 하는 서비스 제안을 디자인하는 것은 한 단계 높은 '차별성 2단계'이다. 좀 더 자세히 살펴보자.

1단계: 차별성 1단계는 브랜드 성격을 서비스 미학과 근무태도로 전환하는 작업이다. 일례로 '재미'를 브랜드 가치의 핵심으로 하는 호텔 및 관광산업이라면 브랜드 가치를 호텔 디자인 방식(밝은 색상), 직원 복장(간편복 및 밝은 색상의 근무복), 근무태도(친절하고 긍정적인 태도), 웹사이트 운영방식(멋진 사진과 넘치는 생동감)으로 전환할 수 있다. 이것이 우리가 앞서 언급한 '브랜드 표현'의 의미다.

2단계: 차별성 2단계는 조직의 전략적 목표를 고객에게 바람직하고 유익한 방식으로 전달할 서비스 제안을 창출하는 것이다.

바로 여기가 1단계보다 정교해지고 흥미로워지는 단계다. 기업의 서비스 제안을 정의하는 작업은 사실상 기업의 브랜드를 외부지향적으로 정의하는 것인데 그 이유는 갈수록 고객 경험이 곧 기업 브랜드가 되고 있기 때문이다. 이를 위해 기업은 소위 '증표hallmark'라는 것을 파악하게 되는데, 이것은 기업이 제공하는 서비스 내용과 방식에 대한 차별성의 질점으로서 기업의 운영모델에 대한 암시를 주기도 한다. 여기에는 판로,

가격정책, 할인, 서비스 특성이 포함될 수 있는데, 이 모든 요소들이 복합적으로 기업의 핵심 제안을 구현한다. 이런 것들은 기업의 핵심 경쟁력과 역량, 또는 그중 기업이 투자할 수 있는 영역에 기인한다.

그렇다면 앞서 가상의 예로 들었던 호텔 관광 기업의 경우, 여행을 삶의 질 향상으로 여기며 호텔은 단지 '활동 근거지'로 보고 야간활동 명소로 알려진 도시들 중심의 여행을 즐기려는 이런 비슷한 생각을 지닌 사람들을 위한 회원제 개념의 창출에 주력할 수도 있다. 그 기업은 고객 경험 안에 경이로움(반드시 좋은 방향이어야 한다)의 요소를 조성할 수 있으며, 충성스런 고객에게 지역의 '재미있는' 여흥을 즐길 수 있는 장소 이용권으로 보답할 수도 있다. 그 호텔에서 고용하는 직원도 하나의 증표가 될 수 있다. '재미'는 결코 '쓸데없는 것'이거나 '경망스러운 것'이 아니며 호텔 직원은 투숙객들과 편하게 이야기할 수 있으며 그들을 편안하게 해주어야 한다. 호텔 직원은 인근의 바나 유흥지를 추천해줄 수 있어야 하며(비록 본인이 근처에 살지 않더라도) 고객의 성향을 파악하여 고객의 체류에 안성 맞춤한 도움을 주는데 활용할 수 있어야 한다.

따라서 차별성 2단계는 서비스 모델, 제공, 약속, 혜택(즉 서비스 제안)이라는 캔버스에 차별성 요건이라는 무늬를 디자인해 넣는 작업이다. 이는 외형적인 것들이나 일반적인 고객 서비스 행동에 비해 보다 근본적인(따라서 보다 모방하기 어려운) 측면이다.

우리가 서울의 현대자동차와 함께 작업했을 무렵, 그 회사의 브랜드 포지셔닝은 명확했고, 그들은 다만 이것을 새로운 브랜드 공간 내에서 시험할 수 있는 소매 경험 모델로 전환하는 과정에서 우리의 도움을 원했다. 우리는 공간과 기술을 활용하여 최신형·최고급을 표방하는 브랜드 가치를 압축적으로 담은 6층 건물 내에서 이루어질 수 있는 순간들을 창출했다. 그 대표적인 예로는 우리가 창출한 예술 공연장과 스튜디오 내 도서관을 들 수 있다. 도서관에는 방문객들이 자동차와 관련된 희귀하고 중요한 장서를 접할 수 있게 했으며, 한국 어디서도 찾기 힘든 책들 덕분에 그곳은 자동차 마니아들의 '필수 코스'가 되었다. 그 기업은 자동차를 구성하는 탁월한 경험을 축적해왔으며 만약 그들이 보다 많은 것을 배우고자 한다면 현대차의 품질수준에 대한 고객의 이해를 도울 탁월한 도구를 지닌 새로운 '전문가들'의 도움을 받으면 된다. 또한 그 브랜드 공간에서는 '차에 관한 대화'와 같은 정기적인 문화 계획이 실시되며 여기에 방문객들을 초청해 현대자동차의 기술자, 디자이너, 카레이서와 만나 소통할 수 있게 했다.

우리는 현대의 클라이언트 팀과 긴밀한 협업을 통해 모터 스튜디오 직원의 역할과 접근법을 리디자인했다. 사실상 가장 큰 도전은 바로 이것이었다. 직원 배치 모델, 고객 서비스 관리 및 접근은 여러 자동차 회사 대리점들과 마찬가지로 매우 전통적이고 매우 보수적이었다. 이런 체계는 최근에 이르기까지 차를 파는 사람 뿐만 아니라 사는 사람에게도 중요한 전통을 반영했다. 직원과 문화는 전통적인 현대 고객의 문화를 잘 보여주었다. 현대 영업 인력과의 디자인 작업을 통해 우리는 보다 젊고 부유한 가망고객들을 끌어당기는 데 필요한 새로운 역할과 태도를 정의(그리고 조율)할 수 있었는데, 이는 그 기업에게 필수적인 결과물이었다.

이는 우리가 기업과의 협업을 통해 그들의 서비스 제안을 개발할 때 우리가 어떻게 그들이 투자할 소수의 요소들을 정확히 집어내는지 설명해준다. 이런 요소들이 선택되는 이유는 그것들이 브랜드의 가치와 특성을 보여주는 가장 전형적인 예들이기 때문이다. 이런 요소들이 함께 작용하여 고객들로 하여금 브랜드 표현을 느낀 것 같은 경험을 하게 만들고 경쟁사들 틈에서 차별화를 시켜주기 때문이다. 이런 요소들을 결정하는 데는 '여기 우리의 브랜드 가치가 있다. 이것을 어떻게 우리의 웹사이트 운영이나 우리 매장의 내부 모습으로 전환시킬 것인가?'라며 단순히 질문하는 것보다 훨씬 많은 것들이 개입된다. 이는 1단계에 불과하다. 그것은 이보다 몇 단계 더 뒤로 물러가 이렇게 질문해보는 것을 의미한다. '우리는 무엇을 제공하고 있는가? 우리의 서비스 제안은 무엇인가? 나아가 우리의 제안을 경쟁사들의 것과 차별화시켜줄 수 있는 요소는 무엇인가?' 그 결과 그저 또 다른 하나의 자동차 전시장이 아닌, 현재 그 지역의 문화탐방 명소로서의 이런 매장이 탄생하게 되었다.

오늘날은 소위 '브랜드'(다른 말로 하면 기업의 브랜드 표현)에 대한 고객의 관심은 예전에 비해 줄어든 반면, 실제 기업이 어떤 곳이며 하는 일이 무엇인지에 대한 관심은 늘고 있다. 혁신을 핵심가치로 삼는 기업들은 고객의 일상적인 문제를 진정 창의적이고 새로운 방식으로 해결하고 있을까? 고객도 기업의 이런 노력을 체감하고 있을까? 통상 브랜드 및 광고 대행사는 이런 질문에 속 시원한 답변을 내놓지 못하는데, 그 이유는 그들의 초점이 대중을 향한 브랜드의 투사, 즉 '행동'이 아닌 '말'에 있기 때문이다. 그들에게는 기업이 차별화 요소를 서비스 운영에 '고정화시키도록 도울 수 있는 서비스에 대한 기술적 노하우가 없다. 한편 '증표'의 창조와 전달에는 그것을 일관성 있고 자연스럽게 전달하기 위한 세부적인 디자인이 필요하다.

우리는 단순히 브랜드의 취지를 커뮤니케이션하는 것에 주력하던 시대는 지나갔거나 또는 이것이 확실히 예전보다는 덜 중요해졌다고 생각한다. 고객이 구매하는 것은 유용성, 신뢰성, 그리고 기업의 서비스로 인해 자신이 원하는 것을 할 수 있는 능력이다. 따라서 기업이 차별성 요건에 대해 논하려면 브랜드를 어떻게 나타낼지가 아니라 보다 근본으로 되돌아가야 한다. 더 깊이 파고드는 것은 고객을 위한 유형의 가치를 발견할 수 있게 해준다. 이를 위해서는 수평적 사고와 고객이 기업으로부터 무엇을 얻으며 고객의 진정한 가치가 무엇인지에 대한 이해가 요구된다. 그렇다면 고객의 삶에서 기업의 목적이라 정의할 수 있는 것은 무엇인가? 아울러 고객 역시 그렇게 믿는다고 확신할 만한 가시적인 증거(광고전략 말고)는 무엇인가?

3. 서비스 제안

우리는 유수의 브랜드 몇몇과 함께 작업할 기회가 있었는데, 그들은 모두 마케팅에 많은 지출을 하고 있었다. 마케팅은 브랜드가 전하는 메시지에 초점을 두지만, 브랜드가 하는 일의 핵심에는 서비스 제안이 있다. 예를 들어, 우리는 유럽의 한 자동차 브랜드와 협업할 당시 고객이 그 제조회사를 통해 서비스를 받으려고 할 때 어떤 점을 고려하는지 조사했다. 그 과정에서 우리는 대금청구서의 불확실성이 고객을 불안하게 만든다는 사실을 발견했다. 그래서 우리는 일련의 확정된 가격표들을 디자인하여 그것을 서비스 요금 모델로 발전시켰다. 우리는 한 주요 고객 브랜드의 미국 호텔 개업을 도우면서 호텔에서 많은 시간을 보내는 출장 여행객들은 그들이 자주 방문하는 호텔이 마치 내 집처럼 편안하게 느껴지길 갈망한다는 사실을 알게 되었다. 따라서 우리는 미디어 시설을 비롯해 모든 고객의 바람인 만반의 준비를 마친 대기상태의 환경을 갖추도록 객실을 디자인했으며 단골 고객에게는 다음 번 체류 시 호텔 측에서 준비하도록 개인물품을 남길 수 있는 선택권을 제시했다. 그리고 우리가 시골의 해안 시장 관광을 제공하는 한 공항 공사와 협업했을 때는 자녀를 동반한 가족의 경우 아이들을 돌보아주는 서비스가 절실함을 깨달았다. 그래서 우리는 공항과 어린 자녀를 동반한 여행객을 감정적으로 이어줄 수 있는 서비스와 환경에 중점을 두었다. 일례로 자녀를 동반한 부모가 입국수속 후 사용할 수 있는 유모차 대여 등의 서비스는 '가족 친화적인 공항'을 표방하는 것에 대한 증거가 되었다.

우리는 조직들과 협업을 하면서 현재 그들이 가지고 있거나 창출하고자 하는 서비스 제안에 대한 단일화되고 단순하며 공유된 이해가 없다는 사실을 발견할 때가 많다. 우리는 디자인 과정의 초기 부분부터 상호합의 하에 목표한 제안에 대한 설명과 다이어그램을 한 장으로 요약하기까지 고심을 하며 문제를 해결한다. 우리가 가장 자주 사용하는 다이어그램은 '비전 휠vision wheel'이라는 것이다(10장 참조).

그렇다면 서비스에 대한 고객 경험이 경쟁사와 눈에 띄게 다른지를 어떻게 확신할 수 있을까가? 이렇게 한번 자문해보라. 누가 보더라도 명백한 '우리 회사'표 서비스를 만드는 요소 대여섯 가지를 들라면 어떤 것을 들 수 있을까? 자사의 서비스가 경쟁사의 제안을 능가하는 기술적 혜택을 포함한다고 가정하면 그것은 손쉬운 차이점이다. 하지만 그것을 '차별화 요소'가 되게 하려면 일선 직원들이 그것에 대해 너무도 열광한 나머지 그에 대해 가시적 형태의 혜택을 가지고 고객과 소통하지 않을 수 없게 만들어야 한다. 놀라고 기뻐할 수 있는 능력 역시 중요하며, 심지어 상담전화 한 통이나 어느 한 소매점에서 누군가와의 상호작용에 대한 디자인 속에도 고객이 다른 어떤 곳이 아닌 그 기업과 동의어로 인식하고 기억해주기 원하는 약간의 접촉을 창출하는 데 투자할 수 있다.

우리는 수년 간 영국 내 주요 통신사와 미디어 업체와 협업했는데, 여기에는 고객이 매장에서 마주치는 어떤 직원으로부터도 탁월한 서비스를 받을 수 있는 성공적인 계획 개발도 포함된다. 기업이 제공하는 탁월한 서비스를 넘어 그 경험의 차별화를 가져오는 10%를 명확히 정의하고 잘 실행하도록 우리가 도와준 것 역시 중요하다. 이를 위해 우리는 상담전화를 받는 고객 서비스 팀, 매장 직원, 트럭을 몰고 직접 고객의 가정을 방문하는 기사와 나란히 둘러앉았다. 각각의 경로에 대해 우리는 탁월한 서비스 행동의 틀을 형성하는 디자인 프로세스를 거쳤으며 10% 정도 되는 약간의 중점 영역을 파악했다. 예를 들어, 고객 센터의

고객 서비스 팀이 다음의 네 가지 특정 행동을 가능하
도록 만들기 위해 팀과 시스템 투자에 집중했다.

(1) 우리가 고객을 알고 있다는 사실을 그들에게 보
여주고, 우리가 알고 있는 것을 활용하여 그들이
무엇 때문에 전화를 하는지 예상하라.

(2) 고객이 다시 전화할 필요가 없도록 하라. 이는 반
복적 전화상담 요인 목록을 확인하거나 차후 그
들에게 도움이 될 수 있는 '자가 대처법'으로 실시
할 수 있는 대안들을 알려줌으로써 가능하다.

(3) 고객의 돈을 절약해주거나 아니면 더 많은 제품
을 가져갈 수 있는 뭔가를 행함으로 고객을 놀라
게 하라.

(4) 마무리 과정에서 고객의 상황이나 사연, 또는 그
들이 선택한 제품에 대한 구체적인 언급을 하라.

이런 행동은 뻔하게 보이고 중요시하기는 너무 미묘
한 것들일 수 있지만 전화 목소리로 브랜드를 대변할
수 있도록 전화상담 요원에게 주어진 시간이 단지 몇

분밖에 안 되는 관계로 초점을 좁히는 것이 중요하다. 각각의 경로는 고객과의 차별화된 상호작용을 위한 고유의 지표를 갖고 있는데, 왜냐하면 각각의 지표가 다를 뿐더러 전체 고객 여정의 각기 다른 지점에서 고객과 상호작용하기 때문이다. 일례로 고객의 집을 방문하는 기사가 차별화된 브랜드에 걸맞은 행동을 한다는 것은 매장에서 제품을 판매하는 사람과는 다른 접근을 요구한다.

당연히 기업 고유의 차별성에 대한 분명한 개념을 갖고 그것을 직원의 말과 행동으로 전환한다면 단순히 현재 경쟁사에 맞서는 브랜드 포지셔닝보다 많은 것을 성취할 수 있다. 또한 그렇게 함으로써 늘 새로운 경쟁자가 진입하는 시장에서 스스로를 차별화시키기가 용이해진다. 일단 기업이 자신의 차별화 요소를 장악하게 되면 현재의 서비스는 물론 미래의 서비스까지 자신 있게 전달할 수 있게 된다.

4. 진정 차별화된 서비스의 창출이 어려운 이유는 무엇인가?

이제 단지 피상적인 투사(기업 로고, 상징색 등등)를 통한 서비스 표현과 고객이 서비스 경험을 통해 갖는 진정 차별화된 서비스 간의 차이를 이해했다면, 왜 그토록 많은 서비스 제공자들이 이것을 효과적으로 관리하지 못하는 걸까? 지금부터 기업이 고군분투하는 네 가지의 주요 도전에 대해 설명하도록 하겠다.

기업의 브랜드 제안과 서비스 제안은 혼동하기 쉽고 양자를 조율하기가 어렵다

우리가 이미 살펴본 바와 같이 상당수의 기업들이 피상적인 브랜드 표현과 고객이 직접 느끼는 생생한 경험을 혼동한다. 이것이 바로 브랜드 제안과 서비스 제안의 차이점이다. 버진 그룹은 이러한 도전을 극적으로 보여준다. 그것에 대해서는 창립자 리처드 브랜슨이 길게 말한 바 있으며 우리 역시 버진 그룹 산하 세 기업의 마케팅 디렉터들과 함께 작업하는 동안 그것을 내부에서 지켜볼 수 있는 특권을 누렸다. 브랜슨이 이룩한 버진 제국의 시초는 1970년 한 작은 레코드 가게였는데, 사업이 처음이라는 의미로 택하게 된 버진이라는 도전적인 회사명과 더불어 시작되었다. 그와 다른 두 명의 공동창립자들은 저항적인 반체제주의자였으며 오늘날 소위 말하는 파괴적 혁신기업이 되길 원했다. 그들의 과감하기 그지없는 행보는 초반부터 이어져 그들은 음반 판매만 할 것이 아니라 버진 애틀랜틱(우리 회사의 초기 클라이언트 중 하나다)이라는 항공사도 운영해보고자 했다. 그들은 고객의 옹호자로서 자신의 기업정신을 형성했으며 몇몇 다른 업체에서도 그런 설립정신을 계승했다.

오늘날 버진 그룹은 전 세계에 30개의 회사를 거느리고 있으며, 분야도 항공, 호텔관광, 통신, 미디어, 건강, 그리고 우주여행에 이르기까지 다양하다. 버진은 본래 음반 사업 정신에 대한 표현의 정수를 버진 애틀랜틱에서 보는데 그것은 반체제주의 기업관행에 재미와 호화로움을 결합한 것이다. 하지만 버진 (건강) 보험이나 버진의 영국 내 저가 이동 통신사업, 또는 그들의 은행을 버진 항공과 똑같은 방식으로 생각할 수는 없을 것이다. 항공 여행은 신나고 다소 호사스러운 반면 건강검진이나 치료, 은행에서 입출금 내역서를 받거나 휴대폰 요금을 납입하는 일은 그렇지 못하다. 버진 그룹에 있어 버진 브랜드 제안의 정신을 이런 다양한 부문 각각의 세련된 서비스 제안으로 전환시키는 일은 그리 간단한 문제가 아니다.

버진 그룹은 이런 사안에 대해 의식적으로 환기를 시켜왔으며 그 결과 매우 강력한 브랜드 리더십과 각각의 버진 기업의 브랜드 팀에 대한 지속적인 관리와 자문을 담당하는 매우 숙련된 브랜드 관리자들을 확보하게 되었다. 결과적으로 버진의 각 기업은 건강을 비롯해 광대역 인터넷에 이르기까지 어느 부문에 속했든지 그들의 브랜드 유전자와 서비스 전달 양식 속에 해당 부문에 설립된 다른 브랜드들과 차별화시켜주는 버진의 요소를 지니게 되었다. 하지만 서비스 제안과 브랜드 제안 간의 차이에 대한 이해가 부족한 기업에서 어떻게 혼동이 뒤따를지 짐작할 수 있을 것이다.

기업의 브랜드 차별화 요건을 기업의 강점과 연결시키기

고객을 짜증나게 하는 가장 쉬운 방법의 하나가 고객으로 하여금 높은 기대치를 갖게 해놓고선 거기에 부응하지 못하는 것이다. 긍정적으로 차별화된 서비스 개발은 브랜드의 야망과 그것을 전달할 수 있는 조직적 역량의 결합에서 온다. 이런 브랜드화된 서비스를 화려하게 보여주는 것과 고객의 현실 간의 잠재적인 불협화음은 심지어 언론의 대서특필 감이 될 수도 있다. 일부 거대 기업이 말과 실재가 다른 것으로 인해 정부의 질책과 언론의 공격을 받은 바 있다. 영국에서는 최근 몇 년 사이에 생활시설 업체인 엔파워, E.ON 에너지, 그리고 보다폰이 규제기관으로부터 벌금형에 처해졌는데, 그 사유는 각각 고객에게 제때에(혹은 전혀) 고지서를 발급하지 않거나, 그렇게 해야 함에도 불구하고 고객에게 최저 요금을 부과하지 않거나, 광고

만 해놓고 이동통신망 도달 범위를 확충하지 않았기 때문이다. 이 기업들은 바로 같은 해에 마케팅을 통해 고객 중심을 강조한 바 있다. 만약 그들이 서비스를 훌륭하게 전달할 수 있는 운영과 제공의 측면에 캠페인을 전략적으로 집중하고, 아주 큰 투자 없이도 고객을 기쁘게 해줄 특징을 개발했더라면 그들에게 보다 도움이 되었을지도 모른다.

조직에 거품현상이 일어나고 있는지도 모른다

흔히 기업들은 자사 고객센터 사람들을 자사의 주요 차별화 요소라고 생각한다. 하지만 그것이 진리임을 과연 그들이 알고 있을까? 한때 우수 고객 서비스 기업으로 선정돼 상도 받고 했으니 그렇다고 생각하겠지만, 그새 다른 경쟁사들이 얼마나 많은 상을 받았는지 헤아려본 적은 없을 터이므로, 자신들이 일선 고객 서비스에 관한 한 최고라는 생각은 그들만의 신화로 부풀려졌다. 기업의 도전은 자타가 인정할 수 있는 진정한 차별화 요건을 찾는 것인데, 기업 내부의 추정을 기업 외부의 현실 확인으로 바꾸자면 극단적인 어려움이 따를 지도 모른다. 반면 차별화 요소를 가볍게 접근할 수도 있는데, 이를테면 기업 운영 모델의 특이성이나 기업 유산에서 찾을 수도 있다. 만약 한 가지 또는 몇 가지 요소를 발견해냈다면 그 효과를 동료나 고객에게 확장시키는 데 투자할 필요가 있다.

모든 요소를 다 붙잡고 싶어 하는 마음은 이해한다

기업의 업무 과정이 어떨지는 다들 알고 있다. 장시간의 회의 끝에 다음과 같은 마케팅 팀의 최종 결정이 내려진다. '우리의 주된 차별화 요소는 온전한 기업 투명성과 업계 내 고객의 대변자가 되려는 기업 의지입니다. 아울러 공정한 가격정책도 여기에 포함됩니다.' 언뜻 굉장한 차별화 지표처럼 들리지만 불가피하게도 조직의 반발이 따를 것이다. '그럼 기존에 하던 다른 일들은 어떡하고요? 아직 이것도 해야 하고 저것도 해야 하

는데…….'

　기업의 차별화를 위해서는 그 차별성에 전심전력해야 하며, 그렇게 않고서는 그것을 고객이 인식할 수준으로 증폭시킬 수 없을 것이다. 그러려면 이런저런 많은 일들을 추구하던 것을 멈춰야 한다. 그렇지만 우리의 해결책은 급격한 기업의 개혁이 아니라 향후 3년간 기업이 투자하고, 탁월할 만큼 잘 해보기로 작정하여 고객의 마음속에서 얻고자 계획한 3~5개의 요소를 목표로 한다.

5. 주요 시사점

- 모든 기업은 자기들의 서비스가 차별화되길 원하지만 그런 바람만으로는 충분치 않으며 차별성을 위해서는 철저히 자기 브랜드적인 것을 공략해야 한다. 아울러 기업이 제시하는 바를 고객이 볼 수 있는 첩경은 브랜드가 아닌 고객 경험 여정이다.

즉 고객 경험이 기업 브랜드다.

- 서비스 차별화를 위해 기업이 할 수 있는 일은 다음과 같다.
  - 1단계에서는 어떻게 하면 기업의 브랜드 가치를 차별화된 서비스 창출과 전달로 전환시킬 수 있을지 연구한다.
  - 2단계에서는 자사 브랜드의 '증표'가 될 만한 경험을 파악하여 그것을 서비스에 이식하여 차별성 요소로서 고객들에게 성공적으로 전달한다. 여기에는 고객을 위해 가시적인 증거를 창출하는 것이 포함된다.

- 마케팅이 브랜드가 전하는 메시지를 뜻한다면 서비스 제안은 브랜드가 제공하려는 서비스 행위를 말한다. 서비스 제안 개발에는 서비스가 제공하는 중점 혜택에 근거한 핵심 개념, 이를 뒷받침하는 일련의 기술서, 그리고 기업이 고객의 관점에서 그것을 뒷받침하기 위해 제시하는 증거가 요구된다. 이런 생각의 발전을 도와주는 도구가 바로 '비전 휠'이다.

• 진정 차별화된 서비스 창출이 힘든 이유는 브랜드 제안을 서비스 제안으로 혼동하기 때문이다. 이로 인해 기업 내부적인 불일치가 발생한다. 서비스 차별화에는 그 기업이 조직으로서 탁월한(더불어 그렇지 못한) 분야가 무엇인지에 대한 이해와, 기업 서비스 차별화에 긍정적 기여를 하지 못하는 요소를 과감히 배제시킬 각오가 포함된다.

혁신의 도전

지금까지 고객 경험 혁신에 있어 기업이 넘어야 할 장애물 전반을 이해하는 시간을 가졌으며, 이제 이런 통찰력을 다른 직원들과 공유할 만반의 태세가 갖추어졌을 것이다. 직원의 상당수가 기업이 흔히 직면하는 도전에 대해 더 많이 배우는 것을 가치 있게 생각할 것이며, 따라서 이를 더 이상 미루지 않고 해결하는 데 모두가 협력할 수 있을 것이다. 하지만 막상 시작하려면 다소 움츠러들 수도 있는데 충분히 그럴 수 있는 일이다. 그래도 전혀 걱정할 필요가 없는 것이, 이 문제에 대한 해법이 2부에 나오기 때문이다.

먼저 6가지 도전을 다시 한 번 요약해보자. 우선 기업이 고객 경험에 대해 외부지향적인 시각을 갖지 않을 때 어떤 문제가 발생할 수 있는지 살펴보았다. 여기서 모든 고객에 대한 일관성 없는 접근이 발생하는데, 중복되고 무익하며 일관성 없는 서비스 모두 다 포함된다. 조직의 부서 이기주의가 합세하면 사태가 악화될 수 있는데 이는 모두가 중요한, 수평적인 관계 중심의 활동체계가 가동되기가 어렵다는 의미다.

다음으로 고객 경험에 대한 강력하고 감동적인 비전을 창출하는 데 있어 다양한 장애를 살펴보았다. 여기에는 비전의 실체에 관한 혼동, 최종결과를 '보는' 어려움, 그리고 비전을 현실로 전환함에 있어서 책임의식의 결여가 포함되는데, 결국 이 모든 것은 충분히 강렬하지 못한 비전의창출로 이어진다. 그런 비전은 효과가 떨어지며 시들해지고 결국 비전 본연의 역량을 제대로 발휘하지 못하게 된다.

또한 우리는 왜 기업이 서비스를 둘러싼 새로운 아이디어를 실행할 때 두 가지 속도로 일하기 어려운지 질문했다. 애자일 및 장기적 사고와 비전 지향적 사고는 대사율이 다르며, 그렇기 때문에 건강한 기업으로 가는 길에 문제를 일으킬 수 있는데, 특히 수많은 인력이 관련되어 변화에 시간이 걸리는 서비스 문화를 지닌 기업이 그러하다.

이 지점에서 우리는 고객 경험에서 감정이라는 주제로 옮겨가, '그것이 어디로 갔는가?'라고 물었다. 고객은 논리가 아닌 감정 때문에 구매하는 것이므로 서비스에 감정을 이식하는 것이 필수적이다. 이것이 어려운 이유는 그 도전이 감정 반응을 수량화하고 예상하는 것과 관련이 있기 때문이며 그것이 기업으로 하여금 이에 대한 지출을 정당화하기 어렵게 만든다. 아울러 고객이 수년간 가격 또는 기능 지향적으로 접근했던 서비스에 대해 이제는 감정적으로 느낄 수 있도록 고객을 설득하는 데 소요되는 시간상의 문제도 있다. 그 결과 기업은 감정을 심각하게 고려하는 것을 가능한 피했다.

마지막으로 우리는 서비스 차별화의 도전에 대한 탐색을 통해 그것이 본질적으로 '기업의 것'이어야 함을 이해하도록 했다. 고객의 경험이 기업 브랜드에 대한 고객의 여론을 형성하므로 이 둘은 하나이며 동일하다. 따라서 기업은 서비스의 모든 요소를 압축적으로 담는 동시에 기업을 독보적으로 만들 수 있는 제안을 필요로 한다. 이를 달성하는 데는 많은 어려움이 따르는데, 우선 브랜드화된 서비스 제안이 무엇인지에 대한 이해가 선행되어야 하며, 어떤 것이 서비스 가치가 되어야 하는지에 대한 이해도 여기에 포함된다. 이를 위해서는 기업 전반에 걸친 고도의 자기인식은 물론 기업이 외치는 구호와 대조적으로 실재 고객에게 어떤 존재인지에 관한 불편한 진실을 직시하려는 의지가 필요하다.

1. 조직 구조가 기업에게
불리하게 작용할 수도 있다

우리가 앞서 개괄한 도전의 상당수가 대형 조직의 구성 방식에 기반을 둔다는 사실을 아마 눈치 챘을 것이다. 그런 조직은 고객이 아닌 그 자체의 내부적 기능을 중심으로 세워지며, 고객 서비스 부서 혹은 고객 경험 관리자가 존재한다고 해서 달라지는 것은 아무 것도 없다. 심지어 소규모 업체도 먼저 그 자신의 니즈에 적합하도록 편성되기는 마찬가지이며, 다만 내부적 커뮤니케이션은 보다 용이할 수 있다. 고도의 계층적 구조는 조직의 혁신을 어렵게 만든다. 고위층 모든 사람이 어떤 수준의 혁신에도 예산을 승인해야하는 상황에서는 실험이 유명무실해진다. 이런 수직적인 구조와 계층과 정치적 골의 결국은 탁월한 서비스를 보다 신속하게 출시하기 위한 기반시설과 기제가 무한정 늘어지는 것처럼 느껴질 수 있다.

물론 기업이 커지는 것이 문제는 아니며, 오히려 규모가 성공의 한 지표일 수도 있다. 문제는 기업의 성장이 모든 접점에서의 고객 경험에 대한 인식과 집중의 결여로 이어지는 데서 생긴다. 이런 중요한 도전에 대처하는 조직의 결정방식은 브랜드에 대한 고객의 최종 생각과 느낌, 나아가 구매자수에 결정적이다.

혹시 여러분이 우리가 모종의 기업 변신의 도입을 제안하고 있다고 상상한다면, 긴장을 풀어도 된다. 물론 기업의 구조를 갈아치울 수는 없으며, 다른 건 차치하고라도 기업이 현재 그 방식으로 조직된 데는 다 그만한 이유가 있기 마련이다. 그러나 혁신에 대한 영감을 불러일으키고 촉진하는 디자인 씽킹과 도구를 활용함으로써 조직 구조가 기업에 유익하게 작용하도록 만들 방안을 찾을 수 있다. 아울러 그것은 우리가 2부에서 설명할 디자인 중심 혁신의 경쟁력이기도 하다. 기업이 변화에 대해 '오랜 학교'와도 같은 접근방식을 가지고 있다면 우리 고유의 경험과 기술이 혁신의 실현방법에 대한 보다 현대적인 시각에 다가가도록 도울 것이다.

이번 장에서 우리는 최신 변화경영 전략서에서 논의된 요소들을 강조하고자 한다. 그것들이 우리에게 호소력 있게 다가오는 이유는 새로운 서비스와 고객 경험의 리디자인 또는 혁신으로 인해 변화가 요구되어질 때 특히 중요한 요소들이기 때문이다. 우리는 또한 두 명의 '긍정조직심리학' 전문가의 모델을 차용하여 그들이 조직의 혁신에 있어 옹호하는 행동이 우리가 디자이너로서 클라이언트와 협업하는 방식과 어떻게 정확히 맞아떨어지는지 관찰하였다.

2. 일단 시간을 내기가 어렵다

아마 이것은 기업이 극복해야 할 모든 장애물 중에서 가장 어려운 부분일 것이다(주무자가 리더십을 행사하도록 고용이 되었고 기존과 다른 업무방식이 허용된다고 가정했을 때). 주위에는 언제나 더 급히 처리해야 할 일이 있다. 업무나 생활에서 우선순위를 정하는 행위가 부단히 행해지지만 이에 대한 손쉬운 해법은 사실상 없다. 하지만 만약 최우선이 아닌 다른 대안으로 인해 잘못된 제품이 출시된다든지 아무런 감동도 주지 못하는 서비스 전달로 나타난다면 최적의 제안과 서비스를 디자인하고 시연하는 데 투자한 시간은 진정 가치 있는 시간이라고 우리는 말하고 싶다. 아울러 함께 하는 디자인 과정 자체가 고객과 문화에 대해 다른 혜택을 주는 것은 물론이다.

3. 사람들은 총체적 경험에서 자신의 할 몫에 책임을 느끼지 않는다

자명한 사실이지만 결정적 핵심은 내부적 변화, 예를 들면 조직개편, 합병, IT 운영체제 변경 등은 부서별 관리가 가능한 반면, 고객 니즈에 관한 중요한 변화를 전달하는 일은 협력적이고 원만한 서비스와 고객 여정의 진행을 위해 긴밀히 조율될 필요가 있다.

런던 교통국의 서맨사는 디자인과 서비스 전달의 가속화에 따른 책임의식, 다시 말해 운영부서별 역할분

담의 중요성에 대해 이렇게 설명했다.

"고객의 현안과 생각에 보다 신속하고 현명하게 가능한 실시간에 가까운 반응을 보이는 것은 우리가 어떻게 전략적 실행 로드맵을 기다리면서 빠른 성과를 구현하는가에 결정적으로 중요합니다. 프로세스적 관점에서 볼 때 모든 경로 및 팀 간의 '배관연결'이 제대로 이루어져야 할 필요가 있지만, 진정한 성공을 거두려면 기업 내부의 전 구성원이 고객 경험을 소유하고 향상시키는 일에 책임을 느껴야 합니다."

국립전송망 소속의 애덤은 우리가 디자인한 고객 경험 목표에 부응하여 기업의 각 영역이 각자 자신의 고객 중심적 계획을 만들어 내는 일에 관여하도록 하기 위해 기업의 비전을 가능한 빨리 기업의 각 영역으로 전달할 방안을 모색했다. 그는 '각 영역이 각자의 계획을 갖고 구상해야 했다'고 말했다.

4. 사람들은 자기 부서의 목표를 내려놓고 하나의 팀으로서 작업하는 것을 어려워한다

요즘의 서비스는 유통경로 다변화 추세에 있으며 고객은 기업이 고객 관계 관리에 있어 협조체계를 갖추기를 기대하므로 새로운 제품과 서비스, 그리고 경험을 전달하는 일에는 헌신적이고 강력한 팀 의식이 요구된다. 맞는 말이지만 사람들이 조직 때문에 쉽게 하나의 팀으로 일하지 못한다는 데 관리상의 도전이 있다. 예를 들어, 목표와 자원의 내부 시장, 프로젝트에 착수하고 관리하는 서로 다른 접근 등이 방해요소로 작용할 수 있다. 런던 교통국의 서맨사의 말에 의하면 디자인 방법과 '디자인 프로세스' 프로젝트 구조가 협업의 탁월한 운영체제를 제공한다고 한다.

"공동의 목표와 성과급 체계를 지닌 '한 팀 의식'은 공유된 디자인과 프로그램의 전달을 둘러싸고 모든 사람이 협력하는 것을 의미합니다. 다양한 기능을 지닌 기업의 팀들이 변화를 만들고 구현해야 할 때가 이르면 모든 적임자들이 자신의 해야 할 역할에 열정과 분명한 생각을 가지고 협업에 합의하는 것, 여기에 디자인 주도적 접근의 미학이 있습니다."

우리는 고객 중심적이고 디자인 주도적인 프로젝트가 막강한 도구라는 사실을 믿는데, 그 이유는 그것이 모든 사람을(일선 직원이나 고객을 포함해서) 수평적인 경기장에 올려놓으며, 고객과 그들의 요구를 중심에 위치시키기 때문이다(어떤 하나의 기능에 대한 필요성을 중심에 놓기보다는).

5. 조직은 헌신적이지 않다

어떤 회사가 몇 년이 걸린다고 딱 잘라 수치를 말하기는 어렵지만 직관적인 추정치로는 본질적으로 제품 중심적 접근을 하던 조직을 고객 중심적으로 옮기는 데 3년이 걸린다. 우리가 다년간 이런 변화에 개입하고 이

런 조직들과 함께 새로운 것을 디자인하는 역할을 수행하면서 분명히 깨달은 것은 이런 변화를 받쳐주는데 일조하는 요소들이 있다는 것이다. 물론 여기에는 조직 상부로부터의 리더십이 전제되어야 한다. 아울러 광고가 아닌 미래에 고객이 들려줄 이야기를 통해 전달되는 기업의 분명한 비전이 있어야 한다. 다음 장에서도 논의를 이어가겠지만, 그 비전은 야심적인 동시에 실용적이어야 하며 반드시 성취 가능하다고 느낄 수 있어야 한다. 그런 다음 임계질량치의 사람들이 프로젝트를 통해 고객에 대한 통찰력을 다른 방식으로 활용함으로써 매우 상이한 방식으로 일하고 또한 매우 상이한 결과를 목도하는 가시적인 경험을 해야 한다.

E.ON 에너지의 키이스는 또 다른 진정 중요한 요소인 훈련에 대해 다음과 같이 언급했다.

"고객 중심적으로 업무 수행을 관리하는 문화는 진화를 거듭하고 있습니다. 우리는 서비스와 기업에 대해 대화하면서 고객중심성에 대해 더욱 많이 이야기하고 있습니다. 이런 혁신이 가능했던 이유는 E.ON의 탁월한 서비스와 경험이 과연 무엇인지를 정의하는 우리의 고객 경험 원칙에 지속적인 역점을 두었기 때문이며, 아울러 체계적인 평가와 넷 프로모터의 단일결과평가 보고에도 역점을 두었습니다. 그리고 이것의 효과가 기업에 분명히 나타났습니다."

6. 디자인의 세계와 호응하는 혁신을 향한 참신한 접근

변화는 복잡한 생명체다. 변화를 싫어하는 사람이 있는 반면 즐기는 사람도 있지만 한 가지 분명한 것은 대기업에는 그것이 항상 문제라는 사실이다. 기업의 이런 고민에 대한 해법의 하나로 조직 심리학자들은 변화에 대한 전통적인 태도에 도전하기 시작했다. 학자들은 사람들에게 변화를 받아들이고 그것에 적응하기 위해 노력하라고 요구하는 대신 고용인들이 가능하다고 믿고 있는 것에 대한 신념을 전환할 수 있게 도왔다. 이는 마치 변화가 외부의 강압에 의해서가 아닌 내부에서 오는 것처럼 느끼게 만든다는 의미다. 이런 접근은 마치 우리가 지금껏 살펴본 도전과 우리가 보기를 원하는 변화, 이는 곧 보다 높은 시장 점유율을 향한 우리의 디자인 주도적 접근이 전적으로 지지하는 변화와 일치하는데, 이 양자를 이어주는 가교와 같은 역할을 한다.

그렇다면 이것이 어떻게 작동하는가? 이는 이 책의 범위를 벗어난 복잡한 영역이지만, 그것을 여기서 개괄하는 것은 혁신적인 변화에 영향을 미치기 위해 기업이 할 수 있는 일과 외부지향적 사고가 고객을 위한 최고의 서비스를 창출하는 방식 사이의 관련성을 이해하는 데 도움을 줄 것이다. 먼저 하나의 틀을 살펴볼 것인데 이것은 '디자인'을 직접적으로 언급하지는 않지만 디자이너와 디자인 씽킹, 그리고 디자인 도구가 서비스와 고객 경험의 혁신이라는 도전에 가져주는 것들이 무엇인지 완벽하게 설명해주는 것처럼 보인다.

'변화를 이끄는 방식을 변화시키라'(퀸과 웰멘, 2013년)라는 논문에서 저자들은 그들의 긍정조직심리학 분야의 연구를 바탕으로 조직 내부의 변화를 이끄는 접근을 시도했다. 그 논문을 읽자마자 얼마나 많은 '긍정적인 변화' 선언문이 우리가 디자인 방법의 역할이라고 이해하고 있는 것들을 지지하고 있는지 깨닫게 되었다. 디자인 주도적 프로젝트는 그 접근법에 있어서 본질적으로 창의적이며 긍정적이고 협력적이다. 우리는 종종 '디자인하는 것'을 협력적인 계획을 위한 하나의 양식이라 설명한다. 디자인 도구를 사용하는 것, 긍정적 비전을 정의하는 것, 그리고 프로토타이핑을 통해 가시적인 형태를 신속히 만들어내는 것의 효과는 출시 과정과 그 저변에 놓인 변화에 가속도를 부여한다.

다음은 논문 저자들이 시도한 '긍정적 조직변화' 접근의 주요 요소들이다. 이 목록을 읽는 동안 각자 자신의 조직에 대해 한 번 생각해보라. 과연 그것은 긍정적인 조직의 변화에 대한 역량이 있는 것처럼 느껴지는가? 만약 조직의 책임자라면(아마도 대부분이 그런 위치에 있으리라 짐작한다) 고객을 위해 보다 많은 좋은 것을 실현할 수 있는 조직이 되기 위해 어떤 도구와 계획을 옹호하겠는가?

긍정적인 조직 변화는 어떤 모습일까?

(아울러 이것이 디자인 씽킹과 도구의 역할에 관해 얼마나 많
을 것을 제시하는가?)

• 새로운 사고와 아이디어는 조직 내 누구로부터도
  나올 수 있다.

    조직 내 긍정적 변화를 추진할 주도권은 기업의
    어느 직급으로부터도 나올 수 있다. 혁신 프로젝
    트 실행을 위해서라면 누구든지 증거기반의 아이
    디어를 내어 고위관리자의 관심을 끌 수 있도록
    직원들을 독려한다.

• 프로세스를 디자인하는 목적은 제약이 아닌 역량
  강화에 있다.

    조직의 문화는 변화에 대해 수용적이다. 조직이
    효과적인 방식에 적응하는 것을 도와줄 프로세스

를 파악하고 창출하는 관리자는 기업에서 그 가치를 인정받는다. 부단히 변화하는 요소에 대응하는 '강한 기업'으로 성장시킬 효율적 프로세스를 만드는 능력은 귀한 대접을 받는다. 이런 부단한 변화의 동력으로 팀들은 열정적이고 협력적인 작업방식을 도입한다.

- **단지 데이터를 통해서만이 아니라 직접 해보는 것을 통해 배우라.**

  조직의 시스템과 프로세스, 그리고 관계가 보다 역동적이 될수록 강한 기업이 되기 위한 과정에는 보다 고차원적인 인지된 불안정이 포함된다. 통제적, 선형적 접근으로부터 프로토타이핑과 새로운 아이디어 탐색 실험을 통한 실시간 반복학습형 접근으로 강조점이 옮아간다.

통한 학습 개념과 획기적인 아이디어는 조직 어디로부터도 나올 수 있다는 인식은 우리가 클라이언트와의 협업 프로젝트에 접근하는 방식의 핵심이다.

- **단지 과거 성과의 나열이 아닌 기업의 미래상황에 관한 이야기를 만든다.**

  조직의 현주소를 이야기하면서 기업이 희구하는 미래, 소위 말하는 '강렬한 비전'에 관한 대화를 덧붙인다. 대화에는 조직 자체는 물론 그 조직이 위하는 고객이 가장 소중히 여기는 가치관을 통해 조직이 현재 하고 있는 일이 포함한다. 이런 투철한 가치관은 기업 전반의 모든 사람이 소유하고 따를 수 있는 나침반과 같은 비전이 된다.

우리가 클라이언트와 협업하며 기업의 서비스와 운영을 탐구하고 해법을 상상하기 위해 워크숍을 진행할 때 학자들이 규명한 '강점탐구이론'이라는 것을 함께 실시하는데, 그렇게 하는 목적은 무엇이 가장 가치 있고 바람직한 것인지에 관해 질문함으로써 사람들을(마음속으로) 자신의 기업과 고객에 대한 가상의 긍정적이고 향상된 상태로 이동시키는 데 있다. 그 결과로 나온 이미지는 향후 우리와 클라이언트가 함께 계획하고 재인식하게 될 유형의 시스템이 된다.

- **실수와 예외를 영감과 배움의 원천으로 본다.**

  조직은 서로의 차이를 추구한다. 실패는 물론 긍정적 편차도 건설적인 것으로 평가되므로 본질적으로 '문제'는 더 이상 존재하지 않고 오직 '기회'만이 존재하게 된다. 긍정적 양상이 확산된다. 타사로부터 오는 방해의 사례를 혁신의 계기로 활용한다. '하나만 해도 되는데 둘을 하는' 일선 직원은 규율을 깨트리는 자가 아닌 모범사원으로 인정받는다.

- **낙관론과 비전을 갖는다.**

  조직은 탐구와 실험정신으로 가득한 긍정적 기업 문화를 가진다. 그것은 경험을 즐기고, 놀이를 포함시키며, 기업의 미래를 형성할 새로운 시각이나 접근의 통합을 위한 토론의 장을 갖는다.

이 모든 요소가 겸비된다면 가장 이상적인 비전 창출의 방법이 될 것이며, 이렇게 형성된 비전은 효과적이고 열정적인 행동으로 전환된다. 이것이 결코 만만한 과제는 아니지만 전문기술 지상주의라는 전통적 접근에서 탈피해 실천을 통한 학습, 아이디어 스케치, 프로토타이핑과 제품 개발로 나아가려는 기업에게는 필수적이다. 이 모든 걸 스스로의 힘으로 이루기란 불가능하지만 혁신에 대한 태도를 참신한 시각으로 바라보는 일을 시작할 수는 있다. 기업이 혁신을 뭔가가 '되는 것'이 아닌 뭔가를 '행하는 것'으로 바라본다면 혁신을 향한 위대한 첫 걸음을 뗀 것이다.

두바이 공항의 헬렌은 팀이 비전에 착수하고 그것에 합의하는 것만으로는 충분치 않음을 어떻게 깨닫게 되었는지 설명한다. 그들은 다른 업무방식은 물론 비전을 전달하기까지 그것을 생생하게 유지해 줄 구조와 장치를 실행할 필요가 있었다. 헬렌의 말이다.

"일단 우리가 고객 경험의 질에 대한 보다 직접적인 소유권을 가질 필요가 있다는 사실을 깨닫고 나자 새로운 업무 역량과 방식이 요구된다는 것이 자명해졌습니다. 비전을 가지는 것만으로는 불충분하며, 그것의 실현에 필요한 것을 실행해야 했습니다.

우리는 조직의 업무방식을 재창조해야만 했습니다. 고객 경험은 단지 고객과 대면하는 고객 서비스 팀에 국한된 것이 아니라 조직 전체의 관심사가 되어야 했으며 우리는 다음과 같은 구호를 주문처럼 외곤 했습니다. '우리는 지금 승객 아니면 승객을 모시는 사람, 둘 중 하나를 모시고 있다.'

현재 우리 조직은 매월 경험 및 경영 이사회를 열고 있으며 8개의 학제간 '연구실'을 운영하고 있습니다. 연구실의 목표는 기존 프로젝트 및 활동 방향 제시를 통한 비전의 실현이며, 아울러 현 고객 경험 개선을 목표로 하는 신규 프로젝트를 구상하는 전략적 업무 팀입니다. 회의는 조직 최고위관리자의 주재 하에 활성화되며, 고객 경험을 핵심에 둔 기업경영을 추진해 나갑니다. 프로젝트의 목적은 고객의 기능적 내지는 감정적 요구로부터 탄생하며 그것을 파악하는 일은 조직의 연구 활동을 통해 이루어집니다.

이런 목표를 구현할 행동계획은 해법이 고객의 요구에 확실히 부응할 수 있도록 준비됩니다. 고객과 조직, 그리고 그 안에서 일하는 사람으로부터 가치를 이끌어낼 수 있도록 프로젝트 실행주기 전반에 걸친 혜택이 정의되고 평가됩니다. 이런 아이디어와 인력의 교차수분은 기업의 일상에 침투하기 시작하고 있으며, 고객에게 서비스 본래의 기능은 물론 보다 높은 수준의 서비스 경험을 전달하기 위해 일선 직원과 서비스 디자이너와 프로젝트 전문가가 수평적으로 공조하고 있습니다.

우리가 여정을 시작했으며 이 길에서 성공과 실패를 기대하고 있다는 사실을 인식했습니다만, 고객에게 긍정적인 영향력을 행사하기 위해서는 무엇보다 우리 스스로가 변화해야 한다는 사실을 이해한 것이 가장 중요합니다."

7. 주요 시사점

- 서비스 혁신은 반드시 구조적 의미일 필요는 없지만 기업 전반의 태도라는 측면에서 조직 차원의 변화를 필요로 한다. 이것은 어떻게 기업이 고객 중심적이 되기 위해 모든 영역을 연결함으로써 고객이 긍정적인 서비스를 경험하도록 할 것인가라는 도전을 발생시킨다.

- 잘 디자인된 서비스를 개발하는 데는 시간이 소요되며 그 시간을 잘 할당하는 것이 관건인데 이유는 거기에 장기적 혜택이 포함되기 때문이다.

- 기업이 혁신을 효과적으로 진행하려면 다른 영역 간의 협력이 필요하지만 부서 내 개개인은 혁신 프로세스에 있어 자신의 역할에 대한 책임을 못 느낄 수도 있다. 여기에 고객 서비스에 있어 혼연일체가 되는 분위기를 조장하지 않는 조직의 설립 방식이 가세하여 사태를 더 악화시킬 수 있다. 그 결과는 일관성 없는 서비스로 이어진다.

- 제품중심의 조직으로부터 고객중심의 조직으로

옮기는 데 3년이 걸린다는 점을 감안할 때 혁신 프로세스에 대한 기업의 각별한 헌신이 요구된다.

- 직원이 지닌 가능성에 대한 신념의 전환과 업무 방식의 변화를 유도하려면 시간과 자원이 필요하다. 기업은 서비스 디자인 및 전달 방식에 대한 사람들의 도전적이고 변화무쌍한 신념에 접근할 때 왜 디자인 씽킹과 도구가 하나의 방법을 제공해주는 것처럼 보이는지 그 이유를 해석함에 있어 '긍정조직심리학' 분야의 도움을 고려할 수 있다.

보다 나은 서비스를 통한 혁신적인 고객 경험의 창출이라는 조직의 목표를 잠간 되돌아보자. 1부에서 우리는 왜 이것이 그토록 어려운지 이해하도록 도왔으며 그 과정에서 성공적인 서비스 창출을 위해 주목해야 할 기술과 접근을 강조했다. 아마도 그것은 어려운 주문이라고 느꼈을 것이다. 지금까지 도전에 관해서는 이야기할 만큼 했으니, 그렇다면 이제부터 기업이 할 수 있는 것이 무엇인지 알고 싶을 것이다. 우리가 방금 이야기한 그 모든 문제들을 어떻게 통과해서 고객이 좋아하고 회사도 고마워할 만한 새로운 고객 서비스를 창출할 수 있을까?

기업이 보다 적합한 서비스를 발 빠르게 출시하기 위해 능숙해져야 할 일곱 가지 기술이 있는데 이들에 관한 학습은 운동으로 새로운 근육을 단련하는 것과 다소 유사하다. 그 일곱 가지 요소 중 일부가 어떤 기업에게는 다소 생소하게 느껴질 것이며 조금 지나면 과연 이것을 계속해야 할지 의문이 들기 시작할 것이다. 그렇더라도 부디 계속하기 바란다. 만약 기업이 이 책의 2부를 통해 새로운 기술 두어 가지만이라도 익힌다 해도 그 기업은 다른 조직들에 비해 훨씬 앞서갈 것이다.

이런 일곱 개의 영역을 표현하는 가장 좋은 방법은 휠(바퀴) 모델을 사용하는 것이다. 그 이유는 우리가 여기서 그것들을 일정한 순서로 제시한다 해도 어차피 그 모든 것을 항상 마음속에 기억할 필요가 있기 때문이다. 2부를 통해 기업이 서비스 혁신 프로젝트를 진행하는 내내 어떻게 한 요소의 투입이 다른 요소들에 기여하는지 깨닫게 될 것이다. 이 일곱 가지 기술을 일곱 가지 결과로 봐도 좋다. 만약 기업이 그것들을 제대로 이해하기만 한다면 기업이 프로젝트를 통해 이루기 원하는 결과에 더 가까이 가며 알맞은 서비스를 보다 많이, 그리고 보다 빨리 출시할 수 있을 것이다.

2부

서비스 디자인의 기술

그림 P2.1 알맞은 서비스와 고객 경험을 보다 많이, 그리고 보다 빨리 출시하기 위해 기업이 정통해야 할 일곱 가지 기술

7장

강렬한 비전을 창출하라

고객 경험을 혁신하겠다는 염원만으로는, 그것이 아무리 강렬할지라도, 결코 충분하지 못하다. 함께 할 직원들을 모아야 하며, 익숙한 것에 안주하기를 멈추고 대신 대범하고 숭고한 일을 시작하도록 수많은 사람들을 동기부여 해야 한다. 이를 위해 기업은 모든 사람이 소유할 수 있으면서 향후 3~5년 내에 성취 가능한 뭔가 강력하고 마음 설레며 동기부여가 되는 개념을 표출해야 하는데, 이는 곧 기업에게 강렬한 비전이 필요하다는 의미다.

이는 매우 중요한데, 왜냐하면 그것이 기업의 전체 서비스 혁신의 수단이 됨은 물론 투자에 대한 최고의 수익률을 선사할 것이기 때문이다. 하버드 비즈니스 리뷰지에서 474명의 대기업 이사들을 조사한 바에 의하면(하버드 비즈니스 리뷰 애널리틱 서비스, 2015년), 집단적 목표에 대한 강한 의식이 직원 만족을 이끈다는 응답이 89%, 그것이 조직의 혁신력에 영향을 미칠 수 있다가 84%, 그것이 고객 충성도 제고에 도움이 된다는 응답이 80%를 차지했다. 다시 말해, 오로지 매출의 극대화 및 비용의 최소화에 주력하는 기업은 단지 그만큼의 수익만 얻을 뿐인데, 이유는 그것만 가지고는 고객이나 직원을 동기부여를 하기에 충분하지 않기 때문이다.

더군다나 복잡한 조직을 가진 기업이라면 어떤 한 사람이 새로운 서비스와 경험이 어떠한 모습일지에 대한 완벽한 그림을 지니기 어려운 것은 모두가 자기 나름의 생각을 가지고 있기 때문이다. 기업이 생각을 많이 하지 않는다는 뜻으로 한 말은 아니고(만약 그렇다면 정말 그것은 문제다!) 바로 이 때문에 기업이 핵심 야망을 필요로 한다는 말을 하려는 것이며, 아울러 그것은 혁신을 이끌고 나갈 수 있을 만큼 생생한 야망이어야 한다. 그렇지 않고야 어떻게 그 모든 사람을 뒤따르게 만들 수 있겠는가?

우리가 2장에서 언급한 바와 같이 기업이 직면한 문제 중 하나는 비전이 무엇인가에 대한 분명한 이해를 형성하는 것이다. 흔히 조직이 비전이라고 부르는 것은 사실상 일련의 사업적 내지는 상업적 목표인 경우가 많다. 이는 강렬한 비전에 너무도 필수적인 구체성이 결여된 것이다. 비전이라 함은 우리가 '보는' 어떤 것이며 그것은 기업이 디자인하기를 원하는 미래의 상태에 대한 기술이다. 아울러 상당수 기업에서 '비전'과 '목표'의 개념을 상호호환적으로 사용하고 있는 탓에 비전의 위치선정에 신중히 임해야 하며, 사람들이 혁신에 흥미를 느끼게 하려면 목표 그 이상의 것이 필요하다. 사실상 최고의 비전들을 통합하여 이미 직원 각자가 가지고 있던 생각에 합법성을 부여할 수 있지만, 아직 그것으로 집단적인 사고의 전환을 이루지는 못한다.

강렬한 요소가 통합된 비전의 좋은 사례로 레고 블록 세트를 생각해보자. 레고 상자가 도착할 때 보면 전면에 알록달록한 그림이 있는데, 그것은 당초 디자인한 것이 나중에 완성되면 어떤 모습일지를 생생하게 보여준다. 이가 곧 바로 서비스 혁신 후 '미래 상태'에 해당한다. 이에 해당하는 것이 바로 서비스 혁신 후의 '미래 상태'다. 상자 뒷면에는 조립세트의 주된 핵심 오락거리를 보여주는 몇몇 그림들이 있어 마치 정말 그대로 이루어질 것처럼 구체적이고 신나는 것처럼 보이게 만든다. 상자 안에는 더 자세한 내용이 들어 있다. 설명서에는 모델의 창작(다시 말해 기업의 비전 실현)에 필요한 부품 목록은 물론 행동계획을 제공하는 실제 조립 방법 설명서가 포함되어 있다.

우리가 기업과 함께 비전을 설정할 때의 이점은 우리가 외부자이기 때문에 경청하고 과감한 아이디어의 시작을 이끌어내며 합의를 형성하기가 비교적 용이했다는 것이다. 여기서 우리의 목표는 기업에 대한 객관성을 창출한 도구를 제공함으로써 매력적이고 창조적인 프로세스를 통해 내부 이해관계자들을 이끌 수 있게 하는 것이다. 이는 모든 사람을 한 데 끌어 모은다. 이런 작업은 일종의 분출이다. '그래! 바로 그거야, 그게 우리가 말하고 싶었던 거라고!'

이 장의 마지막에 이를 즈음이면 고객 경험 혁신 여정의 첫 번째 단계로 기업 고유의 강렬한 비전을 창출할 수 있게 될 것이다. 이로써 기업은 비전의 개념을 총체적인 새로운 방식으로 이해하기 시작할 것이다.

하지만 먼저 질문부터 해보자. 왜 강렬하고 실행 가능한 비전이 그토록 중요한가? 그 답은 아래와 같다.

- 기업이 더 나은 결정을 내릴 수 있게 도와준다.
- 직원들에게 동기부여를 한다.

1. 서비스에 대한 강렬한 비전이
의사결정에 강한 목적성을 부여한다

기업의 현주소와 기업이 원하는 미래 사이에는 어떤 차이점이 있는가? 이런 질문에 대답해봄으로써 기업의 현재 운영 상태와 변화를 위한 계획을 정확히 분석하고 미래를 위한 분명한 조언을 제시할 수 있을 것이다. 이는 조직의 지도자가 프로젝트, 자원, 협력관계, 투자에 관한 사전계획을 가능하게 해주는 로드맵을 정의할 수 있다는 의미다. 일단 이런 것들이 준비되면 기업이 무엇을 중단하고, 무엇을 시작하며, 무엇을 계속할지 이런 어려운 결정을 내리기가 한결 수월해지는 것을 발견하게 될 것이다. 비전의 개발에 투자하는 것이 나머지 투자 선택의 질을 향상시킨다는 사실을 발견하게 될 것이다.

아마 평범한 기업이라면 다른 대다수 기업들과 마찬가지로 일상적인 해법과 전략적 활동에 주력할 것이다. '크게 생각하기'에 더 많은 시간을 투자할 수 있었으면 좋겠지만, 기업에서는 극히 일어나기 힘든 일이다. 하지만 고객 경험에 대한 비전을 갖게 되면 일련의 전략적 필요조건과 활동은 자동적으로 얻어진다. 그리고 기업이 이것들을 이미 준비된 고객 계획을 분석하는데 적용해본다면 기업에게 과연 가치가 있는지 아니면 가치가 전혀 없는지가 분명해질 것이다. 강렬한 비전은 기업으로 하여금 장기적이고 유의미한 혁신을 추구하게 하며, 사소하고 대응적이며 점진적인 프로젝트에 대한 시간과 자원의 투자를 피할 수 있게 도와주기도 한다. 비전이 없는 상태로는 기업 전반의 팀들이 그저 적은 예산으로 꾸려나간다든지 피상적인 변화만 구현할 수 있을 따름이다. 그러나 강렬한 비전을 가진 기업은 혁신적인 차원의 투자 사례를 만들 수 있다.

마지막으로, 3~5년에 걸친 비전을 갖는다는 것은 그 정도의 미래라면 기업이 IT 기반시설에 대해 어떤 투자를 하더라도 그 정도까지는 사용을 보장할 수 있다는 의미다. 이런 접근이 없다면 당시에는 신기술이었던 것이 오히려 갈아치우는 데 돈을 써야 하는 압박요인으로 돌변할 것이다.

영국에서는 철도 민영화 이후 20여개의 개인 사업자

들이 영국 철도산업과 철도여행객과의 관계를 관리한
다. 이는 고객 여정의 상당 부분, 대체로 가장 중요한
부분이 서로 다른 관할 업체에 의해 제각각 전달된다
는 사실을 기억할 때 타당치 못하다. 게다가 운영업체
가 하나 이상인 철도로 여행하는 고객의 경험은 일관
성이 결여된다.

레일 딜리버리 그룹이 맡은 책임의 하나는 철도운영
업체와 여행객을 위한 전체 철도망 해법을 전달하는
것이다. 그 중에서도 진정 중요한 책임이 바로 고객 정
보 및 커뮤니케이션이다. 28개의 개인 업체에 의해 운
영되는 철도망 체제 하에서, 특히 운행 중단 사태 발생
시, 고객에게 정보를 제공하는 일은 전 철도망이 고객
을 위해 가동하게 만드는 데 있어 극히 중요한 요소이
다. 크리스핀 험은 그 도전을 이렇게 설명한다.

"우리는 엔진에 의뢰하여 비전과 로드맵을 개발하는
과정에서 고객의 정보 및 커뮤니케이션 경험에 관한
중요한 변화를 이룰 수 있었으며, 우리가 고객중심적
인 방법을 도입할 필요가 있음은 알았지만 그것이 조

직에 도전이 되리라는 사실 또한 알았습니다. 업체들이 와서 함께 회의를 하면서, 그리고 다음으로 디자인 워크숍에서 이런 특정 사안들과 씨름을 하면서, 철도 업체 연합은 일관된 시각을 가지기 위해 필사의 노력을 경주했습니다.

그러한 움직임의 진정한 분수령은 바로 고객중심적인 비전의 창출이었으며, 이는 진정 업체들에게 '북극성'과도 같았습니다. '부상하는 고객이 무엇을 원하고 기대할 것인지'에 대한 이런 비전은 강력한 이해관계자와의 대화나 소통에 있어 철도 업체 연합이 주력하고 우선시하며 통제하는 연습을 할 수 있도록 도와주었습니다.

철도 업체에서 특이한 점은 그룹 자체의 혁신을 위한 비전과 계획을 구비해야 했으며 그런 다음 각각의 업체도 여기에 동참해야 한다는 것이었습니다. 만약 본부 중심의 비공개로 비전과 혁신계획이 만들어졌다면 그 혁신의 도전은 실로 방대했으리라고 저는 생각합니다. 하지만 디자인 접근은 협업과 공동창조의 문제였습니다. 따라서 그 결과물은 고객에 의해 정보가 주어졌고 변화의 주요 부분들을 실행하게 될 개인 사업자들에 의해 형성된 것이라 할 수 있습니다."

2. 강렬한 비전은
사람들에게 동기를 부여한다

대부분의 혁신이 실패로 끝나는 이유는 고용인의 저항과 관리자의 지원 부족 때문이며 따라서 강력한 비전이 형성하는 정서적 연결이 필수적이다. 결국 혁신의 창조자는 사람이며 그 사람이 혁신을 이행하려면 동기부여를 해야 한다. 비전을 갖는 것은 다른 여러 혜택들 중에서도 특히 고용인의 동참을 장려하며 고객의 참여를 강화하도록 도와준다. 이것의 가치는 매우 큰데, 왜냐하면 '열심이 있는 고용인은 기업의 영역, 기업 규모와 국적을 불문하고 아울러 경기가 호황이거나 불황이거나 보다 나은 기업 성과를 산출하기' 때문이다. 불행히도 상당수 조직은 일선 직원들에게 미래를 향한 긍정적인 행동의 가치를 깨닫게 하기 보다는 새로운 해법의 기술적 측면을 훈련하는 데 더 주력하고 있다. 심지어 고위 이해관계자도 전력할 만한 중요한 아이디어와 더불어 그것을 뒷받침할 증거와 구체적인 계획을 가짐으로써 동기부여를 느낄 필요가 있다. 모두가 반드시 자신이 혁신의 일부임을 느껴야 한다.

페가수스라이프는 노년층을 위한 주거시설 건설업체로 부동산 사업이 핵심이긴 하지만 고객은 그들을 재가 생활지원 서비스 제공 업체로 본다. 우리는 페가수스라이프와 협업하면서 은퇴 후 살 주택을 판매하는 일이 힘들 수도 있음을 알게 되었다. 다수의 잠재적 고객이 말수가 적은데, 어떤 집에서 인생의 마지막을 보낼 지 상의하고 계획한다는 것이 쉬운 일은 아니다. 게다가 아직 건물이 지어지지 않은 상태에서 판매된 주택이 많기 때문에 영업 팀은 미래의 소유주에게 건설 전 매입 계획을 묻는다. 갈수록 이런 서비스와 서비스 수준이 고객으로 하여금 타 경쟁사보다 페가수스를 통한 매입을 결정하도록 이끈다. 클레어는 페가수스라이프에서 팀이 보다 나은 매입과 소유권 경험을 상상하고 개발하도록 돕는 업무에서 서비스 비전과 타깃 고객 경험이 차지하는 역할을 이렇게 회고한다.

"사람들이 아직 존재하지 않는 미래를 '보게' 만드는 것은 매우 어려운 일이며, 특히 현재 매물이 고객의 마음속에 깊숙이 각인되어 있거나 지워지지 않는 낙인으로 찍힌 경우가 그러합니다. 우리는 내부 영업팀이 미래를 보고 믿도록 해야만 했는데, 만약 그들 스스로가 그것을 믿지 못한다면 고객을 위한 삶에 대한 제안을 내놓을 수 없을 것입니다. 우리는 다음의 두 가지 측면을 엔진과 함께 작업했는데 둘 다 참으로 효과적이었으며 진정으로 받아들여졌습니다.

첫째는 고객 상담 팀이 워크숍을 통해 '미래를 설계'하기에 적절한 환경을 조성하는 것인데, 워크숍은 오늘 이 시대에서 그들을 방해하는 것이 무엇인지 탐구하는 운영체제를 제공함을 물론 우리가 제공해야 할 서비스와 우리 기업의 미래상에 대한 비전을 선사해 주었습니다.

둘째는 워크숍으로부터 팀이 참신하고 색다른 산출

물을 만들어내는 것입니다. '오늘'의 경험과 우리가 창출하기 원하는 '내일'의 경험을 기술하는 작업은 우리 팀이 너무도 수월하게 비전을 파악하도록 해주었습니다. 팀은 과거에 대한 기술을 인식하였으며 열정과 긍정의 기술을 그려볼 수 있었습니다. 우리는 기업이 만들기 원하는 서비스와 우리의 현주소 사이에 놓인 투명한 바다를 볼 수 있었으며 이는 사람들에게 행동에 대한 강한 당위성을 부여해주었습니다. "

3. 무엇이 비전을 강렬하게 만드는가?

우리는 평범하고 낙후된 비전으로는 불충분하며 반드시 강렬한 비전이 필요함을 알고 있다. 하지만 '일반적인' 비전과 관련된 모든 사람에게 영감과 동기부여를 선사하는 비전을 구분하는 조건은 무엇일까? 여기에는 세 가지 요소가 있으며 그 각각은 고유의 지식과 기술, 그리고 그것을 실행할 도구를 필요로 한다.

다음과 같은 조건을 충족시킨다면 동기를 부여해주는 비전이라 말해도 좋다.

(1) 올바르고 단순하며 상상력을 자극하는 핵심적인 아이디어를 가지고 있다.

(2) 기업의 비전을 탄탄하게 만들어줄만한 고객 통찰력과 증거를 발견했다.

(3) 기업의 비전은 기업, 고객, 또는 반복적인 강조가 용이한 기업이 운영하는 세계에 관한 이야기를 전달한 것이다.

그 각각을 차례대로 살펴보도록 하겠다.

강력하며 적합하다고 느껴지는 핵심 아이디어는 단순하며 상상력을 사로잡는다

구성원 모두가 기업의 비전을 매력적으로 생각해주길 바라는 것은 당연지사다. 비전을 강렬한 것으로 만드는 한 요소는 그를 통해 고객이나 조직(둘 다이면 가장 이상적이다)에 대한 기업의 핵심 통찰력을 되짚어볼 수 있을 때이다. 이런 아이디어를 내놓을 수 있으려면 모두에게 유익한 혜택을 찾아내야 하는데 고객에게 가치 있고 동료직원들에게 흥미로울 수 있는 것이어야 한다.

그렇다면 혁신을 이끌 강렬한 비전을 갖추지 못한 기업에게는 어떤 일이 발생할까? 아마도 기업의 혁신은 고쳐봐야 아무 소용없는 문제의 해결에 좌지우지되는 결과를 낳고 말 것이다. 단계적인 보수 계획과 점진적인 개선은 반짝 고객의 환영을 받을지는 모르나 기업에 대한 고객의 충성도나 기업 경쟁력을 현저히 상승시키지는 못할 것이다. 분명한 비전이 없으면 많은 사람이 수고는 하는데 돌아오는 것은 거의 없다. 우리도 이런 경험이 있는데, 그 조직 사람들의 의도는 좋았지만 마치 서로 고객 경험 소유권 쟁탈전을 벌이는 듯한 느낌이었다. 런던 교통국의 서맨사는 서비스에 대한 분명한 비전이 없는 조직에게 어떤 일이 발생할 수 있는지 다음과 같이 설명한다.

"일부 훌륭한 사업계획서를 완성해도 실제로 거기서 고객이 구매하거나 경험할 거리는 거의 없습니다. 통합성의 결여로 인해 그것이 시장에서 성공을 거둘지는 가치와 제품수명 면에서 매우 제한적입니다. 이는 조직에게 위험천만한 비용부담으로 작용할 수 있으며 고객에게 잘못된 신호를 던져줍니다."

반면에 강렬한 비전은 그것이 노력을 경주할 가치가 있으며 성취 가능함을 믿도록 모든 사람에게 영감을 불어넣는다. 서비스에 대한 강렬한 비전이 어떻게 혁신의 촉매제로 사용되는지 우리에게 잘 알려진 한 조직의 예를 통해 살펴보도록 하자.

우리가 처음 헬싱키 공항과 함께 작업을 시작할 무렵, 그곳은 북유럽의 여타 도시공항들과 별반 다를 바 없는 것처럼 보였고, 모두가 그렇게 느꼈으며, 또한 실제로 그렇게 운영되고 있었다. 그리고 다른 공항들과 마찬가지로 헬싱키 공항 역시 운항노선이나 승객을 놓고 치열한 경쟁을 벌이고 있었다. 유럽의 한 구석에 위치한 그 공항을 눈에 확 띄는 곳으로 만들고 싶었던 우리는 그 도시와 인근 지역의 특징을 포착하여 그들의 서비스 디자인으로 전환할 수 있게 해주는 강력하고 핵심적인 아이디어를 개발했다. 이것은 우리가 그 기업의 CEO와 고위관리자의 승인을 얻을 수 있게 도와주었으며, 이사회에서 그들과 함께 한 자리에서 우리는 그것을 사용하여 일련의 서비스를 통해 고객 경험을 전달할 수 있는 전적으로 새로운 접근을 정의했다. 우리가 '북유럽의 경이'라 명명한 것에 기초한 이 핵심 비전은 네 가지 특징을 지니는데, 첫째 '완벽한 필수요건'(승객의 번거로움 없는 서비스 경험을 방해하는 결함 제거), 둘째 '긴밀한 공조체제'(맞춤화되고 사전조치적인 경험 제공), 셋째 '자연의 품에 안김'(외부 조경의 실내 영입과 상쾌함과 평온함 조성으로 도착 시 보다 기분 좋은 환경 제공), 넷째 '북유럽 풍의 경험'(핀란드의 풍광과 문화의 계절적 다양성 기념)이다.

비전의 이런 측면들은 실제적인 적용으로 이어졌다. 예를 들어 승객들이 공항에 도착만 하면 즐길 수 있는 서비스 패키지를 사전 예약할 수 있게 한다든지, 환승 시 짐 가방을 옮기지 않아도 되는 서비스를 이용하게 함으로써 휴식과 통제의 요소들을 일상에 접목시켰다.

그 결과 헬싱키 공항 고객은 여행에 대한 자신감과 통제감을 느끼며 보다 많은 휴식과 탐색과 쇼핑을 위한 보다 많은 시간을 확보하게 되었다. 이는 곧 고객의 심신과 영혼이 보다 향상된 것을 느끼며 핀란드의 진수를 맛보는 것을 의미한다. 낙후된 청사를 허문 자리에 신공항이 들어서면서 그 비전은 자연 경관을 철조와 유리와 어우러지게 함으로써 내부와 외부 사이의 경계를 허무는 것으로 갱신되었다. 이런 방식으로 고객은 '자연의 품에 안긴'듯한 환경과 경험의 일부가 된 느낌을 가질 수 있다. 아울러 조해너는 자신이 가장 좋았던 부분에 대해 이렇게 말한다.

"저는 특히 놀라움과 기쁨을 주는 아이디어가 좋았습니다. 우리는 크리스마스 시즌을 위해겨울 동화의 나라를 건설했습니다. 우리는 공항에다가 북유럽의 눈까지 쌓아놓았답니다."

기업이 서비스를 위한 강렬한 비전을 만들어내는 데

는 사람들과 호응하며, 그들의 상상력을 자극하고, 기업에 절실한 해법을 예상하며, 기업이 설정한 전략적 방향에 부응하는, 강력하고 핵심적인 아이디어에 전념하는 과정이 수반된다.

기업의 비전을 강력하게 만들기에 충분한
고객 통찰력과 증거의 뒷받침을 받다

모든 조직에는 방대한 연구 자료가 구비되어 있어 거기에 의지해 사업을 추진할 것이다. 이것은 참으로 잘된 일인데, 왜냐하면 비전이 기업을 바람직한 방향으로 이끌고 있음을 입증할 증거자료가 필요하기 때문이다. 이상적으로는 이런 연구 자료가 기업에게 고객과 시장에 관한 정보를 주어야 하는데, 두 가지 모두 아이디어를 뒷받침하는 데 필수적이기 때문이다.

　문제는 이 연구 자료가 너무 많다 보니 정작 기업이 필요로 하는 것을 찾기가 어렵다는 사실이다. 하지만 잡다한 정보의 산더미를 헤집고 나가는 작업은 고객과 기업과 세상이 어떻게 돌아가는지에 관한 약간의 진리를 찾아내는 데 필수적이다. 그 과정은 과학보다는 예술에 더 가깝다고 느낄 수 있으며, 이런 서류들을 보다 보면 상상력이 발동하기 시작한다. 그 정보는 고객과 기업에 대해 무엇을 암시하는 걸까? 만약 이용 가능한 트렌드 정보를 취해서 그것으로 극단적인 추론을 해본다면 무엇이 상상이 되는가? 그와 동일한 정보를 접한 경쟁사는 무엇을 할까?

표 7.1 기업 혜택의 경험에 대한 구체적인 투자 논리 추적하기

경험에 대한 가시적인 투자내용	직접적인 고객 혜택	고객 성과	기업 혜택	기업의 비전 '이어질 당신의 여행을 위해 당신을 준비 시킵니다'을 바탕으로 한 구현
맞춤화되고, 시의적절한, 그리고 관련성 있는 정보를 고객의 휴대전화로 직접 전달	고객은 탑승 전 자신이 이용 가능한 시간에 대해 보다 의식하게 됨	탑승구에 늦게 도착하는 고객 수 감소 및 보다 여유롭고 편안함을 느끼며 공항 라운지에서 보다 많은 시간을 보내는 고객 수 증가	출발 지연 감소, 이로 인한 항공사 및 공항에 대한 할증료와 범칙금 감소, 공항 라운지에서 발생하는 수익 증가	승객은 스트레스는 저하, 만족도는 증가한 상태로 편안히 착석한 상태로 도착함

기업의 비전을 뒷받침할 연구 자료를 파악했다면, 기업의 핵심 아이디어의 실행을 통해 전달될 수 있는 구체직 또는 비구체적인 혜택에 관한 기업의 주장을 지지할 수 있다.

따라서 만약 우리가 표 7.1에 제시한 한 가상의 공항을 예로 든다면 특정 방식의 경험에 투자하는 것이 어떻게 기업의 혜택을 이끌며 기업의 비전에 보다 근접하게 할 것인지 그 논리를 추적할 수 있다. 이런 방식으로 논리를 추적하는 것은 기업 사례를 형성할 수치를 찾거나 평가하는 일종의 준거 틀을 제공해준다.

계속해서 이야기를 만들어 나가기에 용이한 훌륭한 기업 스토리를 중심으로

혹시 어떤 것이 입소문을 타는 이유가 뭘까 궁금했던 적이 있는가? 대체로 그 중심에는 이해하고 인정하며 인구에 회자되기에 충분할 만큼 감정을 사로잡는 이야기가 있는 경우가 많으며, 그것은 사람들의 심금을 울린다.

　우리가 두바이 공항과 협업하던 초기에 우리는 함께 만들기 시작한 혁신적 비전 주위로 경영진을 결집시키기 위해 대규모 행사를 개최하여 그 자리에 CEO를 초대했다. 이틀에 걸쳐 우리는 처음 생각했던 내용들을 시험하고 형성하는 자리에 경영진을 동참시켰으며, 그들이 그 사안들을 가지고 자신의 팀으로 돌아가 그 대화를 계속하도록 권면했다. 하지만 우리는 초기 비전과 그 행사의 흥분과 탄력을 유지하려면 적잖은 노력이 필요함을 알았다. 그것은 고도의 일관성과 노력을 필요로 하므로 하나의 팀이 단독으로 그 모든 것을 책임질 수 없다. 따라서 우리는 소위 '영웅 프로젝트'라는 것을 찾아냈다. 이것은 일종의 단기 계획으로 더 큰 비전이 달성코자 하는 목표를 충분히 이른 시기에 입증하는 것이지만, 기본적인 개선 작업 이상의 의미가 있을 정도로 충분히 중요한 것이었다. 공항을 위한 영웅 프로젝트의 핵심은 청사 내 일선 직원의 문화와 훈련, 그리고 훈련에 대한 접근법을 리디자인하는 것이었다. 일단 300명의 직원을 대상으로 한 실험을 통해 그 타당성을 입증한 후 우리는 그 나머지를 재훈련하기 위한 계획에 착수했다. 이는 우리가 1,500여명의 사람들에게 공항의 새로운 비전과 방향에 관해 이야기할 수 있었음을 의미한다.

모든 사람이 기업의 비전에 대해 열정을 갖게 만들 스토리와 주장과 보증이 있는가? 일단 기업의 비전을 하나의 스토리로 만들기만 하면 내부 직원들을 설득하기가 한결 용이함을 알게 될 것이다. 이런 기업 스토리는 각기 다른 청중과 경우에 부합할 수 있게 다른 분량의 스토리 몇 개를 구비해두어야 하는데, 이를테면 한 문장으로 된 짤막한 메시지와 그 보다 긴 스토리, 그리고 전체 스토리 제시 정도를 생각해볼 수 있다.

4. 강렬한 비전을 어떻게 창출할 것인가

이제 강렬한 비전을 만들기 위해 필요한 요소가 무엇인지는 알았지만, 막상 그 일을 한다는 것이 엄두가 나지 않을 수도 있다. 아직 투입되어야 할 요소가 허다한 데다가 기업이 그 모든 요소에 대한 기술을 가지고 있는지도 의문이다. 이제 이 장의 나머지 부분에서는 그것을 보다 명확하게 하려면 무엇을 해야 하는지 나누어 살펴보도록 하겠다.

강렬한 비전을 창출할 때는 역점을 두어야 할 여섯 가지 주요 영역은 다음과 같다.

- 연구를 실행하여 사실을 분명히 파악한다.
- 고객에 대한 심도 있는 이해를 얻는다.
- 미래로부터 시작하여 역으로 작업한다.
- 직원들이 그 비전을 소유하고 있다고 느낄 수 있게끔 도와준다.
- 기업의 비전을 생생하게 구체화시킨다.
- 계획을 수립한다.

이들을 보다 자세하게 살펴보도록 하자.

연구를 실행하라

탁월한 비전은 기업과 고객과 직원과 브랜드에게 가장 적합한 것이 무엇인지에 대한 이해에서 나온 것이다. 그것은 단지 기존에 있던 기업의 비전과 사명과 가치를 새롭게 쓰는 일만은 아니며, 오히려 미래 어느 시점에서 기업이 어떤 위치에 서있어야 한다고 생각하는지를 기술하는 것이다. 그것은 기업이 목표로 하는 고객 경험을 지향하고 실현하도록 직원들을 동기부여할 수 있는 분명하고 실행 가능한 제안을 제시해야 한다.

이것은 기업이 충분한 정보를 갖추고 참신한 통찰력과 아이디어를 지니고 있어야 함을 의미한다. 이것을 이루기 위해 서비스 비전을 형성하는 네 가지를 투입하는 것으로부터 시작한다.

- 고객과 그를 둘러싼 세계에 대한 이해
- 기업은 물론 기업의 서비스와 역량과 운영모델에 대한 이해
- 브랜드 포지셔닝과 기치에 대한 이해

- 장차 기업의 비전이 대응해야 할 것으로 사료되는
  미래 운영 환경에 대한 관점

우리의 경험상으로 볼 때 대체로 가장 많은 작업을 요하는 영역은 서비스 혁신의 대상인 고객에 대한 분명하고 풍성한 밑그림을 구축하는 것이다. 그 왜냐하면 그것이 조직 대다수의 이해의 영역 중에서 가장 개발이 안 된 부분이기 때문이다. 아울러 명심할 것은 미래의 고객이 현재의 고객과 반드시 일치하지 않을 수도 있다는 사실이다.

고객과 함께 시작하라

대부분의 기업은 수많은 고객 데이터와 연구 자료를 가지고 있다. 하지만 자신의 고객이 누구인지, 그들이 무엇을 필요로 하며, 그들이 어떤 태도와 기대를 보일지, 자사 서비스에 대한 고객의 이용실태가 어떠한지를 진정으로 이해하고 있는 기업은 드물다. 기업마다 어떤 고객이 무엇을 구매하는지 말해주는 고객세분화를 통해 제품 개발과 마케팅의 자료로 삼는다. 하지만 그것이 고객의 결정 서변에 가로놓인 요구와 선호도를 보여주지는 못하며, 고객이 기업과 어떤 관계를 갖길 원하는지 그 관계성의 본질을 밝히 보여주지도 않는다. 고객 할인행사나 마케팅 데이터에 의지하는 것으로는 폅협한 통찰력밖에 얻지 못하며 그것은 단순히 기존의 판매 및 마케팅 프로세스의 개선에 초점을 맞출 것만을 강조한다. 보다 정성적인 이해와 상상력의 적용에 대한 허용이 없다면 장차 고객이 현재 기업이 제공하는 것보다 더 가치 있게 여기게 될 것이 무엇인지, 또는 지금으로부터 3년 후 고객이 진정 무엇을 가치 있게 여길 것인지를 곧바로 상상하기가 어려움을 발견하게 될 것이다.

강렬한 비전을 정의하게 만드는 요인의 하나는 미래에 고객들로 꽉 들어찬 방(이사회실이 아니다)에서 '구매 권고'를 하며 고객의 환호를 받는 그런 상상을 불현 듯 떠올리는 것이다. 이를 위해서는 고객이 가치 있게 여기는 것이 무엇인지에 대한 충분한 지식이 있어야 한다. 그런데 이것을 발견하기 위해서는 고객에게 가서 물어보는 것만이 능사는 아니라는 것이 우리를 성가시게 만든다! 기업의 비전은 혁신을 추진하는 도구지만, 고객은 미래의 어느 시점에서 자신이 무엇을 좋아하게 될 것인지 말해주는 데 인색하다. 고객에 대한 자료로부터 정보를 얻으며 기업을 둘러싼 서비스의 세상에서 무슨 일이 일어날지 탐구하는 과정 전반에 걸쳐 약간의 상상력을 적용해야 한다.

미래로부터 역으로 작업하라

시장과 거시경제환경에 대한 분석과 기업의 역량 및 투자잠재력에 대한 지식, 경쟁사 벤치마킹, 기술 지형에 대한 평가, 상업적 목표 설정. 이 모든 것은 기업의 비전 수립에 착수함에 있어 핵심적이다. 그리고 마땅히 그래야 한다. 하지만 현재 우리가 배우고 있는 상상해보는 비전과는 달리 이런 형태의 분석은 고차원적인 목표들을 생산하는 경향이 있다. 그것들은 미래의 '모습' 또는 '방법'이 아닌 기껏해야 '원인'을 설명할 수 있을 따름이며, 그 자체로는 결코 비전이 될 수 없다.

예를 들어, 어떤 기업의 새로운 경쟁자가 나타나 자사보다 우월한 기술력을 제공하며 시장진입을 꾀하고 있다는 사실을 알게 되었다고 가정해보자. 이것은 고객이 번지르르한 디지털 경험을 중히 여기는 것을 아는 기업으로 하여금 기술력 및 웹사이트 개선을 고려하게 만들 것이다. 하지만 진정 이것은 비전이 아닌 혁신의 몇 가지 이유에 불과하다. '상상'한다는 것은 색다르고 특별한 뭔가를 의미한다. 비전을 창출하는 최선의 방법은 거시적 맥락에서 시작하는 것이 아니라 지금부터 3~5년 후 고객과 기업 모두에게 가장 가치 있을 만한 경험을 시각화하는 것이다. 이런 기업의 미래 상태에 대한 상상이 곧 비전이며, 그것이 기업의 목표가 되고, 나아가 기업이 전달할 전략이 되는 것이다. 이것이 본질적으로 디자인 주도적 혁신이 추구하는 바다.

함께 비전을 만들어가라

기업의 비전을 창출할 때는 조직의 최고위 관리자를 포함해 전 직원의 의견을 경청해야 한다. 그들 모두의 목소리를 듣고 기업이 해야 할 일에 대한 공동의 이해를 창출하는 것이 중요하다. 비전을 중심으로 사람들을 결집시키며 그들이 비전에 대한 어느 정도의 소유권을 느끼게 만드는 것은 향후 비전이 성공을 거둘 때 그들이 자신도 거기에 투자했다는 느낌을 갖게 될 것을 의미한다. 사람들이 사고 싶어 할 새로운 서비스에 대한 비전 대신에 단순히 기업의 야망이나 브랜드 가치를 다른 표현을 사용해 재선언하라는 압력에 저항해야 함을 명심하기 바란다. 만약 이해관계자가 아닌 '실제' 고객에게 비전을 파는 모습이 그려질 수 있다면 그 비전은 시험을 통과한 것이다.

비전에 생기를 불어넣어라

2장에서 사람들이 비전을 '보는' 것이 일마나 어려운지에 대해 이야기했던 것을 기억하는가? 함께 작업하는 그래픽 디자이너나 창의적 마케팅 대행사에게 비전을 통한 혁신이 실제로 어떤 모습일지 사람들이 감을 잡을 수 있도록 그것을 시각화할 수 있게 도와달라고 요

그림 7.1 만약 실물 크기의 프로토타입을 신속하게, 그리고 저렴한 자재로 구축할 수 있다면 그것을 통해 많은 것을 배울 수 있을 것이다. 우리는 고객 서비스 역할극을 해보고 인테리어 특징과 기술적 요구사항을 정의하기 위해 비어 있는 자동차 대리점 한 곳을 4주간 임대했다.

그림 7.2 서비스를 실물 크기로 프로토타이핑하기 어렵다면 레고 또는 플레이모빌 모형과 판지와 풀을 사용해 책상 위에 올려놓을 수 있는 크기의 서비스 모형을 제작할 수 있다. 기업의 서비스가 어떻게 작용할지 탐구하기 위해 고객과 일선 직원과 함께 작업할 것을 권한다.

청해보라. 이것을 해볼 수 있는 방법에는 고객이 미래의 기업 서비스를 어떻게 이용할 것인지 말해주는 스토리보드나 아니면 모형화된 고객 커뮤니케이션('광고 콘셉트adcept'라고도 불린다)이 있다. 심지어 기업의 스토리나 비전을 고객의 눈을 통해 이야기하는 간단한 영화를 만들어 볼 수도 있다.

직원들과 함께 작동해볼 수 있는 프로토타입을 만들

어보는 건 어떤가? 이것은 디지털 상으로도 손쉽게 할 수 있지만 우리는 레고를 사용해 고객과 일선직원이 어떻게 상호작용할 것인지 보여주기도 했는데, 효과만점이었다. 우리는 공항과 소매점 환경에서 서비스의 요소들이 어떻게 작용하는지 보여주기 위해 스티로폼 판, 연기자와 가구를 사용해 실물 크기의 프로토타입을 제작하기도 했다.

계획을 창출하라

기업의 서비스 전략은 강렬하고 탄탄한 비전만이 아니라 계획을 필요로 한다. 기업의 비전은 모든 사람의 열정을 불러일으키며, 아울러 역으로 그 열정이 비전을 보다 매력적인 것으로 만들어 준다. 물론 비전의 단계에서 일련의 세부적인 행동까지 계획할 필요를 없지만 그래도 기업이 목표로 한 것을 어떻게 달성할 것인지에 관한 몇 가지 안은 갖고 있어야 한다. 이런 변화는 대부분 장기적이고 혁신적이어야 하지만 그 중 일부는 보다 즉각적이어야지 사람들이 재깍재깍 그 결과를 볼 수 있다. 충분한 세부사항과 계획을 제시하는 것의 중요성에 관해서는 10장에서 논의하도록 하겠다.

여기 기업이 지닌 비전의 강도를 시험할 수 있는 다섯 가지의 질문이 있다.

- **강력하고 핵심적인 아이디어**: 이런 아이디어를 하나 가지고 있는가?
- **통찰력과 증거**: 이것 중 어느 하나라도 가지고 있는가?
- **열정**: 직원들이 기업의 비전에 대해 열정을 보이는가?
- **명확성과 타인의 입을 통한 커뮤니케이션 가능성**: 비전 수립의 초기 단계에서 입소문을 통해 얼마나 고위급 관리자들의 관심을 끌 수 있는가?
- **탄력**: 비전이 우려를 일소하고 자원 할당을 얻을 수 있는가?

5. 주요 시사점

- 서비스에 대한 강렬한 비전은 기업이 갖추어야 할 필수요건인데, 그 이유는 그것이 기업의 모든 부서들을 한 데 결속시키며 기업의 의사결정에 강한 목적성을 부여하기 때문이다.

- 아울러 강렬한 비전은 보다 큰 그림과 장기적 사고를 촉진한다. 비전이 없다면 기업은 일상적인 기술상의 개선으로 전락할 것이며 이는 보다 대대적인 혁신에 대한 가치를 부여해주지 못한다.

- 비전을 갖게 되면 사람들이 참여의식과 동기부여를 느낀다. 이것에 주력하는 것이 단지 새로운 해법을 전달하는 일선직원들을 훈련하는 것보다 중요하다.

- 기업의 비전이 충분히 강렬하다는 것을 알 수 있는 기준은 다음과 같다.

  - 고객의 가치가 무엇인가에 관한 핵심 통찰력과 직접 연결되는 핵심 아이디어를 가지고 있으며, 직원들이 그것에 대해 열정을 갖게 된다. 이는 조

직이 단지 현재 효과가 없는 부분을 개선하는 수준에 머무는 것을 막아준다.

- 기업의 비전이 사실에 근거한 것이 되기 위해 자사의 서비스와 경쟁사에 대한 충분한 지식을 가지고 있다.

- 거듭 개정이 용이한 하나의 스토리를 갖고 있으며 이것이 기업의 비전을 조직 내에서 약화되지 않고 회자된다.

• 강렬한 비전의 창출에는 다음과 같은 과정이 수반된다.

- 고객과 그들의 세계를 연구하여 고객과 브랜드에 적합한 것이 무엇인지 알아야 하는데, 여기서 연구란 주로 새로운 통찰력을 얻을 수 있는 참신한 연구를 의미한다.

- 3~5년 후 고객이 무엇을 원하게 될지를 그려본 후 그 시점에서부터 역으로 계획한다.

- 직원들과 함께 협업하며 비전을 중심으로 사람들을 결집시키기 위해 그들에게 영감을 불어넣는다.

– 실제적이라고 느낄 수 있는 성취 가능한 계획을
  창출한다.

서비스를
아름답게 디자인하라

사람들이 흔히 '아름다운 디자인'의 의미에 대해 생각할 때면 구체적인 물건을 떠올리기 쉽다. 그것은 아이폰이나 재규어 F형, 네스트 온도조절기, 1950년대 덴마크에서 디자인된 의자일 수도 있고, 나아가 콩코드 여객기일 수도 있는데, 이런 물건들의 놀라운 자태는 사람들로 하여금 거기에 초점을 맞추기까지 렌즈를 조정하게 만든다. 아름다운 디자인이 효과를 발휘하는 이유는 단지 외관의 아름다움뿐만 아니라 손쉬운 사용법과 우아한 문제해결 능력 때문이며, 또한 이 세 마리

토끼를 한꺼번에 잡을 수 있기 때문이다. 최상의 디자인 작품은 사용자를 기분 좋게 만든다.

비록 우리가 아름다운 디자인이라 간주하는 제품들을 지목하여 보여줄 수 있다손 치더라도, 그것은 이런 사고를 서비스에 적용하는 데 있어 지나친 비약처럼 느껴질 수도 있다. 하지만 왜 꼭 그렇게만 생각하는가? 잘 디자인된 서비스는 고객이 그것을 이용할 때 어떤 느낌을 가질지에 대한 시각과 더불어 위의 세 가지 요소들을 합치는 결과를 가져온다.

당연히 서비스의 존재 목적은 기업을 위한 것이 아니라 고객을 위한 가치를 창출하는 것이며 바로 이것이 기업의 가치를 더해준다. 가치의 첫 번째 요소는 기업이 탁월한 서비스를 출시함으로써 적어도 일정기간 시장에서 얻게 될 상업적 이익이다. 기업이 경쟁사가 아직 못하고 있다든지 아니면 현재 브랜드와 업체에 대한 고객 경험을 능가하는 뭔가를 둘러싼 주도권을 발전시킨다면 기업은 새로운 고객 확보 능력을 얻게 되며 떠나는 고객의 수를 줄일 수 있으며, 고객을 오랜 기간 유지할 수 있다.

영국 냇웨스트 은행은 고객이 은행카드 분실 시 응급 현금 인출을 할 수 있게 했는데, 이는 고객의 절박한 문제를 해결해준 혁신적인 서비스였다. 요점은 사실상 고객이 그것을 사용할 기회가 거의 없다는 것이 아니라 그것이 타 은행과 차별화된 마케팅으로 인한 긍정적인 이야깃거리를 제공해 주었다는 데 있으며, 그것은 단순한 마케팅 이상의 의미를 지닌다. 아무리 경쟁사들이 그것을 따라 하고 싶어도 이미 냇웨스트가 카드를 꺼내든 이상 마케팅이 불가능했을 것이다.

이 장에서는 왜 우아하고 통합된 디자인이 성공적인 서비스에 필수적인지, 무엇이 '아름다운' 서비스를 만드는지, 그리고 고객에게 강력하게 호소할 수 있는 서비스를 어떻게 디자인할 수 있는지에 대해 살펴보겠다. 우리는 명백한 것들을 넘어 우리가 생각하는 아름답게 디자인된 서비스를 만드는 자질들로부터 시작하고자 하며, 독창성, 포괄성, 합목적성, 그것이 운영되는 시대와 문화에 대한 적합성 같은 자질들이 이에 속한다. 우리는 기업이 자사의 서비스를 평가하고 사람들에게 영감을 주고 이끌어 줄 '디자인 언어' 개발 능력을 연마할 수 있는 몇 가지 비결을 제시하도록 하겠다.

1. 왜 아름답게 디자인해야 하는가?

그 이유는 간단히 말해 잘 디자인된 서비스가 그렇지 못한 것에 비해 시장에서 성공할 확률이 높기 때문이다. 사람들은 그런 서비스를 이용하면서 편안함을 느끼며, 그 결과 더욱 자주 이용하게 된다. 아름다운 디자인은 고객과 기업을 감정적으로 연결시키기 때문에 고객의 경험이 끝난 지 한참 후에도 그것은 계속해서 기업을 위해 열심히 일한다.

아울러 잘 디자인된 서비스는 기업의 운영비를 절감시킨다. 기업은 고객에게 높은 가치가 있는 뭔가를 제공하려면 당연히 더 많은 비용이 들 것이라 추산하는데, 반드시 그러라는 법은 없다. 아름답게 디자인된 물건은 재료를 효율적으로 사용하며, 믿을 수 있고, 실수로 잘못 사용하려야 할 수도 없을 정도로 사용하기 쉽게 만들어 놓았다. 이것은 서비스 디자인에도 똑같이 적용된다. 우아하게 디자인된 서비스는 고객과 기업 모두의 니즈에 부응하며, 고객이 쉽게 경험할 수 있게 함으로써 양측 모두에게 최대한의 가치를 창출하고, 효과적으로 전달되며, 고객과 직원의 실수를 거의 유발하지 않는다.

아름답게 디자인된 서비스는 충분한 생각을 거쳐 탄생하며 고객과 감정적으로 연결시킴으로써 고객을 기쁘게 하고, 형편없이 디자인된 서비스보다 실행에 드는 비용도 줄어든다(그리고 덜 골치 아프다). 그러니 기업이 이런 디자인을 원치 않을 이유가 무엇인가? 사실 어쩌면 '아름다운 디자인'은 그간 내내 마음속에 존재해오면서도 단지 그것을 설명할 언어를 찾지 못했는지도 모른다.

2. 무엇이 아름답게 디자인된 서비스를 만드는가?

이런 질문을 제기하는 것은 마치 왜 같은 사무용 의자라도 어떤 것은 단지 그저 그런 의자의 하나로 남는 반면, 어떤 것은 디자인의 고전이라 불리며 수십 년간 높은 프리미엄에 팔리는가라고 질문하는 것과 같다. 이들 각각이 동일한 기능을 하지만 그 중 하나는 그냥 하는 것이 아니라 아름답게 행한다. 그리고 그런 아름다움은 단지 외관에 그치는 것이 아니라 탁월한 외관과 기능과 그 순간에 대한 적합성을 지닌 어떤 진정한 가치들이 압축된 개념이다. 그 의자의 소유주는 그것을 볼 때마다 저절로 미소가 그려지는 것을 느낄 것이며, 그 위에 앉을 때마다 더더욱 편하고 확신이 들며, 사람들이 어디서 그런 의자를 샀느냐고 물을 때마다 짜릿한 자부심을 느낀다. 단지 의자 하나일 뿐인데 말이다.

핀에어 소속의 조해너는 아름다운 서비스를 기쁨의 순간과 함께 하는 매끄러운 운영의 총합체로 정의하면서 다음과 같이 말한다.

"저는 아름다운 서비스 디자인에 대한 전폭적인 신뢰를 갖고 있습니다. 우리는 이것을 고민하고 노력해야 합니다. 지금 업계는 모방에 매우 익숙합니다. 복사해서 붙이기를 반복합니다. 하지만 각각의 요소를 잘 조율하여 모두가 함께 일함으로써 아름다움에 이를 수 있고 이것은 쉽게 복사할 수 있는 것이 아닙니다. 서비스 디자인이 잘 이루어지면 방해 요소가 없습니다. 그것은 면밀한 계획을 거쳐서 나온 것이므로 그냥 물 흐르듯이 작동합니다. 고객은 그것이 계획된 것인 줄 조차 모를 것입니다. 아울러 그 위에 기쁨의 요소를 더할 수 있는데요, 바로 이것을 사람들은 기억합니다. '그건 내가 미처 생각지 못했던 건데.' '그게 가능하리라고는 생각 못했어.' 이를 위해 저희는 점점 더 많은 기술을 사용하고 있습니다. 우리는 긍정적인 놀라움을 디자인하고 사람들이 기대하지 못했던 걸 충족시킬 수 있습니다. 사람의 감성을 자극하는 경험의 속성상 심지어 공항에서도 아름다운 경험이 가능합니다."

이로써 아름다운 서비스란 경험을 통해 인식할 수는 있지만, 그것을 정의한다는 것이 항상 쉬운 일은 아님을 추측할 수 있을 것이다. 하지만 그것이 항상 압축하는 몇 가지 요소들이 있는데, 그것을 우리는 여기서 최선을 다해 설명하고자 한다. 그것을 요약하면 다음과 같다.

- 정서적 연결
- 독창성
- 바로 그 순간에 필요한 것
- 눈에 보이는 것 그 이상의 무엇
- 세부화된 기능성
- 만인을 위한 디자인
- 작동가능성

경험은 기업과 고객을 정서적으로 연결시킨다

모든 서비스의 상당수는 핵심 기능, 가격, 그리고 고객이 접하게 되는 기업 절차 면에서 경쟁사들이 모방할수 있는 것들이다. 서비스가 지닌 특별한 능력은 고객과의 정서적 연결이며 이런 요소로 인해 고객은 더 많이 주문하려고 계속 찾아온다. 과거 가장 기억에 남으며 즐거웠고 또 이용이 편리했던 서비스를 되돌아보면 그것들에 참여하는 것이 은연중에 정서적 흔적을 남겼음을 깨닫게 될 것이다.

서비스의 여러 측면 중에서 가장 많은 정서적 연결을 만들어내는 것은 무엇일까? 금융 상품의 경우 거래 장소가 그런 느낌을 가지게 만드는데, 그것이 어떤 특별한 고급스러움이나 안도감의 요소를 부여한다. 만약 그 서비스가 즐거움을 주는 방식으로 전달된다면, 그것은 우리에게 설렘과 재미를 느끼게 할 것이다. 전달속도와 신뢰성은 거래가 성사되거나 피드백을 줄 때 서비스가 잘 만들어졌으며 소중한 시간이 존중받는다는 느낌을 가지게 만들고, 이것은 다시 자아 존중감의 신장과 서비스 제공자에 대한 현명한 선택을 했다는 지적인 만족으로 이어진다.

만약 극히 기능적인 서비스에 대해서도 고객과의 정서적 연결이 가능한가에 대한 의구심이 든다면, 그렇다고 장담할 수 있다. 보험회사의 예를 들어보자. 전통적으로 연금보험은 거래적인 방식으로 판매되고 운영되며 연금을 둘러싼 어떤 가입 상담은 순전히 위험부담이나 펀드 운영실적에 중점을 둔다. 연금 제공자는 비교적 부유한 노년층을 고객으로 상정하여 마케팅 자료에는 흔히 골프 코스나 컨트리클럽에 대한 묘사가 단골로 등장한다. 하지만 오늘날에는 보다 많은 사람들에게 연금 가입이 권장되고 있다(현재 영국에서는 모든 고용인이 의무적으로 가입하도록 되어 있다). 이 말은 연금 제공자들이 젊은 층과 저소득층의 보다 의미 있는 은퇴자금 마련을 위해 더욱 열심히 일하고 또 보다 다양한 사회적 생애적 시나리오를 상상해야 함을 의미한다. 그들은 과거에 비해 목표의식이 떨어지는 청중을 향해 보다 정서적인 방식으로 소통해야 함은 물론 사람들의 다양한 재정적인 상황과 자아상에 부응할 수 있는 서비스를 디자인하며 운영해야 한다.

그것은 독창적이다
(또는 독창적인 아이디어를 그 안에 품고 있다)

아름답게 디자인된 서비스의 또 다른 필수 요인은 참신함, 다른 말로 독창성이다. 사람들은 새로움에서 매력의 한 요소를 찾는다. 사람들은 지속적으로 변화화지 않는 것에는 더 이상 주목하지 않으며 이런 성향은 획일성의 시대에서 뭔가 두드러지는 것에 매료되기 쉬운 인간 본성의 일부라 하겠다. 아울러 사람들은 서비스 제공자와의 관계에서 이따금 발견되는 놀라움을 좋아한다.

기업이 고집스런 고객의 불만사항을 새로운 방식으로 해결하며, 문제에 대한 현명한 해법을 제시하거나, 서비스가 참신하게 보이고, 느껴지며, 이용하고 싶은 마음을 불러일으킬 때 사람들은 그것에 대해 이야기하게 될 것이다. 기업의 서비스 전체가 전적으로 독창적일 필요는 없으며, 만일 새로운 것이 어떤 하나의 세부적인 부분이나 행동, 또는 어떤 특질의 일부 참신한 요소에 국한된다 하더라도 여전히 주목의 대상이 될 수 있다.

　독창적이 된다는 것이 '기교'의 창출과 동의어는 아니다. 따라서 기업이 제공하는 서비스에 놀랍고 매력적이며 진정 유익한 방식으로 고객의 관심을 사로잡을 참신한 적용을 시도하려는 기업의 추구는 계속된다.

그것은 지금 시점에 적합하다

새롭고 개선된 서비스를 경험하고 이런 생각을 해 본 적이 있는가? '그렇게 원하면서도 이런 게 있는 줄 여태 왜 몰랐을까?' 그것은 바로 누군가가 어디에서 고객에 관한 사항, 즉 고객이 어떤 사람이며, 어떤 상황에 처해있고, 어떤 문화 속에 살고 있는가를 뭔가를 알아내어 서비스를 고객에게 적합하도록 만들기 때문이다. 우리는 고객 문제에 대한 완벽한 해법을 찾을 수 있다는 사실을 믿지 않는 기업인들에게 이야기할 기회가 종종 있지만 이를 바라보는 하나의 방법은 이렇게 자문하는 것이다. '그것이 지금 시점에 적합한가?' 기업의 서비스가 그 속에서 그것이 중요한 영역에서 약간만 앞서간다면 그것은 고객의 니즈와 기술 혁신으로 진화하고 그런 다음 아름답게 디자인될 수 있다.

서비스 제공자들은 새로운 뭔가를 원하는 잠재적 고객 집단을 파악하는 일과 그런 다음 고객에게 그것을 제공하는 일 사이의 시차를 단축하려고 늘 사투를 벌이는데, 이는 곧 '새로움'을 향한 추구다. 물론 우리가 여기서 제시하는 그 어떤 예도 이 책이 출판될 무렵에는 이미 철 지난 이야기가 되고 말 것인데, 왜냐하면 이것은 해가 아닌 월 단위로 변하는 그런 영역이기 때문이다. 지금 대도시 지역에서는 우버이츠와 아마존 레스토랑 같은 외식 배달 업체들이 서로 경쟁적으로 배달음식을 가정에서 즐길 수 있다고 선전하며, 오픈테이블 같은 서비스 업체는 외식하기 편리하게 만든다. 그렇다면 무엇이 이런 서비스를 '지금 시점에 적합하도록' 만드는가? 그들은 시간에 쫓기는 현대인의 라이프 스타일을 보조하는 데 기술을 이용하며 이것이 새로운 속도와 개인맞춤형 서비스를 가능케 한다. 그 것은 그 순간의 니즈에 적합하게 느껴진다.

따라서 아름답게 디자인된 서비스는 시장에 적합하고, 시대에 적합하며, 청중에게 적합하고, 현대 대중문화에 적합한 최선의 방식으로 그 순간에 연결되어 어느새 그 문화의 일부가 된다.

그것은 단지 외관에 관한 것만은 아니다

아름다운 디자인이 단지 미학에 관한 것만은 아니다. 물론 기업의 서비스를 시각적으로 어떻게 제시하느냐도 중요하지만 고객과의 정서적 연결을 위해서는 탁월한 외관, 적절한 기능성, 편리한 사용성, 최고 수준의 독창성, 시의적절한 상황 적합성, 그리고 그것이 속한 문화, 이 모든 것이 함께 엮여져야할 것이다. 소유주들은 자신의 식당, 공항, 매장, 그리고 다른 서비스 장소의 공간 디자인에는 투자를 하면서 사람이나 그들의 행동, 혹은 그 저변의 서비스 모델에는 신경을 쓰지 않는데, 그렇게 되면 디자인의 효과가 떨어진다. 서비스의 모든 요소들이 우아하게 어우러져 제 기능을 발휘하게 만드는 것은 그 사용자들에게 어떻게 매력적으로 다가가느냐의 문제다.

맥도날드 패스트푸드 체인은 근래에 몇 가지 중요한 디자인 혁신을 단행했다. 맥도날드가 브랜드의 새로운 포지셔닝에 걸맞은 매장 실내장식에 대한 투자를 결정했을 때, 단지 외형적인 주름 성형수술의 실행으로 만족할 수도 있었다. 하지만 그들은 보다 대범했다. 그들은 과거 많은 사랑을 받았던 노랑 빨강 상징색의 플라스틱 느낌의 경박함을 던져 버리고 보다 차분하고 자연적인 색감으로 전환하는 것은 물론 메뉴 주문 체계 역시 고객에게 편리하도록 리디자인했다. 서비스 셀프 주문 포인트제 및 모바일 앱의 도입으로 메뉴 주문과 나온 음식 회수를 분리하였으며, 이로써 대기 시간을 줄였다. 이것이 고객과 기업에게 유익임은 자명하며 이제 더 이상 잠재적인 고객이 주문대 앞에 길게 늘어선 줄로 인해 지연되는 일 따윈 없을 듯하다. 그것은 진정한 변화의 움직임이었는데, 그 이유는 그들이 고객의 고충(대기 줄)에 대응했기 때문이며, 아울러 그들이 IT 시대 고객은 스크린을 통한 상호작용을 보다 편안하게 생각한다는 사실을 인식한 결과이기도 하며, 실제로 다수의 고객들은 그것을 선호한다.

그것은 세부사항을 중시한다

서비스의 성공을 결정하는 것은 디자인과 전달에 있어서의 세부사항이다. 그러므로 서비스가 어떤 것인가에 대한 상당부분은 그것이 무슨 서비스를 하며 아울러 어떻게 서비스를 행하는 지로 구성된다. 아무리 서비스에 대한 굉장한 아이디어가 있어도 겹겹의 보다 더 구체적이고 세부적인 다단계 디자인 작업을 거치기 전에는 그것이 좋은 서비스가 되리라고 확신할 수 없다. 예를 들어 어떤 온라인 서비스가 개념적 측면에서는 탁월하나 이용에 어려움이 있을 수 있는데 그 이유는 사용자 경험이 충분히 순탄하지 못하거나 사이트가 시각적으로 충분히 정돈되지 않았기 때문이다.

앞서 우리는 택시 업계의 이단아 우버를 언급한 바 있다. 그들은 가입과 클릭 한 번이면 끝나는 예약, 그리고 결재가 모두 앱 상에서 일사천리로 이루어져야 함을 알고 있었다. 아울러 고객이 서비스에 대한 확신을 갖기 위해서는 자신이 사는 지역 내에서 택시 기사들이 많이 지나다니는 것을 볼 수 있어야 함을 깨달았다. 여기에 고급 차량 및 기사의 고객 서비스 품질의 일관된 수준을 보장할 필요를 추가한다면 관련 세부사항의 수준에 대한 감을 잡을 수 있을 것이다.

그것은 만인을 위해 디자인된다

다들 알다시피 고객이라고 다 똑같은 것은 아니다. 디지털 서비스를 포함한 서비스의 상당수가 사람들의 특별히 약한 부분을 배려하지 않는 탓에 일부 고객이 특별한 어려움을 겪기도 한다. 일례로 영국에서 다섯 명 중 한명이 일종의 장애를 지니고 있는데, 이것을 우리는 기동성, 능숙함, 시력, 청력, 인지력, 사회성의 여섯 가지 주요 집단으로 나눈다. 이런 집단에 속하는 사람들이 영국 구매력 층의 큰 부분을 대표하는데, 이는 기업이 오로지 정상인을 위한 서비스만 디자인하는 것은 수익을 거부하는 행위나 마찬가지라는 의미다. 만인을 디자인은 기업인으로서의 사회적 책임에 관한 문제만이 아닌 상업인으로서의 수익과도 직결되는 문제다.

다수 국가에서는 모든 사람이 접근 가능한 방식으로 제공자들이 서비스를 디자인하고 전달하도록 법으로 정해져 있다. 아름답게 디자인된 서비스는 모든 사람을 위해 일할 수 있어야 하며 그것은 반드시 폭 넓고 접근가능하며 대다수 사람들이 사용할 수 있는 것이어야 한다. 현재 제품의 포괄적 디자인에 관해서는 상당 부분 알려진 상태나 서비스에 관한 논의는 적은 편이므로 향후 더 많은 토론을 기대할 수 있는 분야라 하겠다.

그것은 아무튼 잘 돌아간다

디자이너는 우아한 해법을 창안하는 전문가이며 현실 세계라는 제한된 범위 내에서는 그것이 잘 통한다. 아름답게 디자인된 서비스는 고객과 그것을 전달하는 팀에게 그것을 운영하는 데 필요한 것의 복잡성은 숨기고 최소의 활동부서 만으로 최상의 경험을 달성하는 것에서 비롯된다. 쉽고 또 사용자와 전달하는 사람 모두에게 즐거운 탁월한 서비스를 받으면 참 기분이 좋다.

애덤은 아름답게 디자인된 서비스에 대해 '(그것은) 생각하지 않아도 저절로 돌아갑니다. 힘들게 애쓰지 않아도 됩니다'라고 말한다. 그는 기업이 그토록 수고하며 얻고자 하는 서비스 디자인의 아름다움을 기발한 수학적 증거를 바라보는 수학자가 느끼는 아름다움과 우아함에 비교한다. 그것은 물리적인 아름다움만은 아니며, 어떤 하나의 체계로서의 서비스가 '목적에 적합하다'는 그런 지각이라 할 수 있다. 아름다운 서비스는 고객을 위해 탁월한 일을 수행하면서도 아주 쉽게 그냥 물 흐르듯이 진행된다.

3. 아름다운 서비스 디자인에 집중하게 해주는 네 가지 기술

이제 아름답게 디자인된 서비스가 어떤 모습인지 알았으니, 그렇다면 그것을 창출하려면 어떻게 해야 할까? 그것이 단지 미학의 문제만은 아니라는 사실을 알 것이다. 그것은 차별성과 독창성을 떠나 고객에게 어떻게 보이고 느껴지며 시대와 문화에 맞느냐의 문제다. 그 뿐만 아니라 모든 활동부서가 감쪽같이 맞아 떨어져야 한다. 아름다운 서비스 디자인에 초점을 맞추기 위해 기업이 개발할 수 있는 네 가지 기술을 소개하자면 다음과 같다.

- 서비스가 무엇으로 만들어지며, 특히 자사의 서비스는 어떠한지 올바로 이해하기
- 좋은 것이 어떤 모습인지 찾아내고 그것에 대해 이야기하는 습관들이기
- 무엇보다 디자이너 자신이 그것을 즐길 수 있겠는지 상상하는 것을 두려워하지 않기

- 무엇이 그것을 아름답게 만드는지 옹호할 만반의
  태세 갖추기

서비스가 무엇으로 이루어지는지 이해한다

우리가 앞서 언급한 바와 같이 아름답게 디자인된 서비스는 수많은 활동부서로 이루어지며 그 모든 것이 어우러져 고객이나 심지어 서비스 직원조차 알아차리지 못하도록 매끄럽게 작동해야 한다. 아울러 기업은 효율성 평가를 위해 그것을 추적 관찰할 필요가 있을 것이다. 따라서 서비스는 다음의 요소들로 이루어진다.

(1) 서비스의 부분들

(2) 그 부분들의 연결 방식

(3) 서비스 전달을 위한 각 부분들의 협업 방식

(4) 부분들의 측정에 사용되는 기준과 수행 임계값

좋은 것이 어떤 모습인지 찾아내는 능력을 연마한다

직업인으로서 세상을 바라보는 동시에 일반고객의 입장에서 그것을 경험하려는 그런 전문인이 된다는 게 쉬운 일은 아니다. 하지만 고객의 눈으로 세상을 바라보는 것은 전문가로서 배워야 할 유용한 기술의 하나다. 만약 기업이 새롭고 놀라운 서비스를 발견하고자 한다면 그런 서비스의 요소들이 기업을 위해 믿을 수 없을 정도로 잘 작동할 수도 있는 일이므로 평소 그런 것들을 찾는 마음의 훈련이 필요하다.

　따로 시간을 내어 눈을 감고 최근에 이용한 바 있는 어떤 서비스에 대한 경험과 느낌을 떠올려보라(이상하게 느껴질 수도 있겠지만 충분히 해볼 가치가 있는 일이다). 단순한 추정에서 한 걸음 물러나 무슨 일이 있었기에 그런 느낌이 들었는지 이해하기 위해 한번 깊이 파헤쳐보라. 한때 뇌가 잠간 망각의 시간을 가졌던 그 경험에서 무엇을 기억할 수 있겠는가?

자신이라면 그것을 즐길 수 있겠는지
상상하기를 두려워하지 않는다

대부분의 사람들에게서 발견되는 특이한 현상의 하나는 그들은 사무실로 들어서는 그 순간부터, 마치 고객이 매장에 들어서는 순간부터 직원에게 그러하듯, 자신이 한 사람의 인간이라는 사실을 잊어버린다는 것이다. 게다가 새로운 잠재적 해법의 타당성 근거로 데이터의 중요성을 지나치게 강조하는 조직 문화가 이런 현상을 악화시킴으로써 직감이 평가 절하되고 기회는 소실된다. 회의실 스크린에 결정적으로 보이는 수치가 등장할라치면 심지어 집단의 공동의식마저 의문시 된다. 하지만 우리 인간은 타인의 가치와 즐거움을 변론하는 타당한 관점을 제시할 수 있다.

매우 자명한 소리처럼 들리겠지만 사실 이것은 반항적인 주장이다. 사람들은 특정인 한 사람만을 위한 디자인에 대해, 특히 그 사람이 서비스의 주된 사용자도 아닌데 그렇게 하는 것을 끔찍한 관행이라고 생각한다. 물론 이것은 절대적인 진리이며, 마땅히 항상 고객에 대한 좋은 통찰력을 가지고 그들을 위한 디자인 작업을 수행해야 한다. 하지만 (이 부분이 애매모호한데) 우리 인간들은 일정 수준에 이르면 가치 있게 여기고 즐기는 것이 똑같아 진다. 각자 자신의 선호도와 감정을 근거로 모든 사람에 관해 추정하는 것은 위험한 일이다. 개인의 생각이 맞을 수도 있지만, 추정은 언제나 반드시 시험을 거쳐야 한다. 그러므로 디자인을 할 때는 단지 자신만을 위해서가 아닌 자신도 그 일부에 속한 인간을 위해 해야 한다.

그것을 아름답게 만드는 해법의 측면들을 변론할 태세를 갖춘다

이론적으로는 기업이 뭐든 만들어낼 수 있고 또 모든 것을 만들라고 유혹하는 세상에서 기업은 아름다움과 서비스 전달의 목표를 어떻게 조화시킬지 이해할 방안을 반드시 찾아야 한다. 예산 담당부서가 비용절감을 꾀하며 이해관계자들이 빠르고 쉬운 결과를 보길 고대할 때 프로세스를 무시하고픈 유혹이 들 수도 있다. 물론 몇몇 빠른 성과를 계획에 포함시키는 것은 전혀 잘못이 아니다(차후에 이 문제를 다루도록 하겠다).

하지만 기업의 서비스를 아름답게 만드는 요소들을 파악해본 적이 있는가? 왜냐하면 바로 그런 것들이 현재 기업이 쓰고 있는 시간과 돈과 노력을 진정 가치 있게 만들어주기 때문이다. 바로 이런 측면들이 고객과 그 친구들 사이의 대화를 촉발한다. 아울러 고객이 계속해서 더 많은 서비스를 찾아오도록 유지하는 것도 바로 이런 특징들이다.

서비스 디자인의 아름다움과 탁월성을 시험할 수 있는 다섯 가지의 문제는 다음과 같다.

- **차별성과 독창성**: 기업의 해법이 고객의 세계에 뭔가 새롭고 설레는 것으로 다가가는가?
- **기업 브랜드의 명확한 표현**: 기업의 해법이 이 브랜드에서 나온 것이 이해가 되는가, 그리고 그것이 기업의 브랜드에 대한 인식을 제고시키는가?
- **고객의 기대를 능가하는 것**: 기업의 해법이 현재

의 실행사업 뿐만 아니라 고객의 기대를 형성하는 모든 외부조건에 관한 개선인가?

- **분명한 가치 제안**: 기업이 이것을 가지고 있으며 아울러 그것이 시장성이 있는가? 기업은 그것을 작동하게 할 수 있으며 세월이 지나도 지속적으로 실행할 수 있으며 그 위에 다른 것을 건축할 수 있는가?

- **작동가능성**: 기업의 해법이 광범위한 요구와 능력을 지닌 다양한 고객 집단에 효과 있는 해법인가?

4. 주요 시사점

- 아름답게 디자인된 서비스는 환상적인 외관과 편리한 사용, 그리고 고객의 문제에 대한 우아한 해법, 이 모든 것이 한꺼번에 어우러져 기업에게 경쟁력 우위를 선사한다. 또한 그것은 잘못 계획된 서비스에 비해 운영비용도 적게 든다.

- 아름다운 서비스 디자인은 추상적인 정의를 내릴 때보다 직접 눈으로 보는 편이 인식하기에 훨씬 쉽지만, 대체로 다음과 같은 특징을 지니고 있다.
  - 그것은 고객과 기업을 정서적으로 연결해주며, 서비스 이용에서 즐거움을 발견하고 다시 찾아오는 고객의 발걸음이 계속 이어진다.
  - 그것은 놀라울 정도의 독창적 요소를 지니고 있으며, 사람들이 그쪽으로 몰리도록 끌어당기는 힘이 있다.
  - 그것은 지금 시대에 맞고, 시장과 고객과 유행하는 문화에도 딱 들어맞는다.
  - 그것은 사용성 뿐만 아니라 외관도 고려하는데, 다시 말해 그것은 단지 겉모양에 관한 것분만 아니라 고객에게 서비스 운영상의 우아한 경험을 선사한다.
  - 그것은 고객이 서비스에서 원하는 것이 무엇인지에 대한 핵심에 이르게 하는 충분한 세부사항 속에서 심사숙고된 것이다. 그것은 좋은 아이디어를 넘어서서 그 효과를 발휘한다.

- 그것은 이용하는 고객과 서비스 전달을 맡은 팀 모두에게 쉽고 즐거운 방식으로 '아무튼 잘 돌아간다.'
- 그것은 모든 고객 집단을 위한 것이며, 그들의 다양한 요구를 고려함은 물론 서비스 사용자가 지니고 있을지 모르는 특정한 어려움까지 배려한다.
- 서비스를 아름답게 디자인하는 것이 쉽지는 않지만 다음의 원칙을 따른다면 그리 크게 어긋나는 일은 없을 것이다.
  - 서비스를 구성하는 활동부서가 마찰 없이 작동하게 하려면 그 각각에 대한 이해가 필요하다.
  - 평소 멋진 서비스를 경험할 때마다 그것에 주목하는 것을 통해 좋은 것이 어떤 모습인지 파악하는 능력을 연마하라.
  - 아름다운 서비스를 위해 직원 개인의 인간적인 선호도로 보더라도 자사 서비스가 즐거운지 솔직히 평가해보라.
  - 고객을 위한 아름다운 서비스를 창출하기 위해

그 문제에 대해 내부적 논쟁도 불사할 정도로 용감해지라.

9장

확실한 가치 사례를 개발하라

어느 기업의 한 직원이 눈부신 아이디어를 제안했다고 치자. 이에 대한 기업의 반응은 어떠할까? 그 아이디어가 지닌 잠재력에 모두가 흥분할 수도 있겠지만 전적인 투자에 앞서 보다 많은 정보를 필요로 할 것이다. 얼마나 많은 노력과 비용이 수반될 것인가? 기존에 있던 프로젝트에는 어떠한 영향을 미칠 수 있을까? 가장 중요하게는 기업이 이로부터 어떤 형태의 결과를 기대할 수 있을 것인가? 그 무엇보다도 기업은 그 정보를 명백하고 간결하게 전면에 부각시키길 원할 것이다.

그 어느 누구도 불명확하게 제시된 어떤 아이디어와 그 가치에 관해 선뜻 결정을 내리려는 동기부여를 받지는 못할 것이다. 다시 말해 이때 기업에게 필요한 것은 확실한 사례를 만들되 모두에게 열정을 갖게 만드는 동시에 안심하고 진행해도 좋다는 확신을 주는 것이다.

대기업은 잘 다듬어진 프로세스와 공식, 그리고 지침 및 의사결정의 표준을 갖추고 있는 경우가 많다. 이런 방법들은 장기간에 걸쳐 기존에 행했던 수많은 결정의 결과로 얻어진 증거를 축적하며 최적화된 것들이다. 하지만 매우 혁신적인 어떤 것 또는 데이터가 전무한 서비스나 경험을 디자인하고 전달하려는 시점에서는 그 중 어떤 방식이나 표준을 적용할 것인가? 디자인 도구가 여기에 도움을 줄 수 있다. 그것은 상상력을 발휘하는 단계를 요구한다. 새로운 해법의 프로토타이핑과 모의실험에 이르기까지 디자인 프로젝트에 관해 창의적이고 협력적으로 일하는 것, 우리가 보기에는 이것이 새로운 해법이 시장에서 성공하는 사례를 형성하는 가장 좋은 방법이다.

군이 역사적 자료나 방식에 의존하지 않아도 '디자인 프로젝트'는 다양한 전문가(일선의 직원과 고객을 포함한)의 조직적 영입과 신속한 제작, 그리고 '미래로부터의 증거'를 수집할 수 있는 시험을 통해 철저함을 입증할 구조와 도구를 제공한다. 이런 접근을 통해 기업은 통상적인 비용 및 혜택에 관한 대화(물론 이것도 중요한 부분을 차지한다)에 더하여 탁월한 제안에 투자하는 것의 총체적 가치에 관한 스토리를 논할 수 있게 된다.

고객을 위해 디자인된 제안에 대한 투자에 앞서 건실한 조직과 논의를 거친 사례 개발이 그토록 중요시되는 이유는 무엇일까? 그것은 바로 아직도 조직 내에 '고객 경험'을 단지 고객 불만 해소 차원에서 기업이 부담해야 할 비용으로만 보는 시각이 존재하기 때문이다. 고위급 이해관계자 전원이 현재 작업 중인 사례의 총제적 가치를 안다고 추정할 수는 없는 노릇이므로 생생한 전략적 사례가 반드시 있어야 한다.

이 장에서는 신규 혹은 리디자인된 서비스와 경험에 대한 확실한 '가치 사례value case'의 두드러진 특징을 살펴보도록 하겠다.

1. 확실한 가치 사례 개발이
왜 그토록 중요한가?

기업의 비전을 위한 강력하고 흥미진진한 사례를 창출하기 위해 시간과 노력을 들여야 하는 두 가지 중요한 이유는 다음과 같다.

- 그것이 의사결정권자들을 안심시켜주기 때문이다.
- 그것으로 인해 단지 비용뿐만 아니라 가장 광범위한 혜택을 강조할 수 있기 때문이다.

확실한 사례는 제안하고자 하는 바에 대해 모두를 안심시킨다

설령 어떤 비전에 근거해 아름다운 디자인이 창출되었고 또 그를 둘러싼 합의가 형성되었다 해도, 아울러 그 비전이 강렬하여 구체적인 용어로 설명할 수 있다 해도 기업의 의사결정권자는 그 아이디어에 대해 보다 많은 확실한 증거를 원할 것이다. 한 가지 분명한 사실은, 아무리 좋은 아이디어와 비전이 있어도 그 방향성이 고위관리자의 감성과 이성을 충족시키지 못한다면 결코 그것을 시장에 선보일 수 없을 것이다.

초기에 프로젝트를 통해 조성된 열정과 흥미, 연구에서 거둔 통찰력, 그리고 비전의 독창성은 대부분의 사람들을 납득시키기에 충분했다. 그러나 지극히 당연한 일이겠지만 조직에는 그들의 성격 또는 역할 상 이를 뒷받침하기 위해 보다 충분한 증거를 갖춘 주장의 필요성을 느끼는 사람들이 있기 마련이다. 앞으로 기업이 서비스와 조직의 혁신을 위해 추진할 일들이 합당한 이유를 지니고 있음을 보여줌으로써 먼저 의사결정권자들을 흡족하게 해주어야 한다. 희소식은 일단 사람들의 이해를 얻는다면 마음이 뒤따르지 않는 경우는 거의 없다는 것이다. 우리의 경험상 고위관리자가 이런 철저함을 요구할 때는 비전에 찬물을 끼얹으려는 의도가 아니라 단지 그것이 성공할 수 있을지 확신을 갖고 싶어서인 경우가 대부분이다. 확실한 사례는 의사결정권자를 안심시키며 비전 그 자체와 마찬가지로 사람들을 동기부여 시키고 정상 궤도를 유지하게 만드는 기준점으로 작용한다.

그것은 단지 비용만 아니라
가장 광범위한 혜택을 강조할 수 있게 해준다

신규 프로젝트를 위한 전형적인 기업 사례는 비용과 수입에 중점을 두는 경향이 있는데, 이를테면 우리가 이만한 액수의 돈을 지출했을 때 이만큼을 돌려받을 수 있다는 식이다. 하지만 비전이 기업(아울러 잠재적으로 고객)을 위한 전적으로 새로운 무언가를 창출하는 일을 수반하는 것이라면 혜택과 투자 수익률을 계산하는 표준적인 접근을 선뜻 적용하기가 어려울 수도 있다. 물론 상업적 요소가 중요하지만 이와 더불어 우리는 클라이언트들에게 새로운 서비스와 경험의 혜택에 대해 가장 광범위한 의미에서 생각해볼 것을 권장한다.

기업이 인식해야 할 혜택에 관해서는 정확하게 해 둘 필요가 있다. 기업이 고객 충성도 제고, 브랜드 명성 강화, 제품과 서비스의 판매 증가, 또는 고객 문제의 선결을 위한 사내 및 일선 직원 교육을 통한 수입 창출과 비용 절감을 도모하고 있는가? 기업의 평판 개선을 위해 업계 규제 당국과 공동으로, 아니면 판매에 앞서 고객 만족지수를 향상시킬 필요가 있는가? 시장 변화에 따라 고객의 뇌리에 새겨진 기업 브랜드의 위치를 재설정할 필요가 있는가? 사내 문화 혁신을 위해 대범한 고객중심의 아이디어를 실행할 필요가 있는가?

프로젝트의 총체적 기업 혜택 분석에 있어 기업이 직면한 주요한 도전은 계획의 장기적 특성상 수년이 차기 전에는 실현이 어려울 수도 있다는 점이며, 주의를 소홀히 할 경우 이것이 자칫 걸림돌이 될 수도 있다. 그 지점에서 의사결정권자가 과거 비용만 따지던 관행으로 되돌아간다든지 상정된 제안을 즉각적 영향력을 행사할 수 있는 사안과 묶어버릴 소지가 있는데, 그럴 경우 탁월한 아이디어가 다른 것과 절충된다든지 심지어 전부 사장되는 결과를 낳을 수도 있다.

기업의 사례 개발에 대해 디자인 중심의 접근을 취한다면 시작 단계에서부터 총체적 가치 창출에 초점을 맞출 수 있다. 이것은 일례로 기업이 외부 서비스 제휴 업체에 대해 보다 매력적인 기업이 되는 것과 같은 '더 유화적인' 측면을 포함해 혜택에 대한 총체적 시각을 정당화할 수 있다는 의미이다.

2. 무엇이 확실한 사례를 만드는가?

확실한 사례에는 여러 가지 요소가 있는데 그 안에는 사례를 형성하는 방식에 관한 조언이 들어있다. 그것들을 요약하면 다음과 같다.

- 강한 명령
- 수량화가 가능한 혜택
- 강력한 투자 사례
- 상정된 제안이 가치 있는 것이라는 일정 수준의

합의가 이미 있음을 보여줄 수 있는 능력

이제 무엇이 확실한 사례를 만드는지 하나하나 살펴보도록 하자.

강한 명령

이것은 다소 명백해 보이지만 우리가 보는 수많은 기업 사례 또는 프로젝트 착수 문서는 왜 그 프로젝트가 필요한지 명시하지 못하거나 기업이 요구하는 것의 핵심에 제대로 이르지 못하고 있다. 프로젝트가 행동을 위한 강한 명령을 담고 있을 때 직원들이 그것을 하지 않는다는 건 생각조차 못 할 일처럼 보인다. 이것은 전사적으로 이해되어져야 한다.

그렇다면 이런 명령은 무엇으로 이루어지는가? 그것은 규제 변동, 고객 기대의 이전(예를 들어 기업의 기술력이 뒤처짐으로 인해 고객이 떠나는 상황) 또는 시장 개발(그 기업 고유의 공간으로 진입한 새로운 경쟁자들에게 자사가 그들보다 나음을 보여주어야 한다).

또한 이것을 다음과 같은 정반대의 관점에서 바라보는 것도 좋은 방법이다. '비전을 개발하고 실행하지 않음으로 인해 치러야 할 대가는 무엇인가? 새로운 지침이나 법규에 위배되지는 않는가? 고객 충성도와 판매의 느리지만 꾸준한 손실을 볼 텐가? 기업이 속한 부문의 다른 운영자들에 의해 기업이 약화되도록 가만히 내버려 둘 텐가?' 행동하지 않음으로 인한 대가는 반드시 인생의 생생한 교훈으로 삼아야 한다. 지금은 미세한 사항을 따질 때가 아니며, 증거를 들고 주장을 뒷받침할 수 있는 한, 아울러 주장하려는 핵심을 분명하고 설득력 있게 시킬 수 있는 한, 사람들은 주장하는 바를 경청할 것이다.

그러므로 확실한 사례는 그 안에 변화에 대한 강한 명령을 내포하고 있다. 그것은 또한 디자인 과정에서의 협업과 비전을 통해, 그리고 단순한 통찰력, 데이터, 그리고 조리 있는 주장에 입각한 비전을 통해 합의와 자신감을 형성하는 것이다.

고객과 기업 모두에 대한 혜택이 수량화가 가능하다

우리는 앞서 단지 수치에만 치중하지 않고 보다 광범위한 혜택에 기초한 사례에 관해 이야기한 바 있으며, 그것은 여전히 맞는 말이다. 하지만 기업의 모든 것이 그렇듯 수치의 영향력은 막강하며 이는 곧 사례를 뒷받침할 자료로 이런 수치들을 적절히 활용해야 한다는 의미다. 이런 수치는 금융, 소비자 연구, 시장 통찰 등 다양한 출처에서 나올 수 있다.

명심할 것은 조직이 반드시 현재 필요로 하는 데이터를 수집하지 않을 수도 있다는 사실이다. 고객이 아직 경험한 적 없는 미래의 상황을 위한 사례를 구축하려는 마당이므로 이상적이라 사료되는 수치와 확고한 정보가 다소 부족할 것이 틀림없다. 그렇더라도 '대용 평가치', 다시 말해 사례 건전성에 대한 구체적인 암시를 주는 기업이나 고객 기반, 그리고 시장에 관한 수량화가 가능한 지표들은 보유하고 있을 터이다. 일례로 여러 세대가 함께 하는 가족여행을 겨냥한 가족 휴가 패키지 제품의 인기 상승 추세에 주목하는 여행 업체의 경우, 설령 이를 뒷받침할 자체 데이터가 없다 하더라도 외부적 출처에서 필요한 증거자료를 수집할 수 있다.

투자 사례는 강력한 힘을 지닌다

이제 비전을 실행할 자원을 취할 것이며, 그래서 투자 사례를 필히 축적해야 한다. 우리 경험으로는 이때쯤 해서 몇 가지 다른 규모의 투자에 관한 투자 계획서를 작성해야 한다. 만약 기업이 이루기 원하는 혁신 포트폴리오 구상 프로세스를 마쳤다면 단지 최초 투자만 가지고도 고객에게 최대한의 영향력을 행사할 수 있는 방법과 시기를 보여줄 수 있을 것이다. 만약 각기 다른 투자 수준에서의 다양한 제안과 고객 경험을 제안할 수 있다면 그 노력이 가상해서라도 최고점을 받을 것이다. 하지만 그와 동시에 계획서상의 규모에 못 미치는 투자로는 실현 불가능한 혜택과 운용 가능한 현금이 없을 경우 지연될 시한에 관해서도 분명히 밝혀두기를 잊지 말아야 한다.

만약 프로젝트와 그것의 전달로 이루어질 수 있는 혜택을 기술하고자 한다면 그 혜택과 관련된 기간과 상호의존성에 관해서도 명시해야 한다. 기업이 변화하지 않고는 혜택을 실현할 수 없으며 이점을 고위급 이해관계자들에게 분명히 해두어야 한다. 일정한 역량들이 구비되어야 할 시점과 고객 제안 및 경험이 시장에서 효과를 발휘할 시점을 구체적으로 제시하려면 가치 사례의 요소들을 연결시키는 것이 중요하다.

핀에어의 조해너는 혁신을 위한 사례를 형성하면서 공항 운영 및 거래에서 발생하는 고객 데이터의 도움을 받았다, 그녀의 말이다.

"기업의 사례를 갖는 것이 중요합니다. 금융인들에게는 수치가 필요합니다. 그리고 10년 전에 비해 이렇게 하기가 한결 수월해졌습니다. 과거에는 고객 경험 투자 사례를 입증하기가 훨씬 더 힘들었습니다만 지금 우리에게는 데이터가 있어서 원인과 결과를 보다 정확히 보여줄 수 있습니다. 우리는 행동을 추적할 수 있으며 이는 고객 충성도 판단에 매우 중요합니다. 오늘날 우리는 우리가 고객 경험과 그것이 미칠 영향력의 개선을 원하는 이유와 방식에 관한 일관성 있는 스토리를 전달할 수 있습니다."

기업이 관례적으로 수집하며 이사진이 가치 있게 여기는 운영 데이터를 검토하고, 고객을 위해 획득 가능한 혜택을 이런 운영상의 지표와 어떻게든 연결시킬 방안을 탐구하는 것은 가치 있는 일이다.

기업 전반에 걸친 합의를 지닌다

이해관계자들 사이에 합의와 확신이 있는 경우라면 프로젝트에 방해가 될 만한 것은 거의 없다. 그렇지만 프로젝트의 성취는 왜 다른 사람들이 그것을 가치 있게 보는지에 대한 이해관계자 전원의 이해가 있을 때만 가능한 일이며, 그들은 자신들이 지닌 확실성은 물론이고 그들의 동료 직원으로부터도 그런 확실성을 느낄 필요가 있다. 물론 사람들마다 각기 다른 관점을 지니고 있다. 만약 직원들의 다양한 관점을 이해하고 사례에 반영할 수 있다면 이상적이겠지만 단지 그들에 대한 감사를 표명하는 것만으로도 생산적인 토론이 일어나기에 충분한 경우가 많다.

물론 합의를 발전시키려면 새로운 해법에 대한 연구와 개념화, 그리고 디자인 과정에서부터 사람들을 동참시킴으로써 상이한 관점들이 조기에 철저히 공유되게 하는 것이 가장 이상적이다.

3. 확실한 사례를 어떻게 창출할 것인가

비전에 대한 지지를 얻으려면 그것의 실행을 위한 확실한 사례 개발이 결정적이라는 것은 주지의 사실이다. 당연한 말 같지만 기업의 의사결정이 순전한 직관에 의지해 내려지는 것이 아니며, 이는 곧 확고하고 설득력 있는 제안이 가장 먼저 필요한 도구가 될 것임을 뜻한다. 그렇다면 사례 만드는 일을 어떻게 시작하면 좋을까? 이 문제에 접근하는 방법은 많지만, 공히 함께 일해야 되는 것들이다. 더욱이 거기에는 시큰둥한 반응을 보이는 의사결정권자들에게 그 아이디어를 강조하는 과정이 수반되므로 창의적인 발상과 직관의 지대한 역할이 필요하다.

확실한 사례를 형성하는 방법을 정리하면 다음과 같다.

- 혜택을 분명히 하라.
- 그런 혜택들을 어떻게 실현할 것인지 보여주라.
- 이때 먼저 이론적인 증명부터 들어간다.
- 그 사업을 둘러싼 흥분과 기대가 존재함을 보여준다.
- 고객 집단에 대한 시범운영을 통해 데이터를 모집한다.
- 확실한 계획을 창출한다.

단지 재정적인 것만이 아닌
가장 광범위한 의미에서 그 혜택을 파악하라

비전이 확립되었으니 이제 사례의 전략적 요소를 시작할 차례인데, 이는 말하자면 그 제안이 당초의 목적 달성에 기여할 수 있는 방안을 모색하는 것이다. 사례는 정당성을 부여할 뿐만 아니라 영감을 불어넣을 수 있는 것이어야 하므로 투자 수익률이라는 재정적 요소에 집중하는 것만으로는 충분하지 않다. 그것의 어떤 점이 사람들을 열광케 하는가? 사람들의 지지를 이끌어낼 수 있는 요소는 무엇인가? 그것은 무엇을 고객에게 주어 그들이 다시 찾게 만드는가?

실현하기 시작한 혜택으로 곧장 되돌아가
계획을 추적하라

기업의 니즈가 무엇이든 간에 혜택은 확실하고 합의되어야 하며, 다음으로 최대한 곧장 그 혜택으로 되돌아가서 제안된 서비스 디자인의 물리적(유형적) 요소를 추적할 수 있어야 한다. 이런 '가치의 논리'를 구축할 방안을 간단히 설명하면 다음과 같다.

(1) 유형적인 것들: 우리는 ＿＿ 것들을 디자인하고 활용할 것이다.

(2) 고객 행동의 변화: 이것은 고객(그리고 동료직원)이 ＿＿을 할 수 있고 할 것임을 의미한다.

(3) 결과: 우리는 ＿＿를 통해 이것이 긍정적 영향력을 미침을 알게 될 것이다.

(4) 혜택: 시간이 흐름에 따라 이것은 ＿＿ 지표들을 만들어갈 것이다.

(5) 전략적 스토리: 그 중 어떤 것이 이런 비전의 실현을 향해 기업을 끌고 나갈 것인가?

먼저 프로토타이핑을 통해 해법을 이론적으로 증명하라

상당수 조직에서는 위기관리를 바탕으로 의사결정을 내리는데, 공교롭게도 디자인 씽킹 역시 기업의 의사결정에 도움을 준다. 조직의 확고한 고객중심성과 디자인 중심적 방법은 서비스에서 무엇이 가장 중요한지 보게 해주며, 따라서 본격적인 실행에 앞서 필수적인 것들로 직행해 그 타당성을 증명할 수 있다.

이를 위한 최선책의 하나가 제안된 서비스를 프로토타이핑하는 것이다. 이것은 의사결정권자의 승인을 얻을 수 있는 막강한 방법인데, 이유는 미래의 해법을 현재 시점에서 시험해볼 수 있게 해주기 때문이다. 이는 모든 사람이 단지 종이 위에 적힌 아이디어 상태로는 볼 수 없었던 방식으로 해법을 '보는 것'이 가능함을 의미한다.

우리는 한 영국 이동통신회사와 협업한 적이 있었는데 그들은 소매점에서 예약 서비스를 제공하는 것이 고객에게 도움이 될 것인지 알고 싶어 했다. 우리는 그 기업 본사에 있는 실제 규모와 동일한 모형 매장에서 일주일을 지내며 운영자가 예약 서비스를 조정할 수 있도록 다양한 상황을 시험해보았다. 우리는 매장 직원들이 여기에 참여해 몸소 연기해보고 고객의 역할을 맡아(고객을 가장 잘 아는 사람은 바로 직원이다) 해보는 자리를 만들었다. 우리는 다함께 다양한 상황에서 다양한 가상의 고객과 더불어 역할극을 하면서 종이와 카드를 사용해 디지털 접점을 모형으로 만들어보았다. 이를 통해 우리는 매장에서 고객에게 예약 서비스를 제공하려는 아이디어가 실현가능한지 그리고 매장과는 또 다른 온라인 운영 시 어떤 변화가 필요할지에 대한 감을 잡을 수 있었다. 원칙적으로 디자인된 서비스를 가지고 우리는 예약 운영체계를 위한 기술적 요구사항에 착수했으며, 매장 및 고객센터 직원이 수행해야할 과제를 정의했다.

이러한 노력은 보다 확실한 사례 제작에 많은 도움을 주는데, 왜냐하면 이것을 실행하기에 앞서 이론적인 건전성을 '증명'할 수 있기 때문이다. 그것은 또한 일부 데이터를 생성하기도 함으로써 사례의 수량화에 도움을 준다. 서비스 프로토타이핑을 통해 확신과 합의를 형성할 수 있는데, 이는 핵심 인물들이 조기에 최소의 비용으로 해법에 노출될 수 있었기 때문이다. 이것은 줄줄이 늘어선 주요 결정들로 인해 과열된 분위기를 식혀준다.

그런데 프로토타이핑(앞서 설명한 상황과 같은)과 모의실험이 똑같은 것은 아니다. 프로토타이핑은 훨씬 조기에 시작되며 탐색하는 과정이다. 모의실험은 특정 위치에서 또는 고객이나 직원 집단과 실제상황에서 서비스를 시험해보는 과정을 수반하며, 프로토타이핑에

그림 9.1
공항 끝자락에 있는
격납고에서 공항 보안을
통한 특급 및 고속 경로의
서비스 디자인
프로토타이핑

비해 고위험, 고비용이며, 시장으로 가는 과정의 훨씬 후반부에서 일어난다. 차라리 조기에 실패해보고 아울러 실행을 통해 배워가는 것을 기업들이 갈수록 반기는 추세이므로 프로토타이핑 아이디어가 모든 조건이 완비되어야 하는 모의실험보다 쉽게 받아들여진다고 느껴질 지도 모른다.

직원과 고객이 벌써부터 그 아이디어에 열광하고 있음을 보여주라

사회적 증거는 사례가 고려할 가치가 있는 것임을 의사결정권자에게 확신시키는데 많은 도움이 된다. 일단 비판적인 동료집단이 그 아이디어에 열광하고 해법이 생기면 다른 사람들이 사례에 관심을 갖도록 분위기가 고조될 것이다. 아울러 연구나 프로토타이핑, 또는 애자일agile* 개발을 통해 고객이 기업의 이런 혁신에 큰

* 고객에게 보다 민첩하게 결과물을 전달하고 고객의 피드백에 빠르게 응대하기 위해 반복적인 개발을 거치며 여러 차례 제품을 출시하는 방법-감수자 주

관심을 보인다면 추진력 강화에 도움이 될 것이다.

소집단의 고객을 대상으로 모의실험을 진행하면서
사례 강화를 위한 데이터를 수집하라

현대자동차는 자동차 업계 세계 최고의 서비스를 제공한다는 원대한 야망과 더불어 어떤 새로운 소매 경험과 고객 서비스 모델의 효율성에 관한 진정한 증거를 원했다. 그래서 그들은 그것을 건축했고 시험했다. 아울러 그들은 소규모 지역의 영업점이 아닌 서울의 도산로 부근의 이목이 집중되는 자리에 위치한 고급스런 소매점을 선택했다. 현대차의 이연희는 그 계획을 진척시킴에 있어 모의실험 전달과 데이터 확보의 중요성을 다음과 같이 설명한다.

"현대차와 엔진이 공동으로 개발한 '자부심으로 모시겠습니다'는 고객 서비스 모델은 모터 스튜디오라는 브랜드 경험을 확장시키는데 강력한 동력으로 작용했습니다. 도산로(고급 자동차 소매의 중심지인 서울의 도심 상가지역) 현대모터스튜디오를 개설한 후 그 운영 상황을 공개했습니다. 내부 이해관계자들의 확신은 높아만 갔고 예상보다 훨씬 빨리 진척이 되었습니다. 최초의 모터 스튜디오 소매 모델 매장이 개설된 이후로 우리는 그것을 실험실 삼아 그 모델을 더욱 발전시켜 나가고 있습니다. 도산로 매장을 실험실로 활용하겠다는 열망은 최고경영진으로부터 나온 생각이며, 이는 우리 모두가 동일한 관점과 철학을 공유하고 있다는 사실을 보여줍니다.

자동차 제조업체로서 소프트웨어나 사람을 위한 서비스 부문의 투자유치가 쉬운 일은 아니었습니다. 하지만 우리는 고객에 대한 연구를 바탕으로 한 확고한 디자인 프로세스와 훌륭한 통찰력을 가지고 있었기 때문에 강렬한 비전을 개발함과 더불어 투자가 가져올 영향력을 설명할 수 있었습니다. 우리는 서비스에 이런 탁월한 투자를 함으로써 '자부심으로 모시겠습니다'라는 소매점 직원을 위한 모델을 확립하고 새로운 '멘토' 역할을 개발했는데 그것은 기존의 현대 소매

영업점에서 항상 전달해오던 서비스와는 전혀 차원이 다른 것이었습니다."

우리의 클라이언트 중 세계 최대 공항의 하나를 혁신하려는 목표와 더불어 심지어 그보다 더 크고 새로운 청사를 위한 계획을 가지고 있었던 두바이 공항은 주요 계획을 진행시키기 전에 부서들을 향해 더 많은 것을 열망하는 것의 가치와 더불어 이전과 다른 업무 방식을 설득해야 하는 과제를 안고 있었다. 프랭크는 사례를 형성함에 있어 모의실험 프로젝트의 역할을 다음과 같이 설명한다.

"이런 총체적인 작업이 조직에게는 너무도 새로운 것이었기 때문에 우리는 우리가 만든 사례를 증명할 필요가 있었습니다. 그래서 우리는 모쪼록 우리가 수립한 몇 가지 모의실험 프로젝트가 그 영향력을 입증하고 공항 경험의 핵심 부분에서의 혜택을 인식하게 함은 물론 이전과는 다른 업무방식, 즉 디자인 중심적이고 다차원적인 접근이 요구된다는 사실을 명백히 할 수 있길 바랐습니다. 우리는 보다 향상된 일선의 호스피탈리티 팀을 디자인하고 배치하기 위한 한 개의 모의실험을 비롯해 승객을 위한 정보 제공 개선을 위한 또 하나의 모의실험 계획을 수립했습니다. 우리가 모의실험에 대한 개념을 발전시키고 해법을 디자인하는 동안 우리는 새로운 해법이 승객과 기업을 위해 실현할 수 있는 혜택을 발견했고, 이는 곧 우리가 모의실험을 평가할 수 있는 지표가 되었습니다.

이미 평가 방법이 준비되어 있는 영역에서는 그것을 활용하여 현 상황에서의 기준점으로 확립했습니다. 하지만 일선 호스피탈리티 직원이 승객과 어떻게 상호작용하는지에 관한 '서비스 스타일' 분석을 위한 평가법이 전무하다는 사실을 깨달았습니다. 그래서 우리는 이것 역시 평가의 기본골격을 디자인하고 이를 현 상태의 기준점으로 삼았습니다.

모의실험이 운영되는 동안 우리는 기업이 이미 이해하고 있는 지표를 활용함과 동시에 서비스의 완전한 신제품 발표회를 위한 사례 형성에 필요한 특정 데이터 포인트를 관찰할 수 있었습니다. 두 개의 모의실험 모두 대부분의 영역에서 긍정적 영향력을 보여주었고 전체적인 실행을 위한 청신호를 밝혀주었습니다. 그리고 효과가 없었던 일부 측면들은 중단시켰습니다.

긍정적인 결과들은 승객에 대한 영향력을 입증해주었을 뿐만 아니라 우리가 훈련과 평가를 위해 개발했던 방법론을 긍정적으로 나타내주었습니다. 호스피탈리티 팀 개발의 성공을 위해서는 연구개발, 마케팅 및 브랜딩, 영업, 기업 기술, 운영, 훈련, 그리고 재능 및 개발 팀들의 지속적인 개입을 요구했습니다. 우리는 이런 프로젝트를 통해 새로운 디자인 중심적 업무방식이 지닌 영향력과 필연성을 증명할 수 있었습니다."

상위 단계의 확실한 계획과 실행 접근법을 포함시키라

고위관리자의 확신을 얻어 내려면 그 제안이 실행 가능하다고 느껴져야 한다. 실행을 위한 개략적 계획을 가지고 있다는 사실을 보여주라. 앞서 언급한 바와 같이 프로젝트와 서비스 실행에 있어 잠재적 사안과 위험의 예견은 계획에 신뢰성을 부여해주며, 만약 그 문제와 어떻게 싸워 이길 것인지 보여줄 수 있다면 더욱 그러할 것이다. 최종 목표로부터 여정의 각 단계 별로 일어나야 할 일을 생각하고 아울러 다른 사람들도 이해할 수 있게 그것을 시각적 형태의 도표로 만든다. 이에 대해서는 다음 장에서 보다 상세하게 다루도록 하겠다.

사례의 명확성을 점검할 수 있는 다섯 가지 질문은 다음과 같다.

- **증거**: 고객과 기업에 대한 그것의 가치를 수량화 해본 적이 있는가?
- **실행 가능성**: 이해관계자들이 해법의 구현 가능성을 확신하고 있는가?
- **투자 사례**: 그것이 쌓여 있는가? 기업과 브랜드에 대한 총체적 혜택에 근거한 비용 분석을 해본 적이 있는가?
- **합의**: 모든 사람이 그 사례에 동의하는가? 그리고

내부 팀이 그것을 자신 있게 제시할 수 있는가? 그
리함으로써 다른 이해관계자들에게 영향을 줄 수
있는가?

- **강한 권위**: 사례가 고위급 이해관계자들 사이에서
작용하는 멈춤 없는 탄력을 창출하는가?

4. 주요 시사점
- - - - - - - - - - - - - - - - - -

- 강렬한 비전은 그것이 조직 전반이 직면하게 될
도전에서 살아남으려면 동일하게 강렬한 사례를
필요로 한다. 이것은 그것에 대해 사람들을 열광
시키고 동기 부여할 수 있도록 위대한 스토리를
이야기하고 또 계속해서 그것을 이야기해야 한다
는 것을 의미한다.
- 확실한 사례는 모든 사람이 그 프로젝트에 대해
편안하게 느낄 수 있음을 의미하며, 일단 사람들
의 이해를 얻는다면 마음이 뒤따르지 않는 경우는

거의 없다.

- 사례 개발의 관건은 단지 거기에 드는 비용만이 아닌 그 혜택을 강조하는 것이다. 이것을 구체화시킴으로써 동료직원들이 그 계획을 보고 무엇을 창출하려는 것인지, 그것이 어떻게 고객을 위한 여러 가지 것들을 변화시킬 수 있는지, 그 성과는 무엇으로 나타날지, 그리고 그 혜택이 무엇인지 알 수 있도록 이 모든 것들이 이야기하기 쉬운 하나의 스토리 안에 요약한다.

- 확실한 사례에는 다음과 같은 요소가 포함된다.
  - 이런 혁신이 반드시 일어나야 하는지 반론의 여지가 없는 이유
  - 고객과 기업 모두를 위한 수량화할 수 있는 혜택 (심지어 새로운 연구의 필요성이 생기더라도)
  - 기업이 필요로 하는 종류의 투자 수준을 위한 논리 정연한 사례(이로써 수치자료들이 축적되도록)
  - 계획이 얼마나 실제적인가를 묻는 질문에 대한 대답
  - 현실적인 기간

- 합의 및 핵심적인 사람들이 그 비전에 기여했다
  는 증거
- 확실한 사례를 형성할 수 있는 방법
  - 고객의 세계와 디자인과 혁신을 견인할 그들에
    대한 새로운 통찰력에 대해 생생하게 제시하기
  - 재정적 의미만이 아니라 서비스 디자인의 혜택
    확실히 하기
  - 서비스 디자인의 구체적인 특징, 그것이 실현하
    게 될 구체적인 혜택, 그리고 모두가 함께 한 방
    향을 향해 일하고 있는 비전, 이 모든 것들 사이
    를 서로 연결시키기
  - 리디자인의 영향력을 측정할 방법 확립하기
  - 제안된 서비스의 실행 가능성을 전체적으로 또는
    부분적으로 증명하기 위해 프로토타이핑과 모의
    실험하기(이 역시 차라리 조기에 실패해보고 그것을
    행함을 통해 배우기
  - 벌써부터 다른 사람들이 그 아이디어에 대해 열
    광하고 있다는 사회적 증거를 보여주기

서비스를 구축할
준비를 갖추어라

만약 어떤 사람이 자기 집 아래층에는 널찍한 거실을, 그리고 위층에는 여분의 침실을 갖추도록 확장공사를 계획하고 있다고 하자. 아마 멋진 집이 탄생할 것이다. 얼른 시작하고픈 마음에 그는 완성된 집의 모습이 어떨 것인지 종이 한 장에 밑그림을 그려본다. 다음으로 그는 어디에 무엇이 들어갈지 볼 수 있도록 다른 부분들도 표시를 할 것이다. 이보다 더 명확할 수는 없다. 여기서 잘못될 게 뭐가 있겠는가?

물론 문제는 수두룩하다. 실제로 그 사람은 시공자

가 자신이 들고 온 대략적인 밑그림만 가지고 그것을 정확히 해석하여 자신이 꿈꾸는 그대로의 주택 확장 공사를 해주리라고는 꿈에도 기대하지 않을 것이다. 만약 그렇게 한다면 그 과정에서 시공자는 필시 상당 부분 그 사람의 비전과 맞지 않는 추정들을 하게 될 것이다. 예를 들어 창문의 크기를 잘못 해석하거나 경치 좋은 아치형 입구를 문짝으로 둔갑시킬 수도 있다. 마찬가지로, 그가 시공자에게 어떤 식으로 공사를 해주기 원하는지, 그리고 어떤 요소가 진정 자신에게 중요한지 정확히 알려주지 않았으므로 시공자는 단가가 낮은 자재를 쓰고 싶은 유혹을 느낄 수도 있다.

　새로운 서비스를 디자인하는 일도 이와 똑같다. 비전의 승인과 기업의 실제적인 제약 내에서 그것을 활용하는 일 사이에는 수많은 일들이 일어나야 한다. 이것은 깎여져 나갈 위험을 무릅쓰고 '디자인해 넣는' 가치를 부여한다. 과정 내내 수많은 팀의 참여와 수많은 결정이 수반될 것이므로 이 시점에서 서비스 디자이너의 역할은 서비스와 경험에 대한 비전을 실현하는 데 필요한 역량을 명확하게 설명할 수 있는 세부적인 디자인으로 전환시키도록 돕는 것이다. 어떤 구체적인 특징과 질이 성공적인 솔루션을 만들 것인가에 대해 모두가 분명히 인식해야 한다.

주택 확장 계획의 예로 되돌아가서 현명한 사람이라면 밑그림을 그대로 시공자에게 넘겨주기보다는 건축가를 고용해서 타당한 계획을 구상하게 하는 편이 보다 현명한 행보일 것이다. 그 설계도는 공사에 필요한 자재와 치수는 물론 공사가 어떻게 진행될 것인지를 명시한 지극히 세부적인 것이 될 것이다. 결국 이것은 막대한 자금이 투자되는 프로젝트로서 완공 시 멋진 집을 선사해줄 것이다.

건축가의 설계도가 다른 사람의 드로잉과 다른 점은 무엇일까? 그것은 간단하다. 설계도는 확장된 집을 건축할 준비를 갖추고 있다. 건축가는 시공자의 자의적 해석에 모든 걸 맡기지 않고 어림짐작을 배제시킴으로써 결국 당초 비전에 최대한 근접하도록 맞추어진 결과를 얻게 만들며 그것은 결코 무너지지 않을 것이다. 이와 동일하게 새로운 서비스와 고객 경험을 위한 계획도 청사진 내지는 서비스가 어떻게 운영될 것인지에 대한 일련의 세부적인 기술서의 형태로 그려져야 한다. 이것이 실행 팀의 행동지침 역할을 제대로 하려면 충분한 정의와 깊이를 지녀야 하며, 확실한 사례 개발과정에서 파악된 실제적 문제점에 대해 최소한의 부분적인 해결책이라도 보여 줄 수 있어야 한다. 아울러 그것은 계획에서 결코 타협할 수 없는 가장 중요한 요소를 강조해야 한다. 서비스 청사진은 계획을 일급 아이디어의 집합체가 아닌 서비스 디자인 패키지로 전환시켜준다.

이번 장에서 우리는 고객을 위해 상상한 솔수션을 '구축할 준비가 된' 것으로 만드는 데 필요한 중요한 예비 필요한 중요한 준비단계를 살펴보도록 하겠다. 무엇이 필요하며 정확히 무엇이 성공적인 솔루션의 실행을 가능케 하는지, 그리고 세부사항이 '전환과정에서 길을 잃고 헤맬 소지가 있는' 위험을 기술하는 데 시간을 투자하는 것이 왜 중요한지를 살펴볼 것이다. 우리는 '디자인 패키지'라는 개념을 도입할 텐데, 이것은 디자인에 대한 통제권을 부여하고 '디자인 의도'를 소통하도록 도와주며, 진행에 필요한 의사결정과 평가의 참고자료로 사용되는 일련의 문서들이다.

1. 구축할 준비를 갖춘 사양서와 계획의 창출이 중요한 이유

왜 계획이 반드시 구체적이고 명확해야 하는지 네 가지 중요한 이유가 있다. 구축할 준비가 된 계획은 다음과 같은 것을 말한다.

- 프로젝트와 그 결과물인 성공적인 서비스를 구성하는 미세한 요소를 놓치는 우를 피한다.
- 더 이상 진행 중 어느 시점에서 끔찍스러운 놀라움과 맞닥뜨리지 않을 것이다.
- 의사결정권자가 타협을 요구할 가능성이 줄어든다.
- 디자인 기간의 완료 시점이 명백하다.

일단 디자인이 승인을 받고 나면
혁신의 과정에서 상당부분을 잃을 수 있다

모든 서비스의 성공에 큰 일익을 담당하는 것은 주로 미세한 것들이며 그 전달에 관여하는 현실이 분명해지게 되면 이런 것들을 잃어버릴 수 있다. 이것은 실행팀이 당초 의도대로 그것을 체계적이고 조직화된 방식으로 전달할 수 있게 하려면 디자인 패키지에 세부사항이 포함되어야 함을 의미한다.

아울러 구축할 준비가 된 청사진은 뒤이어 전개될 프로세스에 책임의식을 심어준다. 예를 들어 만약 6개월 전에 실시한 고객 연구를 통해 새로운 서비스의 특정 요소가 결정적이라는 사실이 발견되면 그것이 실행상의 어려움을 확증하는 듯 보이기 시작해도 그것을 배제시키고픈 유혹을 없애준다. 대신에 디자인 경위서와 더불어 무엇이 그 프로젝트와 디자인된 서비스를 성공적인 것으로 만들 것인지 모든 사람이 이해할 수 있으며, 이는 만약 그들이 동의하지 않거나 실행하지 않기로 선택한다면 강력한 대항적인 사례를 필요로 하게 될 것을 의미한다. 목표는 무엇일까? 고객 경험 혁신이 실행자들에 의해 심하게 절충되는 일 없이 고스란히 시장에 이르도록 하는 것이다.

실행을 앞두고 기술적이고 운영적인 도전에
직면했을 때 당황하게 되는 끔찍한 사태를 없애준다

앞장에서 언급했듯이 프로토타이핑을 통해 최대한 빨리 디자인을 구체화시키는 작업은 기술 및 운영상의 잠재적인 도전을 조기에 드러내준다. 이는 관련 있는 업무 흐름이 너무 늦기 전에 대안적인 해법을 탐구할 수 있다는 의미다. 절대 피하고 싶은 것 중의 하나가 실행기에 운영적인 문제가 튀어나오는 것일 텐데, 이는 지체를 가져오며 프로젝트 진행에 관한 한 잠재적인 장애 요인이다.

고위급 의사결정자가 타협 가능성에 대한 암시를
명확히 하는 것이 도움이 된다

조직의 지도자는 혁신을 위한 제안이 디자인에 미치는 영향을 평가할 수 있어야 하며, 이를 위해 그런 혁신이 고객과 현재 실현하고자 하는 혜택에 어떻게 영향을 미칠 것인지 이해해야 한다.

　예의 시공자의 비유로 되돌아가서 건축가의 설계도가 아름다운 경관을 조망할 수 있는 전망창을 명시하고 있다고 치자. 이 전망창은 확장 공사를 특별하고 특이한 것으로 만들어주는 것으로서 프로젝트의 성패가 걸린 관건이다. 그런데 막상 예상 공사비용을 보니 이 창문이 생각보다 훨씬 단가가 높은 것으로 드러났다. 따라서 그 사람은 이제 결정을 내려야 한다. 그럼에도 불구하고 예정대로 밀어붙일 것인가(그렇게 되면 아마도 다른 부분의 경비를 삭감해야 할 것이다), 아니면 그것 대신 일반 창문을 설치해 침실의 가치를 돋보이게 만들어 줄 요소를 포기할 것인가? 세부적인 설계도와 공사비 견적서가 없었더라면 그는 문제가 있다는 사실을 몰랐을 것이다. 그것들을 통해 그는 어떤 길을 택할 것인지에 관한 전체적인 의미를 볼 수 있다. 결론적으로 그는 자신이 타협할 것과 타협해서는 안 될 것을 스스로 정할 수 있게 되는 것이다.

그것은 '그 디자인'에 대한 소유권이 프로젝트 팀으로부터 그것을 실행할 팀으로 옮겨가는 중요한 전환을 표시한다

서비스 디자인을 구축할 준비가 된 것으로 간주되는 시점이 언제인지는 서비스의 특성과 현재 전달 중인 서비스와의 간극의 정도에 달려있다. 그 순간을 찾는 한 가지 방법은 실행이나 서비스 전달 팀이 기업 측에 명확성을 요구하는 질문을 멈추고 대신 디자인과 전달에 관한 세부사항을 묻기 시작하는 때가 언제인지를 살피는 것이다. 이 시점에서 적어도 감정적으로는 그들이 그 프로젝트를 소유하기 시작하고 있는 것이다.

대부분 기업에서는 운영 팀이 동원에 헌신적으로 임하게 되는 때를 이 시점으로 본다. 누가 그 단계를 책임질 것인가는 프로젝트 별로 다양하다. 예를 들어 만약 새로운 웹사이트를 구축하는 중이라면 '구축할 준비가 된' 시점이 시간적으로 항상 분명한 순간은 아닌데, 그 이유는 디자인과 구축이 동시에 진행될 가능성이 크기 때문이다. 하지만 만약 고객 관리의 다양한 부분을 포함하는 새로운 서비스를 실행하고 있는 중이라면 명확하게 표현된 프로그램이 전달 담당 팀에게 건네지게 될 보다 명백한 순간이 있을 것이다. 디자인 패키지의 승인은 인력과 계획이 움직일 만반의 준비가 된 순간을 암시한다.

2. 구축할 준비를 갖춘 디자인 패키지를 어떻게 만들 것인가

디자인 패키지design package란 디자인된 서비스와 경험을 설명하는 문서와 커뮤니케이션의 모음집이며, 각 팀이 프로세스의 다음 단계에서 자신들이 해야 할 일을 이

해하게 해준다. 그것은 일회성 항목이 아니며 계획이
보다 구체화됨에 따라 더 발전시켜나갈 수 있다.

디자인 패키지가 명시할 수 있는 몇 가지 사항들을
살펴보도록 하자.

- 고객을 위해 구현하고자 하는 바와 그들의 니즈와
  기업의 전략적 요인을 연결시켜주는 기술과 사례
  를 갖춘 비전
- 서비스를 위한 고객에 대한 설명과 그들이 필요로
  하는 증거, 제안에 대해 그들이 가치 있게 생각하
  는 것
- 서비스가 뒷받침하는 다양한 고객 여정에 대한
  기술
- 고객의 위해 무엇이 잘못 될 수 있는지 그리고 이
  런 가능성을 제거 또는 상당부분 감소시킬 방안에
  대한 접근에 대한 기술
- 고객의 부정적 경험을 긍정적인 것으로 전환시킬
  수 있는 방안에 대한 기술
- 서비스의 기념비적인 순간을 정의하고 강조하는

것

- 앞으로 갖춰야 할 역량에 대한 명확한 설명

- 각 단계 별로 어떻게 전달할 것인지에 관한 계획

- 외부 제휴업체의 적시 참여를 분명히 하는 계획

- 새로운 서비스와 경험에 대한 모의실험 계획

- 본격적인 마케팅 시험 실행을 위한 계획

- 평가를 위한 접근법

서비스와 경험 디자인 패키지는 실행되기 전의 디자인 솔루션을 기술한 일종의 문서('디자인 자산'이라고도 말할 수 있는) 모음집이다. 이것은 그것이 일어나는 데 참여하는 모든 사람들이 무엇이 만들어져야 하며, 그리고 중요한 것은 무엇보다도 의도된 혜택을 실현할 수 있게 해주는 디자인의 특징과 질이 무엇인지 안다는 의미다.

무엇이 디자인 패키지에 반드시 포함되어져야 하는지에 관해 정해진 규칙이 있는 것은 아닌데, 프로젝트와 서비스와 조직이 각각 다르기 때문이다. 디지털에 역점을 두고 전달하는 디지털 중심성이 강한 서비스와 경험이라면 기술문서를 필요로 할 것이며, 사례나 사용자 스토리, 핵심 상호작용이나 서비스 특징을 소통함으로써 디지털 디자이너가 디지털 제품이 갖춰야 할 기능성을 정의하기 위해서는 어떠한 사고가 필요한지 이해하는 방편의 일환으로 주요 화면과 흐름에 대한 시각화를 사용할 것이다. 반면 서비스와 경험을 위한 디자인 패키지는 디지털 경로보다는 사람들 통해 더 많이 구현되므로 직원모집, 훈련, 코칭에 대한 정보를 담은 직원의 역할과 태도를 기술하는 것이 필요하다. 이런 패키지는 일선 직원이 계획한 바대로 행동할 수 있는 역량과 정책을 기술해야 한다. 아울러 고객 운영 팀이 과거와 어떻게 다르게 운영해야 하는지 분명히 할 필요가 있다.

몇 개의 경로를 함께 연결해주는 서비스와 경험을 위한 디자인 패키지는 이 모든 것과 더불어 예를 들어 사양서 또는 물리적 공간, 고객과의 커뮤니케이션, 평가를 위한 접근법 등을 위한 최소한의 요구를 필요로 할 수도 있다. 우리가 디자인 콘셉트 설정 단계에서 디자인하고 만드는 단계로의 전환에 따른 클라이언트의 의사결정, 실행 및 서비스 전달 팀 동원을 돕기 위해 우리가 개발하고 사용한 몇 가지 가장 흔하고 유용한 자산의 목록과 설명을 아래에 써놓았다. 이밖에도 많은 것들이 있지만 우리가 가장 많이 사용했던 다섯 가지만 선정해보았다.

  (1) 서비스 비전 휠
  (2) 경험의 콘셉트
  (3) 미래의 고객 여정
  (4) 서비스 청사진
  (5) 서비스 일람표

3. 서비스 비전 휠 Service Vision Wheel

서비스와 경험을 리디자인하는 일은 거대한 투자와 헌신처럼 느껴질 수 있다. 그러므로 프로젝트 초기에 고위관리자들이 고객을 위해 창출하고자 하는 목표를 반영한 큰 중심 개념을 붙들고 이해할 수 있도록 가시적이고 상징적인 순간을 창출하는 것이 중요하다. 그리하여 상급자로 하여금 다음 단계로 나아가는 것을 승인하고 서명하도록 하는 것이 핵심이다. 우리 클라이언트들은 대부분 자사의 비전이나 운영원칙을 규정해주는 선언서를 가지고 있어서 이런 선언서도 신중한 고려와 절충의 대상이다. 하지만 대신에 우리가 성취하고자 노력하는 바를 소위 서비스 비전 휠을 이용해 설명함으로써 이해를 돕는 것이 중요하다.

우리는 새로운 서비스 개발 프로젝트에서 조사하고 상상하는 단계의 끝을 항상 비전 휠을 그리는 것으로 마무리 짓는다. 프로젝트를 향한 다양한 투입에 부응하는 기술을 기록한 그 휠은 흔히 고객 연구 수치를 포함하는 것으로서 우리가 창출하려는 서비스와 경험의 진수 내지는 유전인자를 단어와 이미지로 설명한다.

그림 10.1은 이 휠이 어떻게 조립되는지 보여준다. 거기에 포함되는 내용을 다음과 같이 중심에서 바깥의 순으로 살펴보도록 하자.

- 고객의 삶에서 기업이 수행하기 원하는 역할 또는 고객이 누리기 원하는 주요한 혜택을 압축한 큰 중심 개념
- 이런 중심 개념의 수량화를 입증하고 보조할 일련의 기술, 하지만 조직적인 목적이 아닌 고객을 위해 쓰인 것이어야 함
- 중심 개념의 증거점이 될 일련의 차별화된 제공이나 특징 및 경험. 그 중 일부는 반드시 '보증마크'로 인식되어야 할뿐더러 타협의 대상이 되어서도 아니 된다.

이것은 고려되어야 할 각기 다른 요소들 모두를 한눈에 보여준다. 우리가 어떤 조직의 브랜드화된 서비스 창출을 도울 때 우리는 그것을 밑바닥에서 시작해 점차 위로 올라가는 식으로 재구축해나가며 그 과정에서 서비스 제안을 반영시킨다. 크게 남다르지는 않지만 그래도 필요한 증거점과 다른 요소는 그것의 전달을 조직하고 관리하는 과정에서 경험 포트폴리오(3장 참조)를 충족시킬 수 있어야 한다.

그림 10.1 비전 휠은 기업을 위한 타깃 서비스 제안을 기술한 것으로, 이 것은 서비스를 위한 비전이며 그것을 실현하기 위해 만들어 져야 할 것들을 기술한다. 또한 비전 휠은 기업의 핵심 인사가 여정의 방향성에 대해 승인할 필요가 있는 중대한 시점에 등 장해 차후에 있을 디자인과 전달의 모든 과정을 위한 기준점 으로 남는다.

우리가 레일 딜리버리 그룹의 크리스핀에게 비전 휠 을 제작할 당시의 회고담을 요청하자 그는 다음과 같 이 말했다.

"우리 회사의 비전 휠은 방대한 양의 세부사항을 아주 명확하고 간명하며 흥미로운 방식으로 전달해줍니다. 내가 그것을 특히 좋아하는 이유는 기업의 사례제출 이전에 고위급 이해관계자들을 동참시키는데 큰 일조를 했기 때문입니다. 모든 걸 종이 한 장에 담은 그 휠 덕분에 그 아이디어를 소화하기까지 2분이면 족했습니다. 휠의 중앙에는 비전이 자리 잡고 있으며, 우리가 창출하고자 하는 서비스를 설명하는 여러 가지 기술이 그 주위를 둘러싸고 있습니다. 그 바깥으로는 서비스 전달의 구체적 요소라 할 수 있는 선택된 고객 제안이 둘러싸고 있습니다. 간단하지요. 그것은 우리에게 설명할 필요가 없는 독립형 제품을 제공합니다."

비전 휠은 핵심 제안 주변에 소수의 고객 경험 원칙을 포함하고 있어서 이것이 큰 개념을 특징짓는 데 도움을 주며 실제적인 해법에 대한 영감의 원천과 타당성 결정의 참고자료로 사용된다. 유럽의 에너지 회사인 E.ON은 현재 그 기업의 전체 시장에서 사용되는 단일한 집합의 서비스와 경험 디자인 원칙을 정의하고 합의했다. 고객을 위한 디자인에 관한 한 그 원칙은 통상적으로 사고에 영감을 불어넣고 계획과 결정의 타당성을 점검하기 위해 사용된다. 다음은 키이스 플레처의 설명이다.

"고객 경험의 원칙은 '아름답게 디자인되다'는 말이 기업과 고객에게 의미하는 바가 무엇인지 정의해줍니다. 우리는 원칙을 무시하는 계획은 조직에게 옳지 않다는 느낌을 준다는 사실을 알았습니다. 이런 문화적 변동을 관찰한다는 것은 멋진 일이며 그것이 우리 디지털 투자의 상당부분을 형성하고 있습니다. 단순성, 정통성, 협동성, 창의성을 표방하는 우리 브랜드 특성은 날이 갈수록 강해지고 있으며, 그 핵심에 있는 두 가지가 서비스 디자인과 사용자 경험 디자인입니다.

고객 경험 원칙을 디자인하는 것은 고객과 조직의 관점에서 볼 때 유의미하게 보다 강력해진 결과를 낳았습니다. '고객의 말로 이야기하며, 고객이 말할 일이 없게 한다'는 E.ON의 원칙은 기업의 복잡성을 상당부분 해소해주었습니다. 예를 들어 스웨덴 지사의 고객 접촉 갱신 시점이 다가왔을 때 그들에게 다수의 복합적인 관세 선택을 고려해보라고 요청해놓고는 우리는 그것을 단 두개로, 그마저도 단순하게 줄여버렸습니다. 그때의 관세체계 단순화 경험은 우리로 하여금 또 다른 원칙을 갖게 만들었습니다. '고객은 전문가일 필요가 없다. 우리가 전문가니까.' 우리는 재생 가능한 에너지 관세를 명확하게 제시할 수 있었으며 풍력 발전 세대에 대한 E.ON의 투자를 촉진할 수 있었습니다."

비전 휠을 제작하고 승인하는 일은 형성적인 통찰력, 전략적 목표, 그리고 초기에 탐구했던 기타 요인들이 다음 단계의 아이디어 창출과 경험 디자인을 위한 분명한 방향성 가운데 이해되고 반영되었다는 확신을 프로젝트 팀과 이해관계자들에게 부여해준다. 만약 이 작업을 잘 수행한다면 이해관계자들은 이 비전 휠을 자신들이 이끌고자 했던 바로 그런 서비스 개발을 종이 한 장에 온전히 담아낸 것으로 바라보게 될 것이다. 탁월한 비전 휠은 경험의 콘셉트(바로 아래에 나온다) 개발을 향한 위대한 출발점이 된다.

4. 경험의 콘셉트 Concept of Experience

우리가 말하는 '경험의 콘셉트'란 미래의 고객 여정 전 단계를 시각적으로 묘사한 것으로서 주요 영역들을 향해 관심을 끌어 모으는 역할을 하며, 이들은 그 개선이 미칠 수 있는 영향력으로 인해 핵심영역으로 정의된다. 그것이 등장하는 시기는 초기 단계이며 불가피하게 개념적일 수밖에 없는 문서가 그래도 중요한 이유는 고위경영자들과 긴밀한 유대를 위해서이다. 그들이 이런 초기 핵심 영역들에 그들을 만족시키고 또한 그들로 하여금 그것이 어떻게 이루어질까하며 기대감을 갖게 만들어야 하기 때문이다. 두바이 공항의 헬렌은 기업에 의해 준비되고 승인된 경험의 콘셉트를 갖는 것이 고객 경험 계획에 미치는 영향력에 대해 다음과 같이 말했다.

"소위 '경험의 콘셉트'라는 경험을 위한 비전의 커뮤니케이션은 우리가 만들고자하는 것을 분명하게 소통하는 타깃 고객 여정을 포함한 다른 자산들과 더불어 우리 모두가 노력을 집중시켜 보다 빨리 움직일 수 있음을 의미합니다. 이 작업이 완성되고 자산들이 준비되자 5년에 걸쳐 행했던 것을 3개월이라는 보다 빠른 시간에 해치운 듯한 느낌이었습니다. 우리는 내부적 그리고 외부 기업 파트너에게 설명될 수 있는 고객 경험을 위한 세부적인 비전이라는 걸 처음으로 가져보았습니다. 이것은 고객 경험 개선은 물론 과거 힘들었던 투자에 대한 대화를 훨씬 쉽게 만들었습니다.

내부적으로는 우선순위와 실행 경로를 알았으며 이미 계획에 들어 있는 효율성과 작업 영향력을 개선할 수 있었습니다.

우리는 각각의 제품과 서비스 요소가 어떻게 작동할 것인지 정리하고 또한 콘셉트가 현실이 되기 위한 선결요건과 의존성의 개요를 서술한 '제품 콘셉트'를 개발하면서 보다 빨리 더 높은 수준의 세부사항으로 나아갈 수 있었습니다. 이것은 부서 전반에 걸쳐 효과적이고 단계적인 실행 계획을 제공해주었습니다.

그 마지막에 위치한 비전과 더불어 이런 계획을 가지는 것은 우리가 기업 전반은 물론 제휴업체들과도 조율할 수 있으며 고객들과 함께 하는 일부 빠른 결과를 가져다 줄 수 있는 '영웅' 프로젝트에 합의할 수 있음을 의미합니다. 그리고 우리는 NPS 상의 운영 및 상업적인 지표 면에서 긍정적 결과를 보고 있습니다."

경험의 콘셉트에서 설명된 여정의 단계는 '출발점'과 '도착점'에 대한 기술을 포함할 수 있으며, 그것은 현재 고객의 경험과 장차 고객에게 어떤 경험이 되었으면 하고 우리가 바라는 것 간의 차이점을 서술한다. 고객과 동료 연구로부터 나온 데이터와 통찰력은 왜 이런 영역들이 핵심이 되어야 하는지 보여주는 자료로 활용된다. 우리는 종종 이런 높은 수준의 여정 지도 위에 두 개의 '감정의 선'을 그려 넣곤 하는데, 첫 번째 선은 현 고객의 감정적인 기복을 추적하는 것이며, 두 번째 선은 파악된 콘셉트의 실행을 통해 우리가 경험을 어디까지 옮길 수 있다고 생각하는지, 그 지점을 보여준다.

경험의 콘셉트는 초기 단계에서 등장하며 그것은 본질상 개념적이다. 그것은 디자인 패키지의 일부분이라고 할 수 있는데, 왜냐하면 그것이 디자인 또는 리디자인할 중요 핵심 영역에 관한 일련의 초기 결정을 대표하기 때문이다. 만약 이런 표현도 괜찮다면 그것을 기업 경험 디자인의 핵심에 관한 고위간부용 시각적 요약이라고도 말할 수 있다. 타깃 고객 여정(아래 내용을 참조하라)은 더 큰, 단계별 세부사항을 제공한다.

5. 타깃 고객 여정 Target Customer Journey

종종 우리는 새롭고 개선된 다양한 특성과 운영상의 경로, 그리고 서비스의 일부로 포함된 제품이 어떻게 고객의 최대 가치와 기업의 최대 이익을 위해 결합될 수 있는지 보여주어야 한다. 설령 디자인 중인 서비스가 무엇을 제공하며 무엇을 할 것인지 알아냈다 해도 반드시 고객이 그것을 어떻게 경험할 것인지를 정확하게 기술한 후에야 그것이 어떻게 작동되어야 하는지 이해하기 시작할 것이다.

고객 여정 지도는 고객의 관점에서 본 고객 경험 전반을 표시한 도면으로서 계획된 서비스의 모든 요소가 고객이 그것을 경험하는 동안 어떻게 하나로 합쳐지는지 보여준다. 특히 타깃(현재 혹은 미래의 목표) 고객 여정 지도는 고객이 각각의 시기와 단계에서 어떤 경험을 하게 될지 서술한다. 만약 잘 만든 고객 여정 지도 하나를 가지게 되면 현재 디자인 중인 경험이 동료직원이 이해하기 쉽도록 훨씬 더 구체적으로 다가오기 시작할 것이다. 그것은 매우 시각적이고 실용적인 문서로서 고객 경험을 제대로 정의하지도 못하는 요구서류를 무미건조하게 만들 대안을 제공한다. 타깃 고객 여정을 가지고 고객이 하게 될 경험을 전반적으로 설명하기도 하고 또 중요 사항을 강조할 수 있다. 그렇게 하면서 반드시 가치 있는 의견을 듣되 먼저 고객이 가장 중요시하는 가치에 관한 대화에 초점을 맞추어야 함을 명심하라. 이것을 제대로 이해시킨다면 실행의

그림 10.2 경험의 콘셉트는 높은 수준의 한 장 분량의 요약으로 이해당사자들이 경험에 필요한 근본적인 전환을 신속히 파악하고 지지 또는 재구성할 수 있게 해준다. 그것은 고객에게 가장 중요한 것이 무엇인지 그리고 기업이 어떤 영역에 중점을 두어야 할 지에 관한 토론과 결정에 정보를 제공하는 유용한 틀이다.

시기	나를 끌어당기고 환영한다			내게 서비스한다			나를 대우한다			나를 지지한다		
단계	인식	구매	동참	설명	재배치	인정적 유지	고충	처치	불만	복구	평가	상황관리
'출발점' '도착점' 서술	정보 부족→감동적이고 매력적인 제의	거래적인 경험→감정적 연결 형성	인식 미비→따뜻한 환영	혼동과 복잡함→자세한 안내와 간단함	불안과 불확실성→자신감과 지지감	개입 부족→적극적인 조언과 비결	암담한 상태→초년선이 경정을 위한 역량강화	하나를 두루 적용시키는 방식→개별 맞춤형 처치	복잡한 과정→상담원과 이대화	일관성 없음→일관성 있고 매끄러운 진행	정점인 계획→삶과 더불어 진화하는 계획	버림받은 느낌→전정인 지지감
타깃 경험의 기술												

타깃의 감정 곡선 / 현 상태의 감정 곡선

그림 10.3 타깃 고객 여정 지도Target Customer Journey Map란 고객의 관점에서 본 제안된 고객 경험 전반을 나타낸 것이다. 그것은 계획된 서비스의 전 요소가 어떻게 고객이 하나로 합쳐지는지 그래서 고객이 장차 그것을 경험하게 될 것인지 보여준다. 고객 여정 지도는 각기 상이한 기업 영역에 따라 여러 가지 형태가 사용되는데, 마케팅과 디지털 디자인으로부터 시작해 기업 프로세스 재설계에 이르기까지 다양하다. 아래에 허구적인 버몬제이 헬스케어 인터내셔널을 위한 타깃 고객 여정 지도 중 가상의 부문을 예시로 들었다.

여정의 단계	나의 관심을 끌고 나를 환영한다		
단계	인식	구매	참여
타깃 고객 스토리			
핵심 콘셉트			
보조 콘셉트			
조력자			

세부사항은 향후 '청사진 작업'을 통해 개발할 수 있다.

6. 서비스 청사진 Service Blueprint

일관성과 협동성은 탁월한 제안과 경험의 전달에 필수적이며, 여러 경로와 팀들이 함께 일할 때에 특히 더 그러하다. 무엇이 요구되는지에 대한 하나의 그림이 없으면 각각의 전달 영역마다 목표 디자인을 서로 다르게 해석하거나 로드맵에 이미 존재하던 요소들만 구현할 위험이 있다. 고객에게 탁월한 경험을 제공하고자 이미 디자인된 것을 운영체제와 팀을 위한 새로운 요구에 맞게 전환시키는 것, 바로 그것이 서비스 청사진의 역할이다.

서비스 청사진의 역사는 1980년대 초반으로 거슬러 올라간다(쇼스탁, 1984년). 그것은 현대의 서비스 운영을 고객의 관점에서 이해하는 분석적 도구 내지는 목표 디자인을 커뮤니케이션하기 위한 도식적 접근으로 사용된다. 서비스 청사진은 실행 및 전달 팀에게 변화되고 형성되어져야 할 것이 무엇인지 이해하도록 돕는다. 변화의 요구는 다기능 워크숍에서 다른 방법을 통해서가 아닌 바로 목표(타깃) 경험에 근거하여 협력적으로 개발된다.

서비스 청사진은 타깃 고객 여정(앞의 내용을 참조하라)의 서술을 확장함으로써 '장차 목표로 하는' 고객 여정의 각 단계 별로 인력, 프로세스, 체계, 그리고 데이터 면에서 정확히 필요한 것이 무엇인지를 규정한다. 서비스 청사진은 고객 여정의 지점에서 측정 가능 사항과 측정 필수 사항을 규정하기 위해 사용되기도 한다.

레일 딜리버리 그룹의 크리스핀은 서비스 청사진이 어떻게 그들이 세부적인 요구사항을 규정하고 파악하는데 도움을 주었는지 다음과 같이 설명한다.

"'악마는 항상 사소한 것에 있다'는 말처럼 기업이 혁신의 닻을 올린다 싶으면 여지없이 악마가 그 모습을 드러내곤 합니다. 영국의 철도 산업은 실로 복잡한 생태계이며 현재 계획에 있는 것들의 상당부분이 고객

센터의 경우처럼 운영자들에 의해 전달되는데, 비록 동일한 업체의 일부라 할지언정 그들은 분리된 기업 단위들입니다. 서비스 청사진은 팀 전체가 우리가 함께 디자인했던 제안을 뒷받침하는 모든 세부사항과 단계들을 이해하는 데 도움을 주었습니다. 혁신 계획은 변화를 계획하고 실행하는 것뿐만이 아니라 중요한 혁신에 직면하여 사람들을 안심시키는데 도움을 주었습니다. 서비스 청사진과 혁신 계획은 명확성을 가져다주며 조직 전반에 걸쳐 서로 협력하도록 도와주었습니다."

청사진 작업을 통해 개발된 혁신의 요건이 일단 창출되면 그것을 분류하고 정리한 서비스 일람표(아래를 참조하라)를 만들 수 있으며 고객 경험 로드맵과 전달 프로그램의 정보 자료로 사용된다. 런던 교통국 서맨사의 설명이다.

"우리에게 진정 중요했던 것은 대규모 투자 순환의 외부에서 아무리 근소하다고 할지라도 지속적인 고객 개선의 가시적인 '점적'을 보여줄 수 있었다는 것이었습니다. 또한 전반적인 브랜드 인식의 전환을 위해서는 고객이 정기적인 서비스 개선을 알리는 메시지에 노출되어야만 합니다. 서비스 디자인 계획의 일환으로서의 서비스 '청사진 작업' 프로세스와 고객 경험의 발전에 대한 '로드맵 작업'은 고객 경험에 대한 정기적이고 점진적인 개선 방안뿐만 아니라 유용하게도 이런 변화의 총합이 고객과의 관계를 위한 새롭고 신뢰성 있는 마케팅 메시지를 제공하는 지점을 찾게 만듭니다."

만약 제대로만 된다면 서비스 청사진은 기업이 만들어야 할 대상으로 고려해야 할 것이 무엇인지 나타내주는 작업 문서로서 인정받게 될 것이다. 보다 심층적인 세부사항을 확보하고 추가하기 위해 이것을 고객 여정 또는 제품 관리자와 실행 팀에게 넘겨줄 수 있다. 청사진은 디자인을 계획과 제작으로 전환시키는 역할을 위한 참고자료와 관리문서가 된다.

7. 서비스 일람표 Service Flatplan

일단 여정 디자인, 청사진 제작, 그리고 기타 활동들이 완료되면 혁신, 제작, 구매, 제휴업체 등등 서비스 비전의 실행을 위해 할 일이 태산이라는 깨달음이 온다. 그 다음 단계는 이런 모든 요구를 타당하게 만들고 이미 준비된 역량에 대한 분석을 시작해야 한다. 서비스 일람표 작성은 팀원들이 서비스 디자인을 한 장의 요약으로 제안된 것으로 이해하는 데 도움을 줄 것이다. 그것은 모든 사람이 서비스의 주요 제시와 접점이 무엇인지 그리고 기존에 존재하거나 디자인된 것을 전달하기 위해 개발해야 하는 조력자enabler를 분명히 해준다.

서비스 일람표는 몇 개의 칸들이 모여 한 행을 이루고 그것이 여러 행 배치되어 있는 것이다. 일반적으로 도식의 맨 위에는 핵심 제안과 서비스와의 접점을 요약한다. 다음 행은 운영 체제의 주요 요소를 요약하는데 이는 다시 거시 또는 미시로 분리될 수 있다. 최근의 일람표는 운영체제와 대고객 서비스의 개발과 운영에 요구되는 조직적인 역량을 규정한다.

그림 10.4 허구의 회사인 버몬제이 헬스케어 인터내셔널을 위한 서비스 청사진에서 도출된 가상의 일람표 구분. 타깃 고객의 여정은 맨 위에 요약된 '고객 경험 요건'이라고 적힌 부분이다. 타깃 경험 전달에 필요한 혁신과 형성은 아래에 행별로 규명되어 있다.

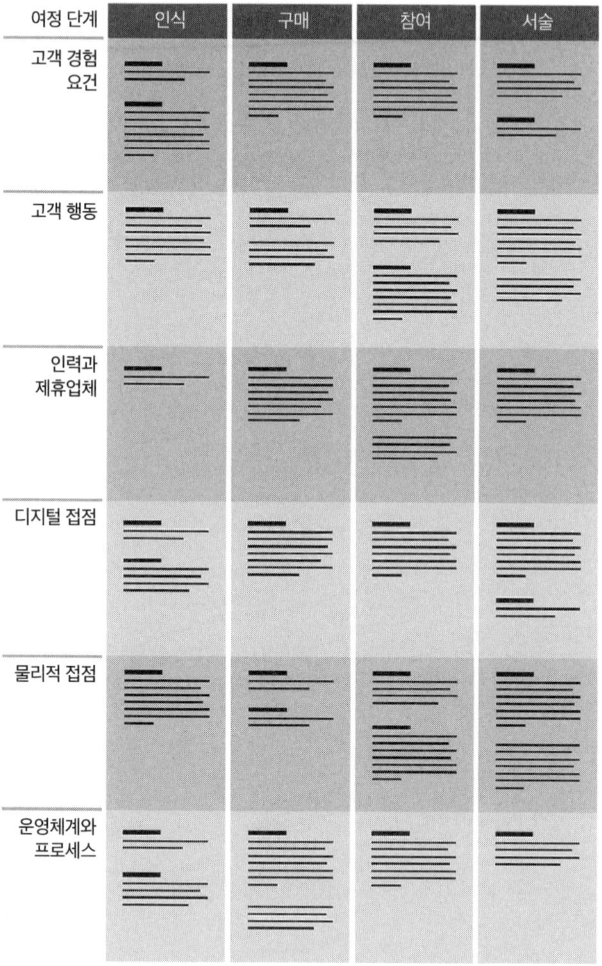

여정 단계	인식	구매	참여	서술
고객 경험 요건				
고객 행동				
인력과 제휴업체				
디지털 접점				
물리적 접점				
운영체계와 프로세스				

간단한 설명을 곁들이자면 다음과 같다.

(1) **역량**은 한 조직이 비전의 실현을 도울 수 있도록 가치를 창출하고 전달하기 위해 시간을 두고 의식적으로 개발하고 성숙시켜야 할 필요가 있는 전략적 능력을 지칭한다. 각각의 능력은 제품과 서비스의 결합, 프로세스, 체계, 데이터, 인적 자원(지식, 기술, 행동, 고객 문화), 파트너십으로부터 도출된다.

　　따라서 역량은 수많은 개개의 조력자들로부터 구축된다.

(2) **조력자**enabler는 구축 가능한 구체적인 것으로서 다른 것들을 가능하게 만든다. 예를 들어 데이터베이스, 일선의 팀과 역할, 전달 제휴업체, 그리고 구현 기반시설과 더불어 서비스의 특징을 가능하게 하는 디지털 솔루션도 여기에 포함시킬 수 있다.

일람표 제작에 착수할 때는 현 조직집단의 혁신과

더불어 조직이 장차 인지하게 될 조직집단을 향한 요구사항(서비스 청사진 작업 과정에서 생성된 것일 수도 있다)을 찾아내는 것이 중요하다. 일람표의 목표는 고객을 위해 디자인한 서비스 내의 특징과 제안을 서비스 전달에 필요한 모든 조력자 및 역량과 연결시키는 것이다. 서비스 일람표의 작성은 이미 준비된 것의 범위와 그 간극을 이해하는 데 도움을 줄 것이다. 그것은 조직이 서비스 비전과 타깃 경험을 실제로 전달할 수 있는 어떤 것으로 느끼게 만들어 준다.

지금부터는 디자인에 완전성을 기함과 동시에 필수 선행과제에 관한 모호성의 소지를 없애기 위한 서술적인 디자인 패키지의 일환으로서 보다 더 생각해보고 디자인하며 포함시켜야 할 몇 가지를 추가적으로 설명하도록 하겠다.

8. '불행의 길'로 가는 디자인, 그리고 서비스가 실패로 끝나는 순간

설령 기업이 혁신적인 운영 기술, 웹사이트 재구축, 일선 직원 재교육에 투자한다 하더라도 고객을 위한 일들은 여전히 잘못 될 수 있다는 사실을 명심해야 한다. 일이 잘못 되는(서비스 실패) 그 순간과 그때 기업의 대응방식(서비스 회복)이 고객 유지, 충성도, 그리고 명성에서 차지하는 중요성이 점차 증가하고 있다. 고객의 실수든 기업 절차나 체계상의 어떤 결함이든 상관없이 당면한 목적은 신속히 이런 문제를 이상적으로 해결하며 부정적인 경험을 긍정적인 것으로 전환시키는 것이다. 서비스 실패는 탁월한 서비스 회복 경험의 기회를 제공한다.

따라서 뭐든 잘못될 수 있는 현실을 받아들인다면 설령 일이 잘못되더라도 고객 여정 지도를 틀로 삼아 서비스 실패의 핵심을 단계별, 경로별로 찾아낼 수 있다. 일단 잘못될 수 있는 모든 여지를 상상한다면 두 가지를 행할 수 있다. 첫째, 어떻게 하면 현재 운영 중

그림 10.5 서비스 일람표의 분석(허구의 회사인 버몬제이 헬스케어 인터내셔널의 사례를 중심으로)

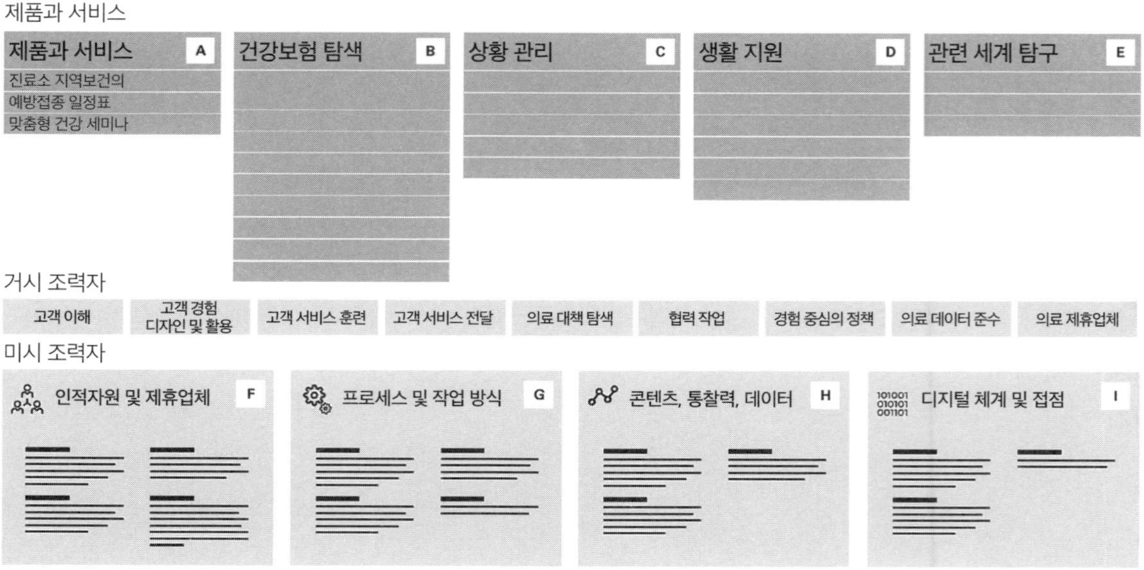
제품과 서비스
제품과 서비스
A
진료소 지역보건의
예방접종 일정표
맞춤형 건강 세미나
건강보험 탐색
B
상황 관리
C
생활 지원
D
관련 세계 탐구
E
거시 조력자
고객 이해
고객 경험 디자인 및 활용
고객 서비스 훈련
고객 서비스 전달
의료 대책 탐색
협력 작업
경험 중심의 정책
의료 데이터 준수
의료 제휴업체
미시 조력자
인적자원 및 제휴업체
F
프로세스 및 작업 방식
G
콘텐츠, 통찰력, 데이터
H
101001
010101
001101
디지털 체계 및 접점
I

인 프로세스를 혁신하여 이런 잠재적 실패를 어떻게 제거 또는 수적으로 현저히 감소시킬 수 있을 것인지 분석한다. 둘째, 여정의 과정에서 드러난 각각의 실패 사례를 통해 위대한 '서비스 회복' 경험을 상상하고 디자인한다.

서비스를 잘 전달하는 데 필수적인 '기념할 만한 순간'을 강조하도록 하라

고객 경험의 요소 중 '기념할 만한 순간hallmark moment'을 만들기 위해 선택할 수 있는 몇 가지가 있는데, 말하자면 고객과 기업의 상호작용이 일어나는 지점으로서 이들은 브랜드 가치와 특성을 증폭시키며 마케팅에서 시작된 제안을 진정으로 입증할 기회를 선사한다. 이들은 고객과 그들의 올바른 브랜드 인식 형성 모두를 위해 중요한 서비스와 경험의 측면들이다. 이런 순간을 통해 기업과 그 경쟁사 간의 차이를 제대로 보여줄 수 있다.

영국 메트로 은행은 당좌예금구좌 가입 서명 후 15분이면 근처 지점에 가서 은행 카드를 지급받을 수 있는 서비스를 제공한다. 냇웨스트 은행은 영국 최초로 카드를 분실한 고객도 자동지급기에서 현금을 인출할 수 있게 했다. 디즈니는 줄 서는 시간마저도 즐거움의 일부로 만들었다. 아마존은 원클릭 인터넷 쇼핑의 선구자이며, 버진 애틀랜틱 항공은 영화관람 승객에게 아이스크림을 서비스로 준다(옛날에는 그랬는데 요즘은 사라졌다). 이런 기념할 만한 순간은 그것이 아이스크림 서비스처럼 행동과 상호작용의 세부적인 것이든 아니면 기업이 대대적으로 제공하는 것이든 각각 나름 뭔가를 소유할 수 있게 해준다(적어도 잠시나마). 디자인 패키지를 통해 보다 원활한 서비스 투자에 특별한 관심이 주어지도록 그런 순간을 확실히 찾을 수 있을 것이다. 이를 위해서는 왜 그런 순간을 선택했는지, 그리고 서비스 주문전화를 받으려면 정확히 어떤 일이 일어나야 하는지 알아야 한다.

필요한 역량에 관한 사항을 명확히 해두어라

디자인한 서비스와 경험의 실행에는 핵심자원이 요구되므로 그것을 철저히 살펴보는 것이 중요하다. 만약 준비해야 할 것이 있다면, 하지만 지금 당장은 하지 말고(또는 다 하지는 말고), 일단 계획의 일부로서 그것에 대해 고심을 해야 한다. 예를 들어 고객에 관한 심층적인 정보를 기록하거나 그들에게 색다른 방식으로 정보를 제시하기 위해 고객 관계 관리나 결재 체계를 갱신할 필요가 있을 수도 있고, 고객 웹사이트 내에 비대면 체제를 통합하기 위해 IT 기술을 사들여야 할 수도 있고, 또는 일선 직원 모집에 대한 접근을 재고하고 교육팀의 기량 향상에 투자할 필요가 있을 수도 있다.

과연 현재 기업이 적합한 전달 역량을 갖추고 있는지 자문했을 때 그에 대한 네 가지의 대답이 있을 수 있다.

- 지금 가지고 있다.
- 자체적으로 역량을 키울 수 있다.

- 외부로부터 사들일 수 있다.
- 부족한 부분을 채우기 위해 다른 누군가와 제휴할 수 있다.

동료직원들이 비전에 열광하도록 만들기는 쉬워도 비전의 성취를 위해 기업이 무엇을 갖추어야 하는지 생각해보게 만들기란 쉽지 않은 일이다. 이때 해야 할 일은 프로그램을 전달할 역량이 있는지 따져보고 무엇이 요구되는지 구체적으로 생각하는 것이며, 만약 그렇게 하지 않는다면 제작할 준비는 요원할 것이다.

각 단계별로 마케팅 가능한
고객 제안 전달 프로그램을 계획하라

아마 다들 이미 프로그램 계획을 짜거나 제품 및 고객 경험 로드맵을 만드는 일에는 익숙할 것이다. 예를 들어, 만약 새로운 앱을 출시하려고 한다면 우선 최소한의 실행 가능한 제품을 만들 것이다. 최초 출시(제한된 기능성을 지닌 제품의 첫 출시)는 첫 번째 출시가 될 것이며, 두 번째 출시에서는 심화된 요소를 추가할 것이며, 세 번째 출시에서는 더욱 심화될 것이다. 이것이 제품 로드맵이다. 하지만 현재 전달 중인 새로운 서비스는 앱 하나 개발하는 것보다 훨씬 복잡할 수 있다. 현재 개발 중인 서비스는 단순히 소프트웨어 하나가 아니라 일련의 제품, 서비스, 팀이 서로 맞물린 것으로서 이 모든 것이 더불어 혁신 포트폴리오를 구성한다.

우리는 항상 이런 외부지향적인 포트폴리오를 구성하는 일에 주의를 기울이며, 어떻게 하면 고객에게 의미 있는 방식으로 변화의 조합을 만들지 구상한다. 우리는 고객에게 단지 임시방편적인 일련의 개선을 경험한다는 느낌을 주고 싶지 않으며 대신 고객이 해보고 경험할 수 있는 새로운 것들의 조화롭고 의미 있는 조합을 선사하고 싶다. 이러한 의미에서 포트폴리오 구상은 구현 계획보다는 차라리 마케팅 캠페인 계획에 더 가깝다고 할 수 있다. 그 비결은 '캠페인을 하기 적합한' 출시를 향해 새로운 제품과 서비스, 그리고 역량의 전달을 정비하는 것이다. 만약 이것을 해낼 수 있다면 두 가지 혜택을 볼 수 있는데, 고객은 각각의 단계에서 가치를 경험할 것이고 기업은 각 단계에 대한 마케팅 완료를 외칠 수 있게 될 것이다.

우리가 함께 작업했던 한 주요 소매업체의 사례를 살펴보자. 시장의 변화에 대응하기 위해 그들은 서비스 탁월성이나 쇼핑 경험의 개인화를 위한 스마트한 기술사용 방식에서 모두 유명한 브랜드 위치 재설정 전략을 개발했다. 그들의 결론에 의하면 이것은 고객이 어떻게 그들을 보느냐하는 것이 아니었다. 우리는 지금으로부터 5년 후에 고객이 가지게 될 서비스 제안, 서비스, 그리고 고객 경험 디자인 작업을 그들과 함께 진행했다. 물론 이것은 그들의 디지털 자산은 물론 매장 직원의 판매방식, 매장 디자인 방식, 심지어 판매 제품에 있어서의 거대한 변화를 대변하는 것이었다. 이런 문제를 그들의 기업 계획 관리부에 넘기기보다 우리는 제품 관리자 및 서비스 전달 전문가와의 워크숍을 운영했다. 그 결과 서비스 요소를 5개의 전략화 가능한 단계로 분류할 수 있었는데, 사실상 각각의 단계는 고유의 고객 혜택을 지닌 독립적인 고객 제안으로 설명할 수 있다.

1단계는 소비자의 눈으로 다시금 소매업자들을 열광하게 만드는 전달 요소의 우선순위를 매기는 것이다. 2단계는 고객에게 보나 실험적이 될 것과 소매업자들을 새로운 아이디어의 원천으로 볼 것을 권장하는 것이다. 3단계는 고객이 매장 직원을 열정적인 전문가로 인식하도록 만드는 데 중점을 둔다. 비록 이 모두를 일어나게 만드는 것이 관건이긴 하지만 기업은 마땅히 시간을 두고 이것을 달성하고자 결정해야 할 것이다. 초기에 개선이 시작되긴 하지만 기업 브랜드가 마케팅에서 확신 있게 매장 직원들에 대해 다시금 대화를 시작할 수 있을 만큼 충분히 준비되는 는 3단계가 되어야 비로소 가능하다.

4단계는 사회적 도구와 콘텐츠에 대한 새로운 접근의 보다 나은 활용을 통해 고객과 브랜드를 연결시키는 것이다. 이것 역시 구축에 시간이 걸리는데, 바로 그런 이유로 인해 이것을 별도의 단계로 구분하였다. 5단계에서는 새로운 고객 서술 제안의 출시를 볼 수 있으며 이것은 고객이 소매업자들과 이야기하는 것에 대해 보다 많은 보람을 느끼게 해준다. 이것은 최종단계로 남겨지는데, 이유는 소매업자가 개인맞춤형 중심의 제안이 고객에게 진정한 가치를 지닌 어떤 것을 제공할 수 있는 수준의 IT 및 실행계획 개발에 시간이 걸리기 때문이다.

우리가 함께 일했던 다수의 관리자들은 개별 프로젝트를 위한 로드맵 작성에는 익숙했지만 그에 비해 계획을 전체적으로 바라보는 것은 어려워했다. 개발 중인 웹사이트에 대해 디지털 팀과 이야기하고 직원교육에 대해 교육개발팀과 이야기 하면서도 이런 모든 활동을 향후 수년에 걸쳐 고객이 누리기 원하는 서비스에 대한 단일한 시각으로 연결시킬 가능성은 희박하다. 따라서 단순히 누가 무엇을, 언제까지 할 것인지를 명시한 프로그램 기획과는 달리 고객 경험 포트폴리오와 로드맵은 제안 중심적이며 장차 개발에 있어 그때가 되면 필요로 하게 될 경험과 역량을 정의한다.

외부 제휴업체에게 정보를 제공하라

조직이 서비스 디자인 프로젝트의 어느 시점에서 외부 업자를 참여시켜야할지 난감할 때가 종종 있는데, 특히 그 프로젝트가 재입찰 과정에 시동을 거는 경우에 더욱 그러하다. 물론 강렬한 비전 개발과 확실한 사례 창출의 일환으로 이미 내부 인력이나 외부 제휴업체를 참여시켰을 텐데, 그렇다면 언제 그들을 이사회에 동석시켜야 하는가?

우리의 조언은 현실적으로 가능한 범위 내에서 최대한 빨리 공급업자들을 여정에 초청하라는 것인데, 이유는 계약 또는 서비스 수준 합의 후 뒤늦게 진정 하기 원하는 것을 배제시켜야 함을 깨닫는 지점에 봉착하게 하고 싶지 않기 때문이다. 하지만 그들에게 협박당한다는 느낌을 가질 수도 있는 그런 계획 노출이 되지 않게 한다든지, 또는 앞으로 있을 입찰에 유익을 주는 방식으로 그들을 포함시킬 수 있다. 만약 일례로 제3자 하청업체들을 통해 일선 고객 지원 서비스를 전달하는 경우라면 과외의 일에 수지가 맞지 않는다든지 아니면 기업의 비전이 그들의 다른 클라이언트에 대한 헌신과 대치된다는 이유로 그들이 비전의 전달을 지지하려 들지 않는다는 사실을 깨닫게 되는 것을 원치 않을 것이다. 하청업체와의 관계는 제안된 고객 경험의 질에 중추적 역할을 할 수 있다. 최악의 상황은 그들이 비전에 대해 말로만 경의를 표하면서 전에 하던 그대로 계속하는 것이며, 가장 좋기로는 그들이 보다 나은 서비스를 위한 혁신의 핵심 일부가 되는 것이다. 그러므로 어떻게 그들과 협상하고 그들을 관리하는가는 중대 사안이다.

장차 맞닥뜨릴 도전에 대해 팀원들과 논의하고 어떻게 대응할지 합의하라

중요한 변화와 더불어 중요한 적응이 오므로 장차 어떻게 일할 것인지 프로젝트에 참여하는 모든 사람이 명확히 인식할 필요가 있다. 이를 위해 서로에게 다음과 같은 일련의 질문을 할 수 있다.

- 형성기 동안 그리고 이후에 어떻게 각자 다른 방식으로 함께 일할 것인가?
- 어떻게 프로젝트를 감독하며 의사결정을 내릴 것인가?
- 진행상황을 어떻게 추적할 것인가?
- 다른 사람을 어떻게 참여시킬 것인가?
- 어떻게 적합한 인재를 계속해서 참여시킬 것인가?
- 만약 장애물이 드러날 경우 그것을 어떻게 제거할 것인가?
- 자금 조달은 어디서 할 것인가?
- 적합한 인재와 기술을 갖추고 있는지, 그리고 어떤 외부적 도움이 필요한가?
- 공급자의 참여 시기를 어떻게 결정할 것인가?

이런 질문과 그에 대한 토의는 조직의 어떤 일의 진행에 있어서도 중요하지만, 서비스와 기업에 대한 보다 현저한 변화를 기대하거나 동료직원에게 매우 다른 방식의 사고와 작업을 요청하려고 할 때는 더더욱 중요하다.

디자인을 제작할 준비가 되었는지 판단할 수 있는 5가지 확인질문은 다음과 같다.

- **창조를 위한 디자인**: 프로젝트의 성공을 위해 기술과 각각의 전달 영역 모두에서 무엇이 필요한지 충분히 이해하고 있는가?
- **압력에 대한 시험**: 서비스 프로토타이핑을 통해 실행과 활용의 모든 사안을 찾아냈는가?
- **충분한 세부사항**: 실행 팀이 의도했던 것을 전달할 수 있게 해줄 충분한 세부사항에 기초해 디자인을 정의했는가?
- **잘 만들어진 계획**: 개발 계획이 완전성과 적당한 정보 수준을 갖춘 것이라는 합의를 얻었는가?
- **지속적 감독**: 구축하는 동안 발생하는 디자인에 관한 타협을 제한할 관리감독 체계가 준비되어 있는가?

9. 주요 시사점

- 서비스 디자인을 '구축할 준비가 되도록' 만드는 것은 여러 팀과 의사결정권자의 손을 거치는 동안 계획의 주요 요소가 잠식되는 것을 막아준다. 이런 세부사항이 소실되지 않도록 주의해야 하는 이유는 다음과 같다.
  - 그것이 바로 서비스 성공을 만드는 요소이므로 계획에서 왜 그것이 중요한지 보여줄 수 있어야 한다.
  - 서비스를 시장에 선보이는 과정에서 예상치 못한 문제에 부딪히는 일이 없다면 그 기간이 보다 단축될 것이다.
  - 사람들이 모든 세부상항의 관련성을 보게 되면 미래의 타협에 대한 암시가 명확해질 것이다.
  - 다른 사람들의 무임승차로 인해 계획의 초점과 속도감이 소실되는 것을 막을 수 잇다.
  - 운영 팀은 비전이 실행에 대한 소유권을 취하기 위해 적합한 계획을 필요로 하며, 그것은 그들에

게 중요한 이정표 역할을 한다.

- 디자인 패키지는 디자인된 서비스와 경험을 기술하는 문서 모음집으로서 시간의 흐름에 따라 진화할 수 있다. 그것은 비전 휠, 경험의 콘셉트, 타깃 고객 여정, 서비스 청사진, 그리고 서비스 일람표를 포함한다.

- 서비스 디자인을 구축할 준비가 된 상태로 만들 수 있는 방법은 다음과 같다.

  - 서비스가 서로 다른 고객 집단에 의해 어떻게 다르게 사용될 것인지 보여준다.

  - 서비스가 실패하는 순간을 예상하고 미리 그 해법을 계획에 포함시킨다.

  - 고객 경험에서 항상 잘 전달되어야 하는 기념할 만한 순간을 강조해야 하며, 이런 요소는 오로지 그 기업만이 지닐 수 있는 차별성을 부여해줄 것이다.

  - 비전의 실행에 필요한 자원에 관해 솔직히 밝힌다.

  - 서비스 전달 계획을 모의할 때 그것이 프로젝트

계획과 유사한 것처럼 마케팅 계획과도 유사하게
짠다.

- 외부 제휴업체를 가능한 빨리 프로세스로 끌어들
  인다.
- 직면하는 도전을 어떻게 극복할 것인지, 그리고
  어떻게 추적할 것인지에 관해 내부적으로 소통할
  수 있는 장을 연다.

적절한 환경을 조성하라

어떻게 보면 새롭게 개선된 서비스를 시장에 선보인다는 것은 정원 가꾸기와 유사한 면이 있다. 수석 정원사는 자신이 정원을 어떤 모습으로 만들기 원하는지에 대한 비전을 가지고 있어서 무엇을 언제 심을지 결정할 수 있다. 하지만 화초가 잘 자라려면 그것 외에도 적절한 환경이 필요하다. 만약 토질이 지나치게 산성이라든지, 햇볕이 너무 뜨겁게 내려쪼인다든지, 또는 시기를 잘못 맞추면 화초가 시들거나 죽어버릴 것이다. 반면에 만약 알맞은 환경이 되면 그것은 그 영광스러운 색상과 무성함을 자랑하며 번성할 것이다. 프로젝트 작업을 진행하고 있는 사람들 역시 초목과 마찬가지로 성공에 적절한 환경을 필요로 하며 얼마의 시일이 걸려 그런 환경을 제공할 것인지는 서비스 디자이너에게 달렸다.

철저한 준비는 성공의 모든 것이다. 복잡한 프로젝트나 포트폴리오의 실행을 앞두고 여기에 관련된 모든 사람들이 거치게 될 단계의 측면뿐만이 아니라 사람들의 상상 속에 가로 놓인 도전, 위험 평가서, 정신력 면에서 그 과정을 통과하는 것이 어떤 느낌일지 아는 것이 중요하다. 지난 장에서 우리는 서비스 혁신 프로젝트 관리가 기존에 해왔던 프로젝트와 어떻게 다른지에 대해 이야기했다. 이것은 동료직원이 왜 그들이 새로운 방식으로 일해야 하는지 알아야 한다는 의미다.

아울러 인간의 본성상 초기의 열정이 얼마 지나면 사라져 버리므로 심지어 가장 열정적이었던 동료도 도움이 필요하다. 서비스 혁신 계획은 대개 수개월이 소요되며 일부 사례의 경우 완전한 구현에 수년이 걸리기도 하는지라 사람들이 왜 그 일을 하는지 잊어버릴 수 있다. 결국 비전의 창출은 상당히 오래 전의 일이 되고 마는데, 수많은 제안과 개발을 거듭하는 동안 세월이 지나고 사람들은 처음 시작할 때 합의했던 것을 잊어버린다. 사람들은 이렇게 질문할지 모른다. '보다 소규모이고 간단한 프로젝트로 대신할 수는 없을까?' 이때 해야 할 일은 사람들에게 초기의 비전을 상기시키고 또 상기시키는 것인데, 지금 가꾸려고 애쓰고 있는 당초 그 정원의 모습 말이다.

다들 분명 과거 동기부여 워크숍을 통해 사람들을 정도를 향해 출발시킴으로써 다른 프로젝트를 열정적으로 출시한 경험이 있을 것이다. 이것이 유익한 것은 맞지만 어쨌건 워크숍 개최가 프로젝트가 성사되었다고 생각하기 쉽다. 이것은 결코 사실이 아니다. 중요한 것은 각각의 워크숍이 다음 워크숍을 위한 평가 항목과 지식을 제공할 수 있는 프로젝트 단계를 계획하는 것이다. 참가자는 맨 첫 회와 같은 열정과 생산적이라는 느낌을 느낄 수 있어야 한다. 그리고 이런 과정은 사람들이 흔히 하는 방식과 다소 차이가 있으므로 각 단계마다 사람들을 준비시켜야 한다.

그렇다면 프로젝트에 적절한 환경을 어떻게 조성할까? 이 장에서 배우게 될 상당수는 단지 고객 경험뿐만이 아니라 관리하는 그 어떤 프로젝트와도 관련이 있다. 그리고 분명 각자 덧붙이고 싶은 자기만의 지식과 경험과 기술을 가지고 있을 것이다. 하지만 우리는 이러한 프로젝트 관리 측면을 여기서 다루고자 하는데, 그 이유는 그것이 적합한 서비스의 보다 신속한 시장 진출에 결정적이기 때문이며, 특히 시장에 혁신적인 영향을 미치는 서비스의 경우는 더 말할 나위도 없다.

이번 장에서는 기업의 많은 부분에 영향을 미치고 현저한 변화를 목표로 하는 창의적이고 협력적인 프로젝트를 운영하고자 할 때 왜 적절한 환경을 마련하고 유지하는 것이 그토록 중요한지 설명하겠다. 또한 그렇게 하는 것이 어떻게 변화 속도의 유지와 예전으로의 회귀를 막는데 도움을 주는지 설명하겠다. 아울러 비전에 중점을 두되 조속한 변화의 가시화와 탄력 및 사람들의 관심과 헌신을 유지하는 것의 중요성을 논하겠다.

1. 적절한 환경 조성이 왜 그토록 중요한가?

프로젝트의 방향성과 더불어 사람들의 이해와 안위, 그리고 자신감에 투자할 때 이 양자는 시장으로 가는 시간을 가속화시키며 실패의 위험을 줄인다. 현재 당면과제가 사람들에게 새로운 업무 방식의 도입을 요청하는 것이라는 사실을 명심해야 하며, 그 이유는 서비스 디자인이 기존의 서비스를 다른 방식으로 바라보는 과정을 수반하기도 하거니와 과거 다수 프로젝트보다 더 도전적인 프로젝트이기 때문이다. 그렇다면 왜 그것이 프로젝트의 발전과 실행을 통한 해결책의 성공에 그토록 중요한가?

거기에는 세 가지 타당한 이유가 있다.

- 모두가 그 목적을 승인하므로 '방해요소'는 신속히 제거될 것이다
- 일이 스스로 탄력을 얻을 것이다
- 목적이나 계획을 거듭 이야기하느라 시간을 허비하지 않을 것이다

이 각각에 대해 간단한 설명을 덧붙이도록 하겠다.

모두가 그 목적을 승인하므로
'방해요소'는 신속히 제거될 것이다

프로젝트의 진행을 가로막을 수 있는 다양한 유형의 방해요소가 존재한다. 사람 관련일 수도 있고(정치적 또는 성격중심의 사안과 같은), 예산 관련, 실행 관련(전달 과정에서 제기되는 실제적 문제), 또는 시장 관련(연구 및 시험 결과상 고객이나 제휴업체가 서비스에 대해 당초 기대와 다르게 느끼는 것으로 나타날 경우) 등으로 다양하다.

　적절한 환경 조성의 핵심 요소는 이런 저해요소를 최대한 빨리 발견하고 대처하는 것이다. 하지만 낙심하지 말 것은 바로 여기가 그간의 준비 작업이 성과를 발휘하는 지점이기 때문이다. 방해요소는 어떤 이유에서건 다른 것에 우선순위를 두기로 선택한 사람에 의해 야기되었음이 거의 확실하다. 이런 사람들은 설득이 필요하며 각각에 대한 다른 접근이 필요하다. 시도할 수 있는 몇 가지 방법은 다음과 같다.

- 가치 사례를 위해 준비한 증거를 사용하며 왜 기업이 그 프로젝트를 시작했는지 그 이유에 관한 논의로 돌아가 거기에 다시 초점을 맞춘다.
- 디자인된 것을 어떻게 실행할 것인지 입증하는 논리적 단계를 거듭 말하는 것은 기업이 특별한 혜택을 깨닫는데 도움을 줄 수 있다.
- 이런 혜택을 깨닫는 것은 고객 행동의 전환과 기업에 대한 그들의 인식 변화를 위해 디자인된 서비스와 경험을 전달하는 것에 달려 있음을 사람들에게 상기시킨다.
- 서비스의 새로운 특징과 특정 고객 경험이 어떻게 구상되었는지 그리고 왜 의존성을 포함한 실행이 이런 방식으로 조직되었는지 보여준다.
- 사람들에게 수행된 프로토타이핑과 시험, 그리고 디자인 과정에 참여했던 동료직원이나 다른 전문가를 상기시킨다.
- 이미 일어나기 시작한 작은 변화의 영향력을 보여

준다.

하다보면 일에 탄력이 붙을 것이다

이것을 수량화하기는 어려워도 조직 내의 분위기가 그것을 대변해준다. 중대한 시점에 도달하도록 팀을 격려하기가 한결 수월해진 것을 깨닫기 시작한다든지 새로운 사람들로부터 참여하겠다는 신청을 받을 수도 있다. 고객과 공급자로부터 긍정적인 피드백을 받을 수도 있을 것이다. '옳거니! 일이 되고 있어'라는 느낌은 성공의 참된 조건을 구비하는 것의 근본 요소인데, 그 이유는 만약 그 반대가 존재한다면 그 프로젝트는 철수되거나 그 지경이 상당히 빨리 축소되는 것을 발견하게 될지도 모른다. 페가수스라이프의 클레어는 긴급성을 조성하고 탄력을 유지하는 것의 중요성을 다음과 같이 설명한다.

"관건은 탄력에 있으며, 탄력을 유지하려면 지금 하

고 있는 일을 기업의 목표와 연결시키는 길밖에는 없으며, 그러지 않을 경우 경영진은 솔직히 하품만 하게 될 겁니다. 우리의 도전 중 일부는 기업 전체가 고객 여정 전달에 각자 자신의 역할을 해야 한다는 사실을 깨닫자 이내 분명해졌는데, 일례로 '구매 경험'을 위한 비전의 전달은 모두가 하나 되어 일하고 훨씬 더 신속하게 움직이기를 배워야 함을 의미합니다. 부동산은 정확한 시일에 완공되어야 합니다. 이런 고객 집단은 자신이 항상 시간적 여유가 있다고 생각지는 않으니까요. 따라서 기업 전반에 걸쳐 고객 경험 전략의 소유권에 대한 의식을 일깨우는 것이 관건이었습니다. 돌이켜보면 우리의 비전은 조직 전체를 포함하는 것이었어야 했습니다."

하지만 피드백을 추적관찰하다 보면 디자인 과정은 중간에 '침체되는' 경향이 있다는 사실을 기억할 가치가 있음을 알게 된다. 이때 사람들은 지금 일이 제대로 되고 있는지 의심하기 시작할 것이다. 사람들에게 이것이 프로젝트의 자연스런 일부분이며 인내할 가치가 있음을 환기시키며 이 시기를 무사히 지나도록 안심시킬 필요가 있다. 당초 만들었던 확실한 사례를 다시 언급하며 그 시점에서 수립했던 기준 대비 진척상황을 측정하는 것이 도움이 될 것이다. 최종결과를 상상하고 아름답게 채색된 그림을 다른 사람에게 보여줄 수 있을 때 모든 사람이 계속 그것에 열광하도록 만들 것이다.

목적이나 계획을 거듭 이야기하느라 시간을 허비하지 않을 것이다

만약 비전을 시작하고 증명하는 일을 탁월하게 수행했다면 확실한 사례와 아름답고 세부적인 디자인을 창출할 수 있으며 성공의 조건 창출에 필요한 수고로운 일의 상당부분을 마무리하게 될 것이다. 이 작업이 완료되고 디자인 패키지가 준비되면 왜 지금 다들 이 일을 하고 있는지 환기시키느라 시간을 허비할 필요가 없고 지금까지 만들어진 디자인이나 결정을 정당화할 필요

도 없게 될 것이다. 이것은 시간과 노력을 절감해줄 뿐
만 아니라 사람들이 최선의 노력을 경주하는 데 집중
하게 해준다.

2. 적절한 환경을 맞추고 유지하려면 어떻게 해야 하나?

이제 고객 경험 혁신을 위해 적절한 환경을 창출하는
것이 얼마나 큰 효력이 있는지 알았을 것이다. 이런 조
건이 항상 물리적인 것만은 아니며 보다 감정적이고
정신적인 경우가 많다. 그것은 다음과 같은 요소로 이
루어진다.

(1) 동료직원들의 동기부여를 도와줄 핵심 팀을 모
은다

(2) 모든 사람이 작업에 필요한 충분한 시간과 자원
을 확보하게 한다

(3) 협업에 대비한다

(4) 사람들에게 명분에 충실할 이유를 준다

(5) 고객과의 대화가 계속 이어지도록 한다

(6) 작업 수행 방식을 혁신한다

(7) 시험에 대한 개방적인 자세를 갖는다

(8) 끝까지 밀고 나간다

의욕적이고 동기부여가 된 사람들로 이루어진 핵심 팀을 구성하라

이것은 필수적이다. 이들은 왜 이 프로젝트가 실행되고 있는지, 그 디자인 프로세스가 어떻게 비춰지고, 더 중요하게는 어떻게 느껴질지 명확하게 이해하는 사람들이다. 그들이야말로 앞으로 수개월간 계속될 프로젝트의 든든한 지지자가 되어 줄 사람들이다.

우리는 하버드 비즈니스 리뷰에 실린 하버드 리더십 교수 존 P. 코터John P. Kotter의 기사를 좋아하는데, 여기서 그는 조직의 혁신을 위해서는 '변화 선도 연합팀'

을 형성하는 것이 중요하다고 설명한다. 그는 이 연합 팀이 반드시 회사 최고위급 지도자들을 포함할 필요는 없지만 그러한 혁신의 탄력을 형성할 만큼의 충분한 사람들로 구성되어야 한다고 생각한다. 그것이 어느 정도의 인원을 의미하는 걸까? 프로젝트의 규모와 범위에 따라 다르겠지만 코터는 최소 5명부터 조직이 클 경우에는 20명 내지 심지어 50명까지가 적당하다고 본다. 이런 연합팀은 비전에 참여하며, 필요한 역할을 하도록 동기부여가 되어야 하고, 또한 그들 주위의 사람들에게 영향을 미칠 수 있어야 한다.

부파의 숀은 만약 프로젝트의 중심에 헌신된 고위 경영진 팀이 없다면 성공할 가능성이 없다고 확신한다. 그의 말에 의하면 다음과 같다.

"마케팅 부서(그리고 대행사)의 벽에는 아무도 실행할 의사를 보인 적 없는 탁월한 아이디어와 디자인이 어지럽게 널려 있습니다. 만약 조직이 실행에 전적으로 헌신되었다면 오로지 새로운 타깃 경험만 디자인하십시오. 프로젝트 책임자는 맘껏 일할 수 있는 권한을

가져야 하는데, 이는 곧 고위 이해관계자들이 그 프로
세스에 대한 권한을 소유한 운영 관리자가 되어야 한
다는 의미입니다."

변화 선도 연합 팀이 필요한 이유는 당연히 창출하
려는 서비스가 아직 존재하지 않기 때문이다. 이는 그
프로세스, 특히 시작 단계에서, 일부 사람들을 위한 확
실성이 결여될 수 있다는 의미다. 이로 인해 핵심 팀
은 현실주의자와 이상주의자라는 크게 두 가지의 성격
유형으로 구성될 필요가 있다. 흥미롭고 색다른 걸 좋
아하는 이상주의자들은 프로젝트 초기부터 지지를 보
낼 것이다. 그들은 불확실성을 가장 편안하게 느끼거
나 아니면 적어도 진전을 위해 자신의 불편함을 기꺼
이 감수할 수 있는 사람들이다. 하지만 이에 못지않게
현실주의자들 역시 중요하다. 그들은 다양한 구성원이
혼합된 연합 팀에 실용주의를 더함으로써 프로젝트가
허황된 상상으로 화하는 것을 막아줄 사람들이다. 현
실주의자들에게는 그 프로세스의 성격과 그들에 대한
요구 사항을 여러 차례 설명해주어야 할 것이며, 그들

에게는 과정 내내 그들이 성취하게 될 것들의 가치를 이해하는 작업이 필요하다. 이런 핵심 팀 이외에도 사례를 만들고 프로젝트를 승인할 최고위급 인사가 최소한 명은 필수적으로 있어야 한다. 이는 프로젝트의 사회적 근거가 되어줄 것이다.

코터는 이러한 생각을 "가속화하라Accelerate"라는 제목의 책에서 여기서 그는 '전략적 조직망'이라는 개념을 설명했는데, 이것은 하나의 팀 또는 부서에 국한되지 않고 조직 전반에 걸쳐 분포되어 있으며 혁신적 관행을 시작하고 전파할 기술과 도구를 지닌 사람들의 모임을 말한다. 우리가 함께 일했던 E.ON 에너지와 같은 조직에서는 그러한 조직망이 서서히 등장하고 있지만 다수 조직에서는 여전히 변화 선도 연합 팀(조종 팀이 아니다)이나 진정한 전략 조직망 구성에 난항을 겪고 있으며, 그들은 여전히 부서 형태의 구조적 제약 하에 있으며 올바른 사고방식을 지닌 인재를 고용하는 것에 지나치게 인색하다.

핵심 팀이 프로젝트를 위한
물리적, 정신적 자원을 확보하도록 하라

우리에게는, 고객의 프로젝트 팀과 신나는 첫모임을 가진 후에 기업 내 다른 우선적인 일이 있다는 이유로 그들의 태반을 다시 보지 못하게 되는 상황이 그다지 특별한 일은 아니다. 이것이 당연하게 들릴지는 모르겠지만 핵심 팀의 구성원들이 계획에 집중할 수 있는 충분한 시간을 갖도록 해주어야 한다. 그 이유는 그들이 업무의 조직과 실행 이외에도 실제 행함과 다른 대안의 물색, 자신의 팀에 대한 영향력 행사와 안심시키는 것, 그리고 필요한 정보 수집을 통해서도 배울 수 있기 때문이다. 여기에는 막대한 시간과 노력이 수반된다. 사람들은 헌신에 관해 온정적인 뜻을 비치지만 아마도 이것은 현재보다 한두 등급 높은 급여를 놓고 협상이 필요할 지도 모른다.

시간 제약 이외에도 일부 사람들이 참여요청을 받은 새로운 접근과 아이디어를 이해하는 데 어려움을 겪는 것을 발견하게 될지도 모른다. 예를 들어, '고객 프로세스'와 '고객 여정'의 차이점은 무엇이며, 아울러 '고객 세분화'와 고객 '유형'의 차이점은 무엇인가? 이런 콘셉트의 상당수는 해석의 여지가 다분하며('콘셉트'라는 단어를 포함해) 무엇이 필요한지 사람마다 보는 시각이 다르다. 각 단계별로 바라는 산출물이 무엇인지가 명백해야 하며 다른 사람들의 견해도 경청해야 한다. 그들이 그러지 않음에도 그들이 이해하고 동의한다고 추정하기 쉽다.

주의할 가치가 있는 또 다른 정신적 자원은 사람들의 마음속에 살아있는 초기의 비전에 대한 열정을 유지하는 일에 헌신하는 것이다. 우리의 장기 고객 중 한 기업이 최근 임시방편적인 소규모 프로젝트 실행에 빠져들기 시작한 것을 발견했는데, 그것은 그들이 도달하기 원하는 총체적인 서비스 혁신에 기여하지 못한다. 그렇게 하기는 너무 쉽다. 하지만 일단 그들이 한때 그들이 헌신했던 보다 가치 있는 목표를 스스로 상기시키고 나서부터는 다시 제 자리로 돌아왔다.

'공동창조가 최선'이므로 협업에 대비하라

서비스는 기업과 고객에게 가치 있는 것들을 생산하는 사람, 기술, 정보, 그리고 경영전략이 서로 엮인 체계를 말한다. 그것은 하나의 체계이므로 서비스를 디자인하고 혁신하는 일은 그것이 지닌 기술성과 창조성으로 인해 사회적 활동과 동일시된다. 적절한 환경을 조성하는 일은 협업과 소통을 위해 준비되고 효과적인 장치를 필요로 한다. 공항의 축소판 안에서는 그 체계의 배우들과 그들 간의 상호의존성이 명백히 보이며 일이 잘못되면 심지어 더욱 명확하게 드러난다. 공항 서비스와 경험을 디자인하고 혁신하는 일은 협업이라는 수단을 요구한다. 핀에어 항공의 조해너는 다음과 같이 설명한다.

"공항이라는 환경 안에는 항공사, 안전요원, 소매업자 등등 수많은 연기자들이 있습니다. 공항 경험에 대한 도전은 이 모든 부분들이 함께 일하도록 만듦으로써 모든 것이 조화롭게 잘 이루어지고 있다는 느낌을 고객에게 주는 것입니다. 우리에게 공유된 비전을 형성하기 위해 항공사이자 공항으로서 고도로 협업적인 서비스 디자인 프로젝트가 그토록 중요한 이유는 바로 이 때문이며, 그래서 우리는 각각 항공사와 공항의 입장에서 서로 공유된 비전의 형성을 위해 함께 일했습니다.

우리의 서비스 디자인 프로젝트는 각자의 관점을 이해하고 프로젝트의 진행에 따라 우리의 시각을 조절할 수 있게 도와줍니다. 그것은 우리 조직을 조정하는 전략적 역할을 완수하게 만든 참으로 훌륭한 프로젝트였습니다. 전 세계적으로 공항의 절차는 대동소이하지만 현재 우리는 높은 기대치에 부응하는 고객 경험에 대해 이야기할 수 있게 되었습니다."

프로젝트의 일환으로서 우리는 핀에어와 공항 운영자인 피나비아를 결부시켜 두 조직이 보다 긴밀한 업무 협조 관계를 형성할 수 있는 장치와 운영체제를 제공할 수 있었는데, 그것이 그들의 공동 모험의 성공과 헬싱키 공항 재개발을 확고히 하는 것에 도움을 주었

다. 조해녀는 승객 경험 디자인만큼이나 협업 디자인
을 신뢰한다.

"우리는 공통된 의지를 발견함으로써 무엇이 필요한
지에 대해 공개적이고 자신감 있게 대화할 수 있었습
니다. 우리는 하나의 가족이 되었습니다. 우리의 독단
적인 시각을 공격적으로 밀어붙일 생각일랑은 잊어
버리고 대신 우리 기업과 고객에게 필요한 것에 대해
360도 시각을 허심탄회하게 이해했습니다. 물론 우
리는 별개의 두 회사이므로 상업적인 목표가 상충할
때도 있지만 공동의 비전에 이르기 위한 공동의 목표
에 초점을 두었습니다. 결국 우리의 최종 고객은 동일
하니까요. 분명히 북유럽 문화에 뭔가 솔직하고 직접
적인 요소가 있었던 것이 분명하며, 이것이 신뢰를 형
성해주었습니다. 우리에게 숨겨진 안건이란 없으며
이것이 공유된 비전과 우리 조직을 위한 로드맵을 향
한 협업에 적절한 환경을 유지해주는 한 요소입니다."

숀은 고객을 위한 새로운 서비스와 경험 디자인에서

조직 전반에 걸친 사람들을 참여시키는 것이 어떻게 단지 멋진 방안에만 머무는 것이 아닌지 설명한다. 그는 그렇게 하는 것이 프로젝트나 계획에 회복탄력성을 키우는 일임을 암시했다.

"공동창조co-creation가 최선입니다. 사람들과 고객들을 창의적인 여정에 동참시킴으로써 부단한 탄력을 조성할 수 있을 것입니다. 타깃 경험 창출을 위해 200여 명에 달하는 직원과 고객이 참여했습니다. 디자인 과정에 이런 사람들을 참여시킴으로써 실행상의 장애물을 헤치고 나갈 수 있는 일종의 도덕적 권위가 형성되며, 과정 그 자체가 기업 내 기대를 창출함으로써 오랜 고객의 실망이 드디어 해결되는 것입니다."

우리 클라이언트 기업이었던 현대자동차의 스텔라 상옥 리는 계속 전진할 수 있는 회복탄력성을 형성하는 데는 단지 그 핵심 프로젝트 팀이 비전에 대한 소유권을 지니고, 효능감을 가지며, 디자인을 진전시키고 전달하기 위해 조직의 지원을 받는 것 이상이 요구된다고 말했다.

"프로젝트가 성공하려면 강렬한 비전과 잘 디자인된 서비스 모델을 창출해야 한다는 것은 명백한 사실입니다. 하지만 실행의 문제에 이르면 프로젝트 팀은 다양한 난관에 부딪히게 됩니다. 현대자동차는 내부 고객, 특별히 소매 매장 동료직원의 역량강화에 전력함으로써 그들에게 더 멀리 나아갈 수 있다는 자신감을 주었습니다."

사람들에게 명분을 믿어야 할 이유를 준다

모든 동료직원들이 좋은 의도를 가지고 있으며 기업이 잘 되길 원할 것이다. 또한 그들은 고객에게 잘 하는 것이 기업에게도 잘 하는 것이라고 믿을지 모른다. 하지만 자신 주위 사람들이 문제를 보거나 새로운 해법의 필요성을 느끼리라고 짐작하는 것은 실수다. 성공에 적절한 환경을 창출하기 위해서는 대의명분을 믿는 사람과 확신이 필요한 사람이 누군지를 이해해야 한다. 만약 디자인 프로세스 내에서 회의론자들을 건설적인 사람으로 받아들일 준비가 된다면 그들도 유용할 수 있는데, 왜냐하면 그들이 추정에 도전하며 있는 그대로의 사실을 말하기 때문이다. 그들은 가치 있는 투여량의 실용주의를 선사한다. 하지만 회의적인 목소리가 지나치게 많으면 과정 또는 목표를 향한 서로 간의 저항적인 태도를 키우는 것밖에 되지 않으며 과정을 무산시키고 다른 사람들이 긍정적인 자세를 유지할 수 있는 능력을 잠식시킨다.

흥미롭게도 회의론자들이 대의명분을 믿는 경우가 종종 있지만 그들은 가로놓여진 문제를 볼 수 있는 상상력이 부족하거나 아니면 조직의 전달 능력을 믿지 않든지 둘 중의 하나다. 바로 이 지점에서 충분한 증거 자료를 갖춘 문제 기술이나 강렬한 비전, 확실한 혜택 사례, 그리고 현실적인 계획을 제시함으로써 회의론자들을 아군 및 지지자로 전환시킬 수 있다. 페가수스라이프의 클레어는 생활지원 주거시설 판매의 전망을 위한 경험을 개선하는 것이 영업을 이끌고 나갈 것이라며 영업 및 서비스 팀을 설득하느라 자신이 들였던 노력을 설명한다. 그녀는 이미 확립되고 성공적인 영업 팀을 향해 시장의 경쟁 환경이 변하고 있으며 보다 많은 것을 달성해야 한다는 사실을 설득할 새로운 도구가 필요했다.

"한 가지 난제는 고객과 접촉하는 팀이 변화를 구현하게 만드는 것이었습니다. 우리 업체는 항상 그리고 날마다 하던 업무 방식에 갇혀 늘 하던 대로만 하고 있었습니다. 직원들의 반응은 항상 이랬습니다. '회사에 이런 일을 하는 전문가들이 있습니다. 그런데 왜 그들이 자신이 하던 방식과 다르게 접근해야 됩니까?' 하지만 현재 은퇴 후 주택으로 옮길 수 있는 가망고객 중 실제로 그렇게 하는 사람은 단지 2%에 불과합니다. 그렇다면 그 나머지 98%를 잡으면 어떨까요? 안 될 이유가 없잖아요? 이것이 우리가 핵심 도전의 하나를 떼어내기 시작해 동료직원들을 믿게 한 방법입니다. 그걸 어떻게 해냈냐고요? 심고, 또 심고, 계속해서 심어줬지요.

우리가 종종 고객에게 주택이 지어지기 전에 단지 내 주택부지에 투자하라고 요청했던 것을 기억해보십시오. 건물과 아파트가 어떤 모습으로 지어질지에 대한 그림을 그들에게 보여줄 수 있습니다만, 그건 우리 경쟁자들도 할 수 있는 일이지요. 시중의 다양한 서비스와 비교해 우리가 제공하는 서비스를 소통하는 것, 즉 페가수스 주택 중 하나에 거주하는 것이 실제로 어떤 모습인지 보여주는 것이 훨씬 더 어렵습니다. 고객의 믿음보다 먼저 우리 영업 팀이 믿음을 갖도록 해야 할 필요가 있었습니다.

그래서 영업 팀이 서비스와 페가수스 주택 거주 경험을 이해하도록 그들을 위한 전문 강좌를 디자인하고 전달했습니다. 주로 관계 형성 및 전문 스토리텔링 기술에 집중했습니다. 우리는 오로지 영업 담보, 안내 책자, 평면도 등등의 도구가 우리를 여기까지 오게 했다는 사실을 보여주었습니다. 영업 팀이 가망고객에 대한 보다 나은 이해를 가지고 그들이 자사의 눈이 아닌 고객의 눈을 통해 제품을 바라보도록 도와주어야 했습니다. 우리는 건축 중인 한 단지 중심가에 경험 전시관을 지어 사람들이 거주자로서의 경험을 맛볼 수 있게 했습니다. 페가수스 주택 단지 몇 곳 안에 '맛보기' 아파트를 조성하여 잠재적인 고객이 보다 실감나는 경험을 해보고 또 매입 전에 사용해볼 수 있게 했습니다.

우리가 제작한 고객 여정 지도는 신입사원을 위한 기업 소개에 포함되어 어느 부서에서 근무하든 반드시 매입과 소유권 전반에 걸쳐 당초 의도대로 고객 여정을 둘러보게 합니다.

우리의 가장 큰 도전은 기업의 일상적인 응급상황이 그 계획에 대한 우리의 준수와 투자를 가로막지 못하게 하는 것이었습니다. 현재 회사 영업 방식에 영향을 미치는 모든 업무가 진행되는 와중에 매월 '엔진 프로젝트' 시간을 갖고 있습니다. 항상 경영진 참석 하에 이루어지는 그 회의에서 우리가 엔진과 함께 창출한 비전을 언급합니다. 이렇게 해서 늘 그것이 직원들 마음속에 머물게 합니다."

디자인 과정에서 지속적으로 고객의 목소리를 대변한다

이 모든 프로젝트 관리 활동을 하면서 정작 지금 누구를 위해 이 모든 걸 하고 있는지 그 주인공을 깜빡하기 쉽다는 사실에 놀라곤 한다. 바로 고객이다. 그러므로 정기적으로 그들을 내부 대화로 도로 이끌어 와야 한다.

그 과정에서 마주치게 될 사안의 하나는 실제 고객이 바라는 것이 아닌 기업이 원하고 전달할 수 있는 것으로 되돌아가려는 성향에 관한 논의다. 바로 이 때문에 계획 및 연구 단계는 물론 착상, 평가, 그리고 가능한 솔루션 테스트의 전 단계에서 고객 집단과의 대화가 중요하다는 말이다. 이와 마찬가지로 일선 동료직원들의 견해를 듣고, 또한 그들이 전달하도록 요청받은 것이 서비스에 대한 보다 실제적인 시각을 준다는 사실에 대한 그들의 이해도를 시험하는 일에 그들을 참여시켜야 한다. 직원과 고객 모두를 워크숍에 동참시키는 건 어떤가? 아니면 온라인상에서 소규모 실무집단을 형성하는 것은 어떨까?

실험적 환경을 조성하고 시험을 통해 배운다

프로젝트 진행 과정에서 시험을 해보는 것은 자신감과 합의 조성에 도움을 준다. 이는 가끔은 책상에서 일어나 물리적으로 일을 해볼 필요가 있음을 의미한다. 그것은 쌓기 놀이 블록이나 완구로 작업을 한다든지, 아이디어를 적어본다든지, 동료와 역할극을 해본다든지, 아니면 팀 전체가 나가서 서비스를 경험해볼 수도 있다. 실제로 얼마나 많은 직원들이 서비스를 혁신 또는 개선하고자 노력하면서도 정작 그것을 경험해보지 못한 경우가 놀라울 정도로 많다. 일례로 회사에서 일괄적으로 무상지급이 되는 이동통신업체 직원의 경우는 아마 통신료를 지불하는 것이 뭔지, 또 어떤 느낌인지 도통 모를 것이다. 또한 다른 사람의 이동통신망을 경험할 기회도 갖지 못한다.

혁신에 적절한 조건을 창출하는 두 가지 요소는 바로 실제 해보는 활동과 평소 업무방식을 벗어난 경험에 개방적인 태도이다. 이들은 새로운 것을 배우고 일에 대한 신선한 관점을 얻는데 도움을 준다. 일부 기업들은 무슨 일이 언제 일어날지 정확히 알 수 있도록 모든 걸 통제하는 방식을 고집한다. 각자의 선택에 달린 문제이나 이에 대해 부드러운 말로 응수하면서 이렇게 말할 수 있다. '어떤 일이 일어날지 우리는 알 수 없습니다. 그때쯤이면 이것을 완전히 잘못된 방향이라고 결정하게 될지도 모릅니다.' 물론 이렇게 제안해서 일부 사람들을 놀라게 할 수도 있겠지만 단지 편하자고 처음에 모든 것을 결정해서는 안 될 것이다. 우리가 차후에라도 자유롭게 마음을 바꿀 수 있다면 그것은 놀라운 결과를 가져올 것이다.

끝까지 밀고 나간다

마지막으로 이런 종류의 일에는 회복탄력성과 인내가 요구된다. 프로젝트는 단지 한차례의 신나는 첫 워크숍으로 끝나는 것이 아니며, 그리고 나서는 평소대로 업무가 진행된다. 초기의 열정은 너무도 쉽게 사그라지고 결국 예전과 똑같은 회의의 연속과 예전과 똑같은 서류 작성에 그친다. 어느새 열정을 잃고 만다. 확실한 시장진출 프로세스를 갖는 것도 좋지만 이와 더불어 앞으로 있을 장기전에도 대비를 해야 한다. 잠간 멈춰 서서 성찰하는 것은 괜찮다. 지금 왜 이 일을 하고 있는지에 대해 여전히 확고부동한지, 그리고 비전을 마음속에 생생하게 느끼며 일하고 있는지 확인하라.

프로젝트에 적절한 환경을 창출했는지 점검할 다섯 가지 확인질문은 다음과 같다.

- **적절한 전망과 야망**: 모든 사람이 프로젝트를 정확하게 정의한 것을 편안하게 받아들이는지, 그리고 만약 필요한 경우 그것을 재정의했는가?
- **적절한 인적자원**: 프로젝트와 관련된 적절한 기술과 사고방식을 지닌 적절한 인재가 확보되어 있는지, 아울러 그들이 지속적인 노력에 헌신할 정도로 동기부여가 되어 있는가?
- **적절한 커뮤니케이션**: 처음 시작할 때부터 일의 목적을 분명히 정했는지, 그리고 본래의 취지

가 디자인 및 개발 과정 전체를 통해 여전히 적절한가?

- **적절한 수준의 융통성**: 인적자원과 관리감독체제를 가동할 준비를 갖춤으로써 사안들을 찾고 공유하며 필요한 행동을 명시했는가?
- **적절한 지원**: 고위급 후원자가 프로젝트의 발전과 혜택에 관한 긍정적으로 보고하는가?

3. 주요 시사점
- - - - - - - - - - - - - - - -

- 서비스 혁신 프로젝트의 번창을 위해 적절한 내적 환경을 창출하는 것은 그 결과물을 보다 신속하게 전달할 수 있으며 시간의 경과에 따라 누차 비전을 정당화해야만 하는 상황을 방지할 수 있다는 의미다.
- 적절한 환경이 조성되었는지 알 수 있는 기준은 다음과 같다.

- 시간이 지나도 희미해지지 않는 전달에 관한 긴박감이 존재한다
- 모든 사람이 그 비전을 지지하므로 그다지 큰 어려움 없이 '방해요소'를 제거할 수 있다는 사실을 발견한다
- 동료직원들이 프로젝트에 참여하길 원하며 비교적 쉽게 자원을 끌어 모을 수 있다
- 내부적으로는 동료직원들로부터 그리고 외부적으로는 고객으로부터 긍정적인 피드백을 받으며, 그들은 전달된 빠른 성과에 감사한다

• 적절한 환경의 설정과 유지에는 다음과 같은 것들이 수반된다.
- 어떤 상황이 오더라도 헌신될 수 있는 프로젝트의 핵심에 동기부여된 사람들로 이루어진 핵심팀을 끌어 모은다
- 그 팀이 프로젝트 기간 내내 충분한 정신적 물리적 자원을 확보할 수 있게 보장한다
- 기업 주변의 다양한 팀들과의 협업에 대비한다
- 사람들에게 비전에 충실하고 그것의 필요성에 대

해 알려고 하지 않는 사람들을 설득할 적절한 이
유를 준다

- 이 모든 과정에서 고객을 잊지 않고 그들과 계속
소통한다

- 실험적 접근을 도입함으로써 불확실성이 있지만
그렇게 불편한 느낌 없이 직접 해봄으로써 지속
적으로 배워나간다

- 끝까지 해서 성공하는 것을 보기 위해 회복탄력
성을 개발한다

매력적인 프로젝트를 운영하라

현실을 돌아보자면 조직들마다 프로젝트들이 넘쳐나고 있는 것이 마치 모든 사람이 저마다 진행 중인 프로젝트가 하나씩은 있는 듯하다. 이 말은 만약 자신의 프로젝트가 최고의 인재와 자원을 끌어 모으려면 최고로 매력적이고 신명 나는 발군의 프로젝트가 되어야 한다는 뜻이다. 그렇다면 과연 무엇이 사람들을 움직여 수많은 프로젝트 중 특정 워크숍에 참석하게 하고, 또 그들의 가장 참신한 아이디어와 최고의 열정을 그 계획에 헌신하게 만드는 것일까? 아울러 일단 이런 동료들을 동참하게 한 후에는 어떻게 그들의 관심을 계속 유지할 것인가?

우리는 지난 수년간 클라이언트들에게 영감을 불어넣을 수 있는 프로젝트를 수립하고 운영하는 방법에 관한 몇 가지 전문적인 도구와 독창적인 사고방식을 개발했다. 우리는 크고 작은 조직이 두드러지고 혁신적인 프로젝트에는 고유한 고객 가치 제안이 포함되어야 하는 것으로 생각할 필요가 있음을 깨달았다. 다시 말해 어떻게 프로젝트에 참여할 사람들이 그 가치를 인정하기 위해 그것을 이해할 필요를 느끼게 되는지를 고려해야 한다는 뜻이다. 프로젝트에 참여하는 개인이나 조직을 위해 프로젝트에 대한 헌신의 혜택을 분명히 이해시켜야만 하는데, 그 형식은 아마도 프로젝트에 관한 새로운 도구나 기술, 또는 어디든 적용 가능한 새로운 효율성 평가법이 될 것이다. 그리고 프로젝트를 기업에 대한 내부 제안으로 생각한다면 마치 하나의 제품처럼 그것을 브랜딩하거나 광고하지 말란 법이 어디 있는가? 프로젝트에 관한 탁월한 경험을 참여하는 사람들에게 전달하는 것을 왜 고려해보지 않는가?

이 장에서는 왜 우리가 매력적인(실행 중인 다른 것들보다 더) 프로젝트가 보다 나은 결과를 얻는다고 생각하는지 간단히 제시하겠다. 아울러 팀이 적절한 인재와 자원을 확보하도록 돕기 위한 9가지 전술을 설명하도록 하겠다.

1. 매력적이고 즐거운 프로젝트 작업이 왜 그토록 중요한가?

이것은 상당히 명백하게 보이는데, 즐겁기 원하는 것은 누구나 다 마찬가지 아니겠는가? 물론 그것은 분명한 사실이지만 흥미로운 프로젝트 운영으로부터 얻게 될 혜택은 그 이상이다. 그를 통해 얻을 수 있는 도움은 다음과 같다.

- 프로젝트 입안자로부터 더 많은 것을 얻는다
- 더 좋은 아이디어를 얻는다

- 정상적으로라면 기여하지 않을 사람들로부터도 아이디어와 해법을 얻을 수 있다
- 고위급 의사결정권자의 부담을 덜어준다
- 자원의 보고를 열고 다른 프로젝트와 팀의 지지를 이끌어낸다

그 각각에 대한 간략한 설명을 덧붙이도록 하겠다.

프로젝트 입안자로부터 더 많은 것을 얻는다

서비스 디자인과 개발 과정을 통해 동료 집단을 선도하는 경우 만약 사람들이 그 일을 즐길 수 있다면 성공할 가능성이 훨씬 높아진다. 그렇다면 이런 즐거움은 어디서 나오는가? 그것은 그들이 하는 과제에 독창성을 부여하는 것이나 그들이 새로운 기술을 발휘할 기회 또는 솔직한 말로 재미라는 묘약의 소량 투여를 통해 가능하다. 우리는 수년간 클라이언트들의 흥미로운 프로젝트 운영을 돕는 과정에서 너무도 소중한 것을

배웠는데, 그것은 사람들이 새로운 도구를 가지고 전과 다른 방식으로 일을 시작할 때 새로운 관점을 얻게 되는데 그것은 항상 보다 신명 나는 결과를 산출한다는 사실이다.

더 좋은 아이디어를 얻는다

만약 사람들이 열심히 일하고 싶어 하는 그런 프로젝트를 만든다면 자신의 식견과 전문지식을 기여하고자 하는 동료들을 끌어 모을 수 있을 것이다. 만약 일선 팀 중 최고의 인재들을 차출해 그들 역시 프로젝트에 참여토록 관리자를 설득할 수 있다면 더욱 좋다. 아울러 만약 일부 고객을 워크숍이나 행사, 인터뷰, 그리고 그들의 가정, 직장, 또는 온라인상에서 그들과 함께 하는 실무회의를 통해 디자인 팀으로 선임할 수 있다면 금상첨화일 것이다. 적합한 사람들과 함께 하는 시간을 갖기 전에는 우리가 얼마나 모르는 것이 많으며, 얼마나 많은 것을 못 보고 있는지 놀라울 따름이다.

정상적으로라면 기여하지 않을 사람들로부터도 아이디어와 해법을 얻을 수 있다

서비스 개발에 대한 디자인 주도적 접근은 조직 내 수직적이고 수평적인 관계 모두의 협업을 성공적으로 수행해낸다. 이것은 다음과 같은 세 가지 방식을 통해 혜택을 준다.

- 의식의 고취와 승인을 통해(이는 장애물을 대대적으로 감소시킨다)
- 광범위한 동료 및 고객과의 접촉을 통해 얻게 되는 사고의 건전성을 통해(이는 보다 나은 의사결정을 가능케 한다)
- 의사결정의 부담을 팀, 고객, 그리고 디자인 과정 그 자체로 분산시키는 것을 통해(그 예로 협력적인 평가기술이나 프로토타이핑을 들 수 있다)

다시 말하자면 프로젝트가 즐겁고 열심히 일한 보람이 있을 때 보다 다양한 경험을 지닌 광범위한 사람들을 끌어 모을 수 있게 되며, 이는 보다 탁월한 결과를 보다 신속하게 얻을 수 있음을 의미한다.

고위급 의사결정권자의 부담을 덜어준다

조직의 고위간부들은 종종 지도자직의 중압감을 절감한다. 그들은 모든 현명한 생각을 지니고 있으리라는 기대를 한 몸에 받고 있으며 더욱이 의사결정을 해야 할 때면 마치 신탁을 전하는 사제인양 비춰지기도 한다. 하지만 아무리 최종 판정이 그들의 몫이라고는 해도 결코 한 사람이 모든 해답을 가질 수는 없는 법이다. 프로젝트가 전략적이고 미래지향적인 것일수록 의사결정 시 위험도가 높아지며 따라서 맨 윗사람의 중압감은 더 막대해진다. 이와 더불어 만약 그들이 승인해야 할 사안을 제대로 이해할 수 없거나 위험을 소유하는 해법에 대한 충분한 확신이 들지 않는다면 미적미적하다가 결국 '승인을 거부'하게 될 공산이 크며, 이것은 충분히 이해할 만한 일이다.

고위급 의사결정자의 다수는 기존 해법의 수행성적 자료를 보고 확신을 얻는다. 그러한 역사적 자료는 미래의 수행 모델화 내지는 점진적 변화 및 피드백 회로 단축 시의 예상 수익률 평가에는 유용하다. 하지만 역사적 자료를 근거로 해서는 고객 제안과 경험에 상당한 변화를 가져다 줄, 다시 말해 뭔가 새로운 것을 창출해낼 제안을 위한 사례를 형성하기가 훨씬 더 힘들다. 역사적 자료와 동향 자료는 대략적인 예상을 짜 맞추는데 여전히 유용하긴 하지만 그럴 경우 의사결정권자는 다른 형태의 증거를 필요로 하게 된다. 이런 결정을 내리는 사람은 전통적인 관리자라기보다는 벤처 투자가에 더 가깝다는 느낌이 들 텐데, 고위 관리자가 벤처 투자가처럼 사고하기 위해서는 도움을 필요로 할지도 모른다.

결국 사람이 사람에게 투자하는 것이므로 투자에 합당한 영향력 행사자와 전달자 집단을 모집해야 한다. 그러므로 프로젝트에 적합한 전문지식을 접목해야 한다. 고위 이해관계자들은 지금까지 진행되어온 과정과 고객과의 공동 작업을 통해 얻어 들인 통찰력의 단호

함, 그리고 이사회에 참석케 한 전문가에 대해 안심할 수 있어야 한다. 조직 안팎에 영향력 행사자를 참여시키는 것은 디자인된 비전과 혁신 계획의 타당성을 입증하는 강력한 사회적 증거다.

자원의 보고를 열고 다른 프로젝트와
팀의 지지를 이끌어낸다

어느 때나 조직의 서비스 개선을 위해 진행 중인 다른 프로젝트와 팀들이 있게 마련이다. 아마 이들은 널리 산재해 있으며 다른 사람이 하는 일을 항상 정확히 의식하고 있지는 않을 것이다. 만약 그들의 활동이 현재 추진코자 하는 총체적인 프로젝트를 지지해줄 수 있다면 참으로 바람직하겠지만 이를 위해서는 먼저 그들이 현재 무엇을 계획하고 있는지 알아야 하며, 다음으로는 그것에 대한 충분한 확신을 가지고 이사회에 참석할 수 있어야 한다. 이때 필요한 것은 사회적 영향력이다.

이때가 고위급 영향력 행사자와 예산 담당자로부터 긍정적인 피드백이 오는 시점이다. 시간과 적합한 인적 자원을 끌어 모음으로써 조기에 그 가치를 입증하는 흥미로운 프로젝트는 이런 유의 관심을 불러일으킨다. 이것이 프로젝트의 가치에 대한 사회적 증거가 되어 기업 주변의 다른 사람들에게 헌신하려는 확신을 준다. 결국 성공이 성공을 낳는다.

2. 사람들이 함께 일하고 싶어 하는 프로젝트를 만들려면 어떻게 해야 하는가?

일하고 싶은 흥미로운 프로젝트로 만들기 위해 할 수 있는 일은 많다. 그 중 몇 가지를 제안한다면 다음과 같다.

- 사전에 전문가의 조언을 받아들인다.
- 영입 계획을 작성하고 어떻게, 그리고 언제 핵심

인사를 참여시킬지 생각한다.

- 개인과 팀이 참여하도록 동기부여가 될 만한 요소가 무엇인지 생각한다.

- 프로젝트를 기업의 가장 긴급한 도전 또는 문제와 연결시킨다.

- 스토리를 창출하고 프로젝트를 위한 브랜드를 구축한다.

- 조직에서 현재 무슨 일이 일어나고 있는지를 확실히 알 수 있도록 프로젝트를 가시적이고 접근 가능한 것으로 만든다.

- 사람들을 사무실 밖 세상 속으로 데리고 나간다.

- 적합한 사람을 과정의 적절한 지점과 연결시킨다.

- 어느 면에서는 최초가 될 수 있는 프로젝트를 만들라.

사전에 전문가의 조언을 받아들여라

비록 처음부터 모든 솔루션을 결정짓는 것이 좋은 방법은 아니지만 사전에 일을 전개해보고 프로젝트의 내용이 어떤 것이 될지 알아보는 것은 유익하다. 예를 들어 고객 운영의 특정 측면이 어떻게 작동할지에 대한 더 깊은 이해를 필요로 하게 될 상황이나 고객 통찰력 팀이 통상 수집하지 않는 데이터를 필요로 하게 될 상황을 예상해볼 수 있다. 기존 솔루션의 운영비용과 그것을 리디자인함으로써 얻을 수 있는 상업적 혜택을 추산하려면 모의 산출 작업에 함께 할 도움의 손길이 필요할 것이다. 어떤 일이 발생할지 생각해보고, 그런 다음 사전에 전문가의 조언을 수집하기 시작하라. 조직 안팎의 정평 있는 전문가로부터 조언을 얻는 것은 프로젝트를 모두에게 보다 흥미롭게 만들어주며, 그러면서 모두가 새로운 뭔가를 배우게 될 것이다.

참여 계획을 작성하고 핵심 인원들을 어떻게,
그리고 언제 참여시킬지 생각하라

작업에 직접적으로 참여할 사람들과 오로지 핵심 인원으로 남을 사람들을 생각해보라. 그들 각 사람과 어떻게 함께 작업할 것인지 계획하라. 그들이 선호하는 정보 수취 방식과 그들이 원하는 현장에서의 접촉 시간과 빈도를 파악하되, 모든 사람을 모든 단계에 참여시키지 않아도 된다는 사실을 명심하라. 고위급 인사의 주의를 끌 수 있는 가장 좋은 방법은 그들을 매번 워크숍에 초청하는 것이 아니라 시간을 두고 진행 상황에 대해 그들을 확실하게 만족시키는 것이다. 워크숍과 발표회의 차이를 확실히 하며, 이해관계자 한 사람을 이해시키느라 워크숍에 참석한 사람들의 시간을 허비하지 말라. 마찬가지로 만약 고위직 사람들이 수주 또는 수개월간 프로젝트의 일부로 참여하지 않는 한 그들이 자유롭게 의견을 내놓으리라고는 기대하지 않는 것이 좋은데, 왜냐하면 그들은 도전과 질문을 던지는 성향이 더 강하기 때문이다.

개인과 팀이 참여하도록 동기부여가 될 만한 요소가 무엇인지 생각하라

좋든 싫든 간에 우리는 모두 삶의 재미와 흥미로운 것에 끌리기 마련이다. 앞서 우리가 언급한 바와 같이 추진하려는 프로젝트 말고도 사람들의 관심과 자원을 놓고 경쟁하는 많은 프로젝트들이 있을 것이다. 사람들이 헌신하는 이유는 결국 참여를 통해 그들이 얻게 될 내적 보상으로 귀착될 것이다. 비록 모든 사람이 다른 것들에 의해 동기부여가 된다 해도 어떻게든 참여한 모든 사람이 그 일에 대해 분명한 목적의식과 보람을 느낄 수 있어야 한다. 이것은 그것이 항상 재미있어야 한다는 뜻은 아니지만, 만약 그렇다면 금상첨화일 것이다!

성공적인 프로젝트의 중심에는 그것을 '이해하고', 자신들의 시간을 헌신하며, 지원을 위해 자신의 인맥을 활용할 소수의 사람들이 있다. 그들은 개인적으로 노력을 헌신할 동기부여가 되어 있으며, 어떻게든 긍정적 결과가 그들을 개인적으로 유익하게 하리라 예상할 가능성이 크다. 이런 핵심 인물을 넘어 더 넓은 팀의 차원에서도 동기부여를 느낄 필요가 있다. 이러한 팀은 업무 승진이나 표창을 기대하지는 않을 것이며, 그보다는 자신들의 전문지식을 선보이고 새로운 기술을 배우며, 다른 사람들과 새로운 방식으로 작업할 기회를 주는 일에 더 이끌릴 것이다.

다른 사람들이 무엇을 필요로 하는지 명백히 해야 함을 명심하라. 그들은 추측할 수 없으며, 확실하지 않으면 자신과 자신의 자원을 헌신하는 일에 대해 불안해할 것이다. 그 이면에 위대한 스토리를 지닌 프로젝트와, 그래서 관심과 견인력을 얻는 것처럼 보이는 프로젝트는 사람과 자원을 끌어들일 것이다.

프로젝트를 기업의 가장 긴급한 도전 또는 문제와 연결시켜라

모든 조직에는 당면한 현안들이 있지만 여타 조직에 비해 정도가 심각한 곳들도 일부 있다. 재무성과나 고객, 또는 양자 모두와 관련된 기업의 난제는 무엇인가? 아울러 어떻게 하면 난제를 프로젝트와 연결시켜 적어도 하나에 대해서라도 믿을 만한 해법을 제시할 수 있을까?

이것은 단지 시작할 적당한 문제를 찾는 것이 아닌 그것에 대해 어떻게 이야기하느냐에 달려있다. 중심 현안과 관련도 없는 프로젝트를 가지고 계획과 토의를 거듭한 적이 얼마나 많았던가. 예를 들어 시장에 발을 디딘 새로운 유형의 고객에 대한 서비스 제공 방도를 모색하는 것과 관련해 기업의 문제를 찾았다면 그것은 회사의 웹사이트 혁신 계획을 수립으로 이어질 것이다. 그것까지는 좋지만 모든 사람에게 프로젝트의 목적과 혜택을 분명히 해야 할 것이며 그것은 단지 기술적 도전이나 시각적인 새로움만으로는 이해될 수 없다.

필요한 재가와 자원을 확보하려면 고위직 인사 중 프로젝트에 적합한 인물의 목적에 호소하는 것이 되어야만 한다. 예를 들면, 웹 프로젝트를 계획된 브랜드 위치 재설정에 부합되게 한다든지 아니면 그것을 다양한 경로를 통한 고객 제안을 모의실험해볼 기회로 바라봄으로써 프로젝트와 관련해 영향력 있는 고위 경영진과의 연결망을 넓혀나가기 시작할 수 있다. 제안된 해법이 기업의 나머지 다른 목적들 속에서 함께 엮어져 나가려면 누구의 관심과 자원이 필요한지 생각하라. 이는 소관을 넘어서는 행동을 하라는 것이 아니라 단지 아무리 보잘 것 없는 것이라 해도 추진코자 하는 프로젝트가 지닌 가치를 모든 사람에게 확실히 하라는 의미다. 요는 핵심성과지표에 대한 프로젝트의 영향력을 명시하는 것이다.

스토리를 창출하고 프로젝트를 위한 브랜드를 구축하라

조직은 주의집중시간이 짧은 편이라 어떤 프로젝트건 어떻게 사람들이 관여하도록 만들 것인가가 성공의 핵심 요소다. 읽지도 않을 이메일로 뭔가를 남긴다든지 기업 내부전산망에 별로 흥미롭지 못한 정보를 올리는 것으로는 충분치 않을 때가 많다. 대신 어떻게 프로젝트를 평소 업무와 다른 느낌이 들게 만들 것인지에 대해 생각하라. 우리가 함께 작업했던 어떤 프로젝트 팀은 사무실 주변에 암호 같은 이미지와 메시지를 담은 포스터를 부착하는 '게릴라식 마케팅'으로 소통에 접근했다. 이것이 동료들의 호기심을 자극하여 더 많은 것을 알고 싶게 만들었다.

현대자동차의 스텔라 상옥은 다음과 같이 설명한다.

"과정과 최종 디자인의 커뮤니케이션을 매력적이면서 심지어 장난스럽기까지 한 방법을 찾아 사람들이 관여하고 싶고 또 알고 싶게 만드는 것이 중요합니다. 한국에서 서비스 디자인은 여전히 상당히 새로운 분야입니다. 기업들은 이론을 이해하고 평가하는 데 집중합니다. 따라서 매력적이고 장난스러운 방법으로 디자인 과정과 비전, 그리고 서비스 디자인을 설명하는 것이 매우 중요합니다."

직장에서 사용가능한 기존의 커뮤니케이션 채널에 대해 생각해보라. 아마 매주 부서에서 스탠드업 코미

디처럼 신입사원 소개와 질의응답, 의견 청취를 하는 것이나 아니면 내부의 사회적 연결망 도구가 그 한 예일 것이다. 프로젝트와 관련된 브랜드를 구축할 수 있으려면 주간 게시판이든 월간 사보든 내부적 커뮤니케이션 체계 속에 들어가려는 노력이 필요하다.

　모험을 위한 내부 브랜드를 하나 가진다면 사람들이 그것에 대해 이야기하기가 더 편할 것이며 이는 그것이 조직 전반에 걸쳐 보다 광범위하게 알려지게 된다는 의미일 것이다. 브랜드를 형성하려면 프로젝트 제안 또는 문제 기술서가 필요할 것이다. 프로젝트 시작으로 성취코자하는 바가 무엇이며 누구를 위한 것인지 그 핵심을 포착하라. 프로젝트를 매력적인 것이 되게 만들고, 사람들이 그것을 다른 유사 프로젝트들과 혼동하지 않도록 하며, 어떻게 원하는 결과에 이르도록 접근할 것인지 분명히 하라.

조직에서 현재 무슨 일이 일어나고 있는지를 확실히 알 수 있도록 프로젝트를 가시적이고 접근 가능한 것으로 만들라

가능하다면 사무실 내에 프로젝트의 지속적 운영을 위한 고유한 공간을 확보할 수 있는지 알아보고 벽면을 활용해 사고를 가시화하라. 거기서 작업하면서 다른 팀들도 와서 보고 그와 같이 하도록 그들을 초청하며, 공식적 혹은 비공식적으로 이해관계자들을 그곳으로 자주 데리고 간다. 그곳을 '개방된 장소'로 만드는 것을 고려하며, 사람들에게 그곳에 들러 전체 과정과 계획을 둘러보라고 권장하라. 지금 무엇을 하려고 하는지 회사 모든 사람들이 확실히 알게 함으로써 유언비어가 발생하지 않게 하라(물론 프로젝트가 일급기밀이 아닌 경우다!). 이러한 제안과 서비스 디자인에 대한 집단적인 참여가 겉으로 드러나 보다 나은 아이디어에 영감을 불어넣을 수도 있지만 아울러 비전을 조직으로 옮겨 실행을 위한 장을 마련하는 과정을 시작하게 할 수도 있다.

사람들을 사무실 밖 세상으로 데리고 나가라

최대한 자주 사무실 밖으로 나가라. 가서 고객의 세계에서 그리고 유사한 경험이나 문제해결을 제공하는 다른 기업과 서비스에서 영감을 얻으라. 예를 들어 디자인 중인 서비스에 불가피하게 고객이 줄서서 기다리는 과정이 요구된다면 가서 여기저기 줄서서 있는 사람들 대열에 합류해보라. 줄서는 것을 통해 멋진 경험과 끔찍한 경험을 찾아보고 그것들이 왜 그런 느낌을 갖게 만드는지 토론해보라. 서비스 디자인과 상호작용에 관해 무엇이 그것을 멋진 또는 끔찍한 경험으로 만드는지 구체적으로 나누라.

프로젝트 일부 또는 전체를 본부가 아닌 다른 곳에 설치하는 것이 가장 이상적이다. 그것이 사치일 수도 있지만 매우 상이한 유형의 공간을 빌리는 것을 고려하도록 하라. 고객에게 더 가까이 다가갈 수 있는 지점을 찾되, 이것은 기업 자체 소매 매장, 고객 센터, 또는 외부 장소가 될 수도 있다. 종종 어딘가 평소와 다른 곳에 있어보는 것은 사고를 자유롭게 하며 팀에게 도전을 제기하고 외부 세계에서 아이디어를 가져오는 것을 암묵적으로 허용한다. 또한 사무실 밖으로 나가는 것은 고객의 세계로 들어가는 탁월한 방법이기도 하다. 사무실이 아닌, 고객이 있는 곳에서 그들과 함께 있을 수 있는 길을 찾아보라.

적합한 사람을 과정의 적절한 부분에 연결시켜라

이해관계자 집단의 역학 관계를 관리하는 것은 프로젝트 성공의 생명인 동시에 저해요소도 될 수 있다. 우리 클라이언트들은 어떻게 적합한 시기, 적합한 장소에 적합한 사람을 얻을까보다 고위 이해관계자들의 관심을 끄는데 지나치게 편중된 경우가 많다.

10년의 간격을 두고 두 명의 수학자가 경쟁적인 논문을 펴냈는데, 여기서 그들은 문제 해결에 관한 한 다양한 팀의 사람들이 고도의 능력을 갖춘 팀보다 더 뛰어난 수완을 발휘한다고 주장했다. 다시 말해, 가장 전문적인 사람들을 한 방에 모으는 것과, 다양한 경험과 관점과 도구를 프로젝트로 끌고 올 수 있는 한 집단을 발견하는 것 중 어느 것이 더 낫냐는 것이다. 경험에 비추어보면 프로젝트 초기 단계에서는 상급자가 군림하지 않는 다양성을 갖춘 팀이 필요하다. 이때는 개인적인 비전이나 폐쇄적인 추정, 또는 이전에 시험되고 실패했던 모든 것의 간략한 역사를 위한 순간이 아니다. 일단 비전에서 계획으로 옮겨가는 그때 상급자와 전문지식 전달이 필요하게 된다. 또한 고객이 보고, 만지고 사용하게 될 경험의 창작에 들어갈 때 디자인과 전달 전문가가 필요할 것이다.

워크숍을 조직할 때 매회 동일한 약력의 참석자들이 요구되는 것은 아니다. 특히 최고위급 이해관계자의 경우, 그가 진정 창의적인 인물이 아닌 초청을 피하고(가급적), 아울러 팔을 걷어붙이고 세부사항에 주력하는 것이 중요한 회의석상에도 초청을 피해야 한다. 이해관계자 관리와 서비스 디자인은 별개의 사항으로 취급하고, 양자가 겹치는 순간은 신중하게 관리해야 한다.

어느 면에서는 최초가 될 수 있는 프로젝트를 만들라

상당수 기업이 특정 프로젝트 관리 양식을 도입하고 있으며 대개 집행은 사업관리부에서 한다. 비록 약간의 지침이 있는 것이 도움이 될 수는 있지만 강요된 양식은 지루하고 반복적이며 단지 마지못해 한다고 느끼는 것은 결코 고무적이지 못하다. 만약 회사 내에서 참신하고 색다르다고 인정받을 만한 두어 가지 업무 방식을 발견할 수 있다면 부적합한 사람이 아닌 적합한 사람들을 끌어들일 수 있을 것이다.

새로운 서비스가 일정 수준의 참신함이나 독창성을 포함할 때 고객에게 보다 매력적인 서비스가 된다고 이야기했던 것을 기억하는가? 기업 내에서의 프로젝트도 마찬가지다. 사람들은 '늘 똑같은' 방법의 재탕처럼 보이지 않는 모험에 끌린다. 게다가 지금 끌어들이고 싶은 부류의 사람들은 새로운 뭔가를 하는 것을 좋아하는 사람들이므로, 그들이 새로운 기술을 배우거나 특별한 방식으로 일함으로써 신나는 한 주를 만들 수 있는 기회를 볼 때 그들의 자발적인 선택을 독려할 것이다.

　그렇다면 이것을 어떻게 시작하면 좋을까? 프로젝트 행사를 추가적으로 실시하여 거기서 장차 어떤 방식으로 작업할 것인지 합의할 수 있다. 단체로 나가서 경쟁사의 서비스를 경험할 수도 있다. 심지어 워크숍에 고객을 일선 직원들과 나란히 참석시켜 새로운 서비스를 함께 디자인할 수도 있다. 프로젝트 과정에서 새로움의 몇 가지 요점을 찾기 위해 스스로 도전하기만 한다면 생각해낼 수 있는 아이디어는 무궁무진하다.

　프로젝트 독창성의 일부는 외부를 안으로 끌어들이는 것으로부터 창출된다. 이것은 고객을 사무실로 초청하여 같이 대화하거나 아니면 바깥세상으로 나가 그 요소를 프로젝트로 끌고 오는 과정을 수반한다. 디자인한 서비스를 직접 경험해보거나 고객과 얼굴을 마주 대하고 대화하는 것에 비하면 조사대행기관이 가져다준 차트와 데이터를 몇 시간 검토하는 편이 훨씬 쉽다. 실제로 우리가 함께 작업했던 사람들의 상당수는 사실상 한 번도 고객과 대화를 해보지 않았던 이들이다. 그들이 그렇게 했을 때 그것이 얼마나 흥미로운 일인지 깨닫게 되었으며, 이는 그들에게 그 좋은 일을 하려는 신선한 자극제가 되어 주었다. 우리는 고객을 보다 잘 이해함으로써 그들을 위해 개선하려는 동기부여가 보다 많이 되며 그럴 때 그들은 숫자가 아닌 실제 사람으로 존재하게 된다. 사실상 우리가 클라이언트들에게 이끌어오는 가치의 대부분은 흥미로운 활동이 있는 워크숍을 계획하고 고객과 대화의 장을 마련함으로써 이런 '외부에서 안으로' 순간들을 디자인하는 데 있다. 신선한 관점에서 세상을 바라볼 수 있게 된다면 그것은 막대한 차이를 만들어낸다.

프로젝트가 사람들을 끌어들일 수 있는 것인지 점검하는 5가지 질문은 다음과 같다.

(1) **흥미**: 사람들이 프로젝트 시작에 대해 흥미를 느끼는가?

(2) **조기 피드백**: 조기 피드백이 좋은가? 그리고 고위 경영진이 프로젝트에 대해 이야기하는가?

(3) **시간**: 회의론자를 포함해 사람들이 프로젝트 참여를 위해 시간을 내는가?

(4) 새로운 조언: 새로운 조언을 끌어들이고 있으며 조직 전반에 있는 다른 사람의 도움을 요청하는가?

(5) 끌어들임: 기업의 다른 영역들이 지금 이 프로젝트로부터 배우기 원하는가?

3. 주요 시사점

- 프로젝트 작업을 시작하려면 일단 흥미로워야 하는데, 그 이유는 다음과 같다.
  - 사람들은 자신들이 즐기는 것에 더 많은 더 많이 투자한다.
  - 그들은 더 좋은 아이디어를 보다 많이 낼 것이다.
  - 평범한 프로젝트에 비해 보다 다양한 경험을 지닌 더 광범위한 계층을 끌어들일 것이다.
  - 프로젝트가 지닌 사회적 증거로 인해 고위급 의사결정권자들이 안심하고 그것을 지원할 수 있다.

- 기업 주변의 다른 팀들이 추진 중인 일에 대해 관심을 기울이고, 시너지 효과와 가치를 더할 것이다.
- 어떻게 하면 작업을 시작하기에 흥미로운 프로젝트를 만들 수 있을까?
  - 필요한 전문가를 사전에 끌어들이고 참여시키는데, 그 이유는 그들의 조언이 프로젝트를 보다 재미있고 또 모든 사람들이 신뢰할 수 있기 때문이다.
  - 적합한 사람을 적합한 방식으로 적합한 때에 참여시킨다.
  - 무엇이 다른 사람들이 참여하도록 동기부여하는지, 어떤 것이 신기술 습득과 전문지식의 새로운 작업방식으로의 활용과 발휘에 최적의 기회가 될 수 있을지 생각한다.
  - 프로젝트가 어떻게 기업의 가장 긴급한 문제를 도울 수 있을지 찾고 프로젝트가 그렇게 하고 있는 부분에 대해 이야기한다.
  - 그것을 위한 스토리와 브랜드 정체성을 창출하며

최적의 커뮤니케이션 채널들을 활용해 그것들을
선보인다.

- 가능하다면 사람들이 '방문'해서 진행 상황을 볼
수 있는 내부공간을 만든다.
- 사무실 밖으로 나가서 고객의 공간으로 들어가
고객의 세계와 접촉하고 동일업계의 타사로부터
배운다.
- 고위급 이해관계자들을 일반 참여자들과 다른 방
식으로 다루어서 그들 각자가 과정의 적당한 부
분에 관여할 수 있게 한다.
- 기존과 다르게 프로젝트 운영 방식에 독창성을
가미하되, 특히 고객과 함께 하는 시간을 갖는 부
분에서 그렇게 하라.

디자인 씽킹:
디자이너처럼 생각하라

'일부 사람들에게 디자인은 어떻게 보이는가를 의미한다. 하지만 물론 만약 조금만 더 깊이 들어가 보면 사실 디자인은 어떻게 작동하는가의 문제다.'

스티브 잡스, 애플 전 회장(1996년)

어떤 사람이 집을 매각하기 위해 변호사의 도움을 필요로 한다고 치자. 어디서부터 시작해야 할지 막막해 하던 그는 부동산 양도 전문 서비스를 제공하는 웹사이트 몇 군데를 살펴본다. 그들이 제공하는 서비스는 모두 비슷비슷하게 보이지만 그들 웹사이트 이용 경험을 통해 그는 각각의 회사에 대해 매우 다른 느낌을 받는다. 알아듣기도 힘들고 보기에도 나쁜 전문용어 일색의 문구와 상태 불량의 시각 자료로 빼곡한 곳이 있는가 하면, 한 눈에 보기에도 디자인과 문구에 시간과 자금을 투자한 듯이 보이는 그런 곳도 있다. 이중 과연 어떤 곳이 그의 최종 후보자 명단에 올라갈까?

진실을 말하자면 사람들은 잘 디자인된 것에 끌리기 마련이며, 그것이 형편없는 디자인보다 더 가치 있게 생각한다. 하지만 스티브 잡스가 정확하게 이해한 바와 같이 디자인은 어떻게 보이는가의 문제 그 이상에 관한 것이다. 심지어는 어떻게 작동하는가의 문제 그 이상에 관한 것이다. 디자인(우리가 그토록 강조하는)은 제품만큼이나 과정에 관한 것이기도 하다. 그것은 생각하는 방식이자 일하는 방식이며, 요컨대 그것은 항상 이런 질문을 던지는 일종의 태도라고 할 수 있다. '어떻게 하면 이것을 최선의 상태로 만들 수 있을까?'

시장을 선도하는 기업들은 우리가 이 책의 전반에 걸쳐 '디자인 씽킹'이라고 지칭했던 가치와, 그들이 전달해야 하는 제품과 서비스에 대한 이미지 재형성에 이어 그 전달을 위한 목표 하의 재조직을 통한 조직의 혁신, 그리고 우리가 말하는 '디자인 주도적 혁신'을 목도하고 있다. 지난 십여 년간 경영대학 및 대학원들은 디자이너 과정과 그 접근법을 배우고 그것을 기업 운영에 접목하고 있다. 2017년 한 인터뷰에서 맷 캔디 IBM iX 부회장은 영국 디자인 카운슬Design Council에서 이렇게 말했다. '디자인 씽킹은 21세기의 과학이며 따라서 기업이 문제해결에 대한 접근법으로 이를 활용하는 것은 스스로를 쇄신하는 하나의 방편이 될 것입니다(타임스고등교육기관誌, 2017년).'

로저 마틴(토론토대학교 로트만경영대학원 전 학장)은 자신의 저서 〈디자인 씽킹 바이블The Design of Business〉에서 비록 디자인 과정과 디자인 씽킹이 기업이 직면한 모든 문제에 적합하다고 볼 수는 없지만 '가치 창조 내지는 전도유망한 기회의 포착이라는 도전에 직면한 기업의 해법은 디자인 팀의 업무 수행 방식을 따라 반복적 작업, 실물 프로토타이핑, 피드백 유도, 그를 통한 개선, 그리고 다시 이 과정을 반복하는 것이다. 그 과정이 펼쳐지는 동안 문제를 파악하고 그것을 실시간으로 해결할 수 있는 기회를 기업 스스로에게 주라'고 지적했다.

우리는 이 장의 제목을 '디자이너처럼 생각하라'로 붙였는데, 그 이유는 저자인 우리가 디자이너기 때문이다. 우리는 모두 디자인 스쿨 출신이라는 공통점을 지니고 있으며 이로써 우리는 예술과 공학의 결합이라는 독특한 훈련과 경험을 갖게 되었다. 아울러 능숙한 디자이너는 우리가 함께 작업하는 다양한 조직 내에서 전통적인 디자이너의 역할 그 이상의 어떤 것을 제공할 수 있다는 것이 우리의 신념이자 사실상 엔진의 창립이념이다. 우리는 디자이너에 대해 디자인 스쿨 학생들에게 강의할 때 통상적인 의미보다 한 차원 높은 개념으로서의 디자인을 말하지만 희소식을 하나 전하자면, 디자이너처럼 생각하기 위해 다시 디자인 스쿨에 입학하지 않아도 된다는 사실이다.

아마 조직들마다 디자인 스쿨 출신의 디자이너들이 있을 것이다. 디자이너들로 가득한 부서가 있을 수도 있다. 그들은 디지털 디자이너, 그래픽 디자이너, 인테리어 디자이너, 제품 디자이너 등으로 디자인 전공자들일 것이다. 그들은 거의가 고객이 접촉하는 사물의 형태, 색상, 구조를 부여하는 임무를 위해 고용되었을 것이다. 하지만 그들의 역할이 무엇이든 간에 우리는 이중 일부 디자이너들은 기업의 성공에 보다 전략적으로 기여하는 방향으로 연결되리라 확신한다.

이 장에서 우리는 디자인 스쿨의 정규 과정을 마친 디자이너들을 위한 사례와 그들(우리)이 생각하고 작업하는 방식을 만들고자 한다. 디자인을 전공한 디자이너들에게 무슨 특별한 기술이 있는 것은 아니지만 그들이 전달하는 사고와 업무 양식은 갈수록 기업에게 그 중요성을 더해가고 있다. 그것이 구체적으로 무엇을 말하는지, 또한 어떻게 디자인 스쿨를 나오지 않은 사람도 디자이너처럼 생각하고 일할 수 있는지에 대해 우리가 생각하는 바를 설명하도록 하겠다.

우리가 요구하는 것은 다음의 세 가지뿐이다.

- 디자인을 사물의 외관 그 이상의 본질로 받아들이고 이해한다

- 스스로를 돋보이게 만들어줄 디자이너들의 사고 습관 일부를 도입한다
- 조직 내에 있는 디자이너들을 발굴하여 그들에게 혁신을 지원하는 일을 맡긴다

본격적인 시작에 앞서 산출물과 서비스 디자인이 실현하려는 결과물의 차이를 분명히 하도록 하자. 산출물은 프로젝트 과정의 유형적인 요소(이에 대한 설명은 10장을 참조하라)인데, 그 예로는 고객 여정 지도, 서비스 청사진, 서비스 일람표, 그리고 최종적으로 고객 웹사이트, 앱, 또는 신규 매장의 인테리어 계획이 있다. 반면 결과물은 보다 충성도 높은 고객, 기업의 평판 개선, 또는 직원의 복지향상처럼 앞으로 성취하게 될 혜택을 말한다. 물론 진정 프로젝트란 이런 것이구나를 실감케 해주는 것은 결과다. 하지만 만약 산출의 디자인과 질에 투자하면 원하는 결과를 성취할 가능성이 보다 높아진다. 결국 동료직원이든 고객이든 사람들은 모두 우리 앞에 놓인 것에 감정적으로 반응하기 마련이다. 그러므로 '좋은 디자인'은 고객이 어떤 새로운

것을 보고 사용하기 한참 전부터 도전의 성공에 중요한 요소로 작용한다. 그것은 보다 나은 제품이나 서비스를 위한 프로젝트 계획과 비전의 착상이 이루어지는 바로 그 순간부터 중요한 역할을 한다.

1. 디자이너처럼 생각하는 것이 중요한 이유

디자이너의 머리를 올려놓는 것이 왜 중요한지 그 이유는 그럴 때 다음과 같은 일이 일어나게 될 것이기 때문이다.

- 참신한 해법을 상상하기가 수월해지는 것을 발견하게 된다
- 시각적인 사고가 가능하다
- 앞을 내다보며 생각할 수 있다
- 아이디어를 양산할 수 있다

- 아이디어를 구체화시킬 수 있다
- 개선을 향한 끝없는 욕구가 생긴다
- 제약을 영감의 원천으로 바라본다
- 독특하고 보호가능한 해법을 창출한다

그 각각에 대한 간략한 설명을 덧붙이도록 하겠다.

디자이너는 다른 사람들이 어떻게 해법을 경험하고 해석할지 상상하는 일에 뛰어나다

디자이너는 사물이 어떻게 작동하는지, 그리고 그것이 어떻게 하면 보다 사용하기 쉽고 유용하며 매력적인 것이 될 수 있을지에 관심이 있다. 그들은 자신들이 디자인하는 것을 더 좋게 만들 방법을 항상 찾고 있으며, 미래에 대한 낙관적인 시각이 그들을 이렇게 되도록 몰아간다. 그들은 항상 뭔가를 보면 그것이 왜 그런지에 관해 질문을 많이 한다. '만약에 그렇게 했더라면?' '왜 우리는 안 되는 걸까?' 그들이 이렇게 질문하는 이유는 어떤 것이 왜 특정한 방식으로 작동하는지 질문하는 것이 해답을 드러내는 것으로 이어질 수 있기 때문이다. 이는 주변의 사물에 대한 호기심에서 시작되는 것으로서 타고난 것일 수도 있지만 디자인 스쿨 출신 부류라고 해서 특별히 그런 것은 아니다. 누구나 그렇게 할 수 있다.

디자이너는 '그럼 뭐지?'라는 질문 역시 잘 한다. 때로는 현안을 강조하는 것이 해법을 상상하거나 심지어 새로운 해법이 존재할 지도 모른다고 상상하는 것보다 쉬울 수 있다. 디자이너처럼 생각한다는 것은 서로 무관한 듯이 보이는 관찰과 예시들을 마음껏 결합시켜 현재 일이 어떻게 되어 가고 있는지에 대한 새로운 그림을 그리며, 대화중에 어리석게 보일 것을 두려워하지 않으면서 개연성 없는 가설을 무심코 시험해보고, 그리고 기존의 해법들에 대한 새로운 조합을 상상한다는 뜻이다.

디자이너는 시각적 사고와 커뮤니케이션에 능숙하다

디자이너들은 생각을 할 때도 시각적으로 한다. 그들은 이런 방법으로 정보를 분석하며 문제와 정보, 그리고 생각과 새로운 솔루션의 체계에 대해 소통하는 방법으로 시각화를 사용한다. 디자인 과정의 상당 부분이 다른 사람에게 '아이디어(또는 문제)를 파는 것'을 수반하며, 우리는 종종 그것을 '상상의 간극을 연결하는 것'이라 부른다. 단순한 시각화는 주관적 토론을 제치고 나설 수 있으며 새로운 아이디어를 명료하게 해준다. 시각화는 사람들이 가능성을 믿을 수 있게 도와주는데, 그 이유는 아이디어를 시각화하는 것에는 불확실성을 없애주는 뭔가가 있기 때문이다.

시각화가 단지 일을 보다 재미있고 매력적으로 보이게 만드는 데서 그치지 않는다는 사실을 인정하는 것이 중요하다. 시각적 사고는 일종의 심리적 현상이다. 디자인 스쿨은 모집 정원 이상의 시각적 인재들을 뽑고 있으니 디자인 분야 출신이 아니더라도 동료들 중에 디자이너들이 몇 명은 있을 터이니 걱정 말길 바란다.

디자이너는 최신 흐름의 일부가 되기를 바란다

디자이너는 새로운 것에 이끌리며 언제나 한 쪽 눈을 미래에 두는데, 그곳은 현재의 개선할 점에 대한 영감을 찾기에 탁월한 곳이다. 고객을 위한 기술적, 사회적, 행태적 지형에 대한 이해를 통해 디자이너는 이루어져야 할 변화에 근접해나간다. 미래는 종종 우리가 생각하는 것보다 금방 다가올 수 있으므로 기업이 맨 먼저 그것의 일부가 되게 해줄 사람들이 주위에 몇 명 있는 것이 도움이 된다.

디자이너는 다방면의 지식을
조금씩이라도 섭렵하는 것을 좋아한다

전통적으로 전문가들은 그들의 전공분야와 깊은 전문

지식으로 인해 그 가치를 인정받아 왔다. 오늘날 다방면에 걸친 지식이 소중한 전문성인 시대가 되었다. 다학제간 팀을 매개하고 주제 영역의 폭을 감당하기에 충분할 정도로만 이해하며, 창의적 연결을 통해 다른 영역에서 해법을 빌려올 수 있는 창의적 연결 능력이 높이 평가되고 있다. 디자이너는 프로젝트를 공식적 역할, 책임, 또는 기업의 목표와는 매우 다른 방향으로 다음과 같이 자신의 일을 완전하게 조직한다.

'전형적인 디자이너의 이력서는 위계적인 직함의 나열 보다는 프로젝트의 축적물로 구성된다. 프로젝트 기반의 접근은 디자이너의 사고방식 전체를 알려 준다.'

디자이너는 승진 가능성 보다는 위대한 문화와 신바람 나는 일에 더 큰 동기부여를 받을 것이다. 디자이너는 이런 다양한 경험을 활용할 수 있으므로 뛰어난 창의성을 발휘한다. 자연스럽게 진행되는 프로젝트는 디자이너의 초점을 개인이 아닌 공동체의 목표에 맞추게 한다.

디자이너는 최대한 빨리 유형의 결과를 만들어내고 직접 해봄으로써 배움을 얻는다

뭔가를 만들어내는 일이 꼭 프로젝트 마지막에 이루어지란 법은 없으며, 디자인 과정 자체가 하나의 작품이다. 이런 점에서 디자인은 과학과 다소 일맥상통하는 것처럼 느껴질 수 있는데, 역사적 가정이나 신념만 가지고 작업하기보다는 시험을 통해 새로운 제품이나 서비스에 이르는 편이 보다 나은 해법을 가져올 것이다.

만약 그림이 천 개의 단어를 그린다면 프로토타입은 단순히 잠잠하지 않는다. 어떤 것을 조기에 매우 기본적이고 다듬어지지 않은 형태로 경험할 수 있다는 것은 서류 작업만으로는 결코 배울 수 없는 교훈을 드러내 보여준다. 디자이너가 항상 아이디어를 시각적이고 가시적인 형태로 만드는 이유도 그렇게 직접 해봄으로써 자신의 생각을 진전시킬 수 있기 때문이다. 프로토타이핑에 굳이 크게 많은 돈을 들일 필요는 없다. 밑그림 그리기, 역할극, 레고 블록 조립 등은 모두 만드는 과정을 통해 배울 수 있는 방법들이다.

프로젝트가 진전됨에 따라 해법은 보다 명확해지며 프로토타입은 보다 실제적이고 정교해질 것이다. 디지털 제품이나 경험의 경우는 몇 분 몇 시간 상관으로 프로토타이핑하고 공유할 수 있다. 우리는 이케아 가구를 활용해 물리적 서비스의 축소판을 프로토타이핑했으며, 여기에 실제 고객과 심지어 전문 연기자를 투입해 인물의 성격을 부여하고 천차만별인 고객의 태도를 추정해보기도 했다. 또 보안검색대와 출국심사대를 통과하는 공항 승객을 위한 개선된 경험을 프로토타이핑하기도 했다. 슈퍼마켓에서 고객이 휴대전화의 앱을 이용해 제품을 스캔함으로써 계산대에서 줄서는 일 없이 결재하는 경험을 프로토타이핑한 적도 있다. 그리고 실물 크기의 자동차 영업점 모형(역시나 이케아 가구와 판지를 사용해)을 제작함으로써 새로운 디지털 영업 도구 외에 직원의 역할과 자세까지 시험해볼 수 있었다.

디자이너는 그만두라는 말을 듣기 전까지
뭔가를 개선하는 일을 계속할 것이다

최초로 머리에 떠오르는 생각이 최고의 아이디어가 되는 경우는 드물다. 그것은 수정과 개발, 그리고 시험과 개선을 거듭하며 수차례 반복된 생각의 소산이다. 자연 디자이너는 나중이 아닌 보다 이른 시점에 세부사항에 들어가 그 과정과 제품의 개선방안에 관한 질문을 계속한다. 그의 야망은 자신이 할 수 있는 한 최선의 해법을 창출해낼 때까지, 아니면 다른 사람이 그만두라고 말할 때까지 자기 자신의 추정에 도전하는 것이다.

디자이너는 도전을 즐기고 제약을 영감의 원천으로 본다

제약이 영감의 원천이 될 수 있다고 상상하는 것은 어려운 일이지만, 고려할 요소가 한두 가지가 아닌 상황에서 우아한 해법을 찾는다는 생각에 사람들이 어떻게 경도될 수 있는지를 보는 것은 얼마든지 가능하다.

그것은 타협의 여지가 없는 정해진 기대치라기보다는 목표를 지니되, 보다 나은 결과를 얻으려는 타협의 형태이다. 마티 뉴마이어는 자신의 저서 〈디자인풀 컴퍼니〉에서 동일한 주장을 보다 분명하게 피력했다. '디자인 씽킹 역량을 갖춘 지도자는 비용절감과 혁신이 상호배타적이라든지 단기 목표와 장기 목표가 양립불가능이라는 낡은 생각을 인정하지 않습니다. 그들은 "A도 되지만 B도 될 수 있다는" 천재적인 생각을 위해 "반드시 A 아니면 B 둘 중 하나여야 한다"는 독재적인 생각을 거부합니다(뉴마이어, 2009년, 47쪽).'

탁월한 디자인은 모방하기 어렵다

레고는 모델 조립법 설명이 명확하기로 유명한데, 문자가 거의 없다시피 하면서도 이 목적을 달성하는 데 성공했다. 그것이 쉬워 보이지만, 사실상 그렇지 않다. 다들 조립식 가구부품포장에 들어있는 이해불가능한 설명서의 악몽을 경험한 적이 있을 텐데, 1번 측면에

엉뚱한 2번 선반을 끼워 맞추려고 안간힘을 쓰면서 혼란과 좌절을 느끼곤 하지만, 레고는 이점에서 그들보다 훨씬 낫다.

레고는 초창기부터 디자인 주도형 조직을 표방해왔으며 디자인에 투자하고 시종일관 디자인을 존중하는 문화를 지켜왔다. 바로 이것이 그들이 모방이 어려운 시장 선도적 제품을 만들어내는 비결이었다.

'훌륭한 실행은 성취하기 어렵다는 사실 그 자체가 모방의 장애물로 작용합니다(래닝과 마이클스, 1988년).' 만약 뭔가를 아주 잘 만들었다면, 그것은 엄청 모방하기 어렵다. 예를 들어 정밀 제작된 스위스 시계는 외장 못지않게 그 조립방식에서 나오는 품격의 깊이를 지니고 있으며, 그 결과 그것은 세월이 지남에 따라 그 가치가 증대되고 심지어 가보로 간직된다. 서비스나 고객 경험에도 동일한 원칙이 적용된다. 일선직원에게 웃으면서 '좋은 하루 보내세요'라고 인사하라고 아무리 말해봐야 조직체계와 문화의 바탕이 뒷받침되지 않는다면 고객은 그것이 진정에서 우러나온 것이 아니라는 느낌을 받을 것이다. 디자인 과정의 본질, 그것이 바로 품격이 완성되는 시발점이다.

2. 잘 디자인할 가치가 있는 것은 무엇인가?

좋은 디자인은 초기에 형성되는 콘셉트로부터 시작해 다른 사람들과의 소통을 위해 활용하는 자료, 그리고 새로운 서비스의 요소에 이르기까지 프로젝트 과정 전반으로 확산되어야 한다. 따라서 만약 디자인이 단지 최종적인 결과물에 국한되는 것이 아니라면 과정 중 다른 어느 부분에서 좋은 디자인 내지는 진정 탁월한 디자인이 프로젝트를 향상시키며 그것을 보다 성공적으로 만들 수 있을까?

디자인이 서비스 개발에서 결정적 역할을 담당하는 영역은 다양하며, 크게 다음과 같은 것들이 있다.

- 사례를 만들기 위해 제작되는 자료
- 고객 경험을 이해하기 위해 사용되는 도구

- 해법을 시험하고 팀을 동원하기 위해 제작되는 자료
- 고객이 사용하는 것들

기회나 현안에 대처하기 위한 사례를
만들기 위해 필요한 제작물

제안된 해법을 위한 사례를 만들기 위해 디자인할 수 있는 것의 예를 몇 가지 들면 다음과 같다.

- 변화의 증거로 사용될 핵심 데이터를 보여주는 간단하면서도 잘 디자인된 인포그래픽
- 고위 이해관계자들에게 그 경험에 대한 현재 고객과 동료직원의 느낌을 보여주는 발표자료와 동영상
- 고객의 입장에서 경험한 실생활 경험의 디자인
- 경쟁사의 서비스를 소개하는 동영상(쇼 릴, show-reel)
- 고객이 새로운 서비스를 어떻게 경험할 것인지 보여주는 스토리보드

- 새로운 웹사이트 또는 모바일 앱의 디지털 프로토
  타입

고객 경험의 이해와 새로운 경험의 상상에
사용되는 도구들

디자인된 고객 경험이 현재 어떻게 작동하며 미래에
어떻게 작동할 것인지 시각화할 수 있는 방법은 많다.
몇 가지 예를 들면 다음과 같다.

- **긴 포스터:** 현재 고객 여정을 보여주되 특히 고객
  불만지점과 그 개선의 여지를 강조해서 표시한다.
- **시각화된 자료:** 현재의 고객 서비스 생태계 안에
  있는 모든 '연기자'와 사람, 역할, 고객의 서비스 구
  매 및 사용방식, 그리고 기업과 고객 간의 관계에
  영향을 미치는 다른 서비스를 보여준다.
- **무드 보드와 시각적 영감:** 가능한 것과 이미 고객
  의 기대를 형성하고 있는 것에 관한 동료직원의

관심을 고조시킨다.

- **스케치와 스토리보드**: 새로운 아이디어가 고객을 위해 어떻게 발전될지 사람들이 상상하도록 도와준다.

- **포스터 또는 사람 크기의 입간판**: 디자인 타깃 고객 집단을 대표하는 가상의 고객 페르소나persona* 를 묘사한다.

해법의 시험과 팀의 동원에 필요한 제작물

제안된 해법에 대한 프로토타입 제작과 시험을 위해 무엇을 만들 수 있을까? 몇 가지 아이디어를 제시하면 다음과 같다.

- 고객과 동료직원의 반응을 알아보기 위해 그들 앞에 갖다놓을 수 있는 가상의 고객 접점에 대한 종이 및 디지털 목업mock-up, 실물 크기의 모형

---

* 타깃 고객 집단을 일반화하여 하나의 가상인물로 묘사한 것-감수자 주

- 마케팅 메시지를 테스트하기 위한 고객 커뮤니케이션의 목업
- 모의실험(파일럿 조사)에 참여하는 동료직원과의 커뮤니케이션을 위한 안내책자(여기에는 시험 실행의 이유, 시험의 대상과 방법, 그리고 피드백 요령이 반드시 포함되어야 한다)
- 일선직원용 훈련 교재
- 명확한 보고문서

고객과 동료직원이 접촉하고 사용하는 것들

실제로 실행될 서비스 자체를 잊지 말도록 하자. 여기에 포함될 수 있는 것들을 몇 가지 뽑아보면 다음과 같다.

- 디지털 사용자 경험과 시각 디자인
- 고객이 구매 또는 사용할 물리적 제품의 디자인
- 물리적 공간

- 커뮤니케이션
- 고객 서비스 역할 및 대화(그렇다, 대화도 디자인 대상에 포함될 수 있다)
- 유니폼
- 시각적 브랜딩

3. 디자이너처럼 생각하고 일하기 시작하려면 어떻게 해야 하는가?

디자이너처럼 생각하고 일하기 위해 디자인 스쿨에 등록해야 한다거나, 디자이너들이 공감, 호기심, 창의성, 독창성, 또는 세부적인 것에 강한 능력을 독점해야 할 필요는 없다. 하지만 우리 세 사람이 지난 40년간 크고 작은 회사들에서 작업하면서 사람들이 우리의 사고와 작업방식에 어떻게 반응하는지 관찰했으며 그 결과 디자인 씽킹의 열렬한 지지자들과 멋진 대화를 나누게 되었다.

여러분이 취할 수 있는 디자이너의 습관에 관한 몇 가지 정보를 아래에 제시하였으며, 이것들은 전부 '디자이너가 아닌 사람들'로부터 얻은 것들이다. 그것들은 다른 사람들이 디자이너의 가치를 어떻게 보는지에 대한 통찰력을 제공해주는데, 그러한 것들을 요약하면 다음과 같다.

- 충분한 시간이 소요되는 것에 대비를 한다
- 디자인 과정을 신뢰한다
- 데이터보다 통찰력에 더 큰 가치를 둔다
- 시각적으로 커뮤니케이션한다
- 제작할 준비를 갖춘다
- 디자인 씽킹 기술을 개발한다

아이디어를 얻고 발전시키기 위해 필요한 시간을 엄수하라

개발하고 활용하게 될 해법은 여태 상상하지 못했던 어떤 것일 수도 있다. 만약 진정 기업이 뭔가 새로운 것을 창출하고 또 그 일을 잘해내는 데서 상업적 가치를 찾고자한다면 충분한 시간을 줘야 한다.

3장 '빠름과 느림의 도전'에서 우리는 신속한 변화를 일으키는 것과 보다 장기적인 투자 결정을 유도하는 미래의 계획을 실행하는 것, 이 두 가지 상충하는 니즈의 균형을 유지하는 일의 어려움에 대해 논의한 바 있다. 프로젝트와 계획을 실시하는 데는 다음 단계로 일을 진척시켜야 한다는 압박감이 항상 존재한다. 애자일 개발은 다학제간 팀 조성과 단기적이고 반복적인 주기의 업무방식으로 이런 전통적인 폭포수 접근법 waterfall approach*에 도전했다. 하지만 애자일은 제품 개발 쪽에 훨씬 더 적합한 방법이며, 동시에 수많은 사람과 체계에 영향을 미치는 서비스 계획은 다른 접근이 필요하다. 이런 서비스 프로젝트는 현안을 탐구하고 형성 및 발달 과정을 거친 통찰력과 시험 데이터를 얻는 것이 중요한 문제로 남는다. 따라서 이 모든 것에 필요한 시간을 사수하고 영향력 있는 해법을 하룻밤 새 만

---

* 프로젝트 관리 방법의 하나로 분석, 설계, 개발, 전달, 시험, 운영 등 전 과정을 순차적으로 접근하는 것-감수자 주

들어주겠다고 약속하고 싶은 유혹에 저항하려면 조기에 사례를 만들어야 한다.

그리고 또 한 가지, 시간이 부족한 가장 큰 이유는 시작이 너무 늦어져서 그렇다. 프로젝트를 빨리 시작하도록 고위 이해관계자를 재촉하고, 프로젝트에 필요한 자원을 충분히 잘 확보하며, 방해요소를 제거하고, 다음 단계와 예산이 필요한 즉시 승인을 받을 수 있도록 대비한다.

디자인 과정을 신뢰하라

디자이너는 '디자인 과정'에 숙련이 되어 있다. 간단히 말해 이것은 문제 또는 니즈를 이해하고, 누구를 위해 디자인하는지 그 대상을 알며, 아이디어를 내고, 그 중에서 최고를 선별하며, 그것으로 최대한 많이 프로토타이핑하고, 하나의 디자인을 개선해나가며, 그것을 세부화시키고, 현실화하는 것이다. 기업이 항상 이렇게 움직이는 것은 아니며 또한 모든 목적에 대해 그렇게

그림 13.1 우리는 클라이언트와 작업할 때, 디자인 프로세스의 단순한 논리적 단계를 더 광범위한 프로젝트나 프로그램 구조로 배치한다.

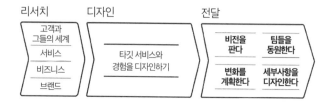

할 필요도 없다. 하지만 새로운 고객 경험 창출이라는 목표를 이루기 위해 디자이너는 그렇게 한다. 비록 몇 주 또는 몇 개월이 아닌 며칠 내에 완성될 수 있는 단계들이 일부 있다 할지라도 반드시 그 과정을 끝까지 헤쳐 나가야 하며, 어떤 단계도 건너뛰어서는 안 된다.

데이터보다 통찰에 더 큰 가치를 두어라

통찰은 문제 설정이나 상업적 기회를 정의하거나 해법에 대한 영감을 준다. 프로젝트 스토리의 중심에 한 두 개의 통찰을 지닌다면 강력한 힘을 발휘할 수 있는데,

특히 인간의 행동이나 고객에게 동기부여가 되는 것, 또는 기업에 관한 본질적인 진리와 관련된 것이라면 더더욱 그러하다.

'통찰'을 꼭 집어서 정의하기란 어려운 일이지만, 요컨대 그것은 데이터나 관찰, 또는 상식과 동의어가 아니다. 통찰은 세계에 관한 깨달음이다. 그것은 세상이나 세상에 관한 데이터에 관여해보기 전에는 알 수 없는 어떤 것이다. 통찰을 얻는다는 것은 깨달음의 순간을 갖는 것이며, 따라서 그런 의미에서 본다면 그렇게 되도록 열심히 노력해야 할 것이다. 데이터를 분석하고나 고객과 함께 시간을 보내는 가운데 얻거나 활용하는 통찰은 세상에서 독창적인 것이 아닐 수도 있지만 기필코 거기서 독창적인 요소를 찾아내 프로젝트로 가져와야 한다. 그러면 뛰어난 통찰을 중심으로 완벽한 제안을 만들 수 있으며, 몇 가지 제안을 가지고 또 그것에 대한 증거를 제공할 수 있게 되면 회의론자들에게 신뢰할 이유를 줄 수 있다.

통찰을 드러내는 부분에 관해서는 숙련된 디자이너가 사람들에게 도움을 줄 수 있는데, 그 이유는 천성적으로 호기심이 많고 공감적이기 때문이다. 디자이너는 사람들과 세상을 움직이는 것이 무엇인지 알아내는 것을 좋아한다. 그는 어떤 데이터를 보면 그 데이터의 근원지가 되는 사람을 상상하려고 노력한다. 그리고 이렇게 자문한다. '왜 그럴까?'

그러므로 활동 정보를 얻기 위해 고객 데이터를 이용하는 것과 통찰을 활용하는 것의 차이점을 간략히 보여주도록 하겠다. 이를 위해 다시 허구의 기업인 버몬제이 헬스케어 인터내셔널로 돌아가 보도록 하자. 그들은 기업 목표, 사명선언문, 그리고 기업 표어를 모두 가지고 있지만 그 어느 것도 기업으로 하여금 고객에게 진정 가치 있는 제안이나 디자인이 필요한 서비스에 집중하도록 돕지 못했다.

그래서 그들은 자신들에게 자연적으로 오는 것, 즉 고객 데이터를 평가하기 시작했다. 그들에게는 고객 만족도 조사와 판매 실적에서 나온 수많은 데이터가 있었는데, 거기에 보니 적어도 보험청구 절차의 신속성만큼은 고객이 만족했다고 나와 있었다. 이는 '신속성'과 '간편성'을 중심으로 기업의 서비스 비전을 구축해야한다는 제안으로 이어졌다.

그러자 한 이사가 팀 전원이 나가서 회원고객들을 만나 그냥 대화라도 하면서 그들과 함께 하는 시간을 갖자고 제안했다. 그래서 그렇게 했고 그들은 상당수 고객으로부터 신청 처리의 속도에 관한 불만의 소리와 더불어 얼마나 많은 고객들이 보다 개별적인 서비스를 원하는지 듣게 되었다. 하지만 그들은 이것 외에도 고객의 해외 출장 경험에 대해 듣게 되었는데, 그런 결정을 내리게 된 것이며, 본국에 있는 가족을 안심시키고 또 돌보아 줄 사람에게 맡긴 일, 해외출장지에서 평소 먹던 약을 어떻게 탈 수 있는지에 대한 조사의 필요성, 그리고 병원 치료는 어떻게 받을 수 있는지 등등이었다. 그들은 고객들이 야망 있고 모험적이며, 해외로 눈을 돌려 경력도 높이고 더 많은 수입을 얻으려한다는 사실을 알게 되었다. 그 팀은 또한 고객이 직장과 경력에 초점을 맞추는 것은 자신의 건강에 대해 염려할 필요가 없어야 가능함을 의미한다는 사실을 깨달았다(이것이 바로 통찰이다). 이런 통찰은 기업이 어떻게 그 제품과 서비스를 개발할지, 그리고 어떻게 그것을 고객들과 소통할지 그 방법론의 핵심이 되었다.

표 13.1 서비스 디자인 프로세스는 간단한 일련의 논리적 단계들로 설명될 수 있다

1	2	3	4	5	6	7
고객으로부터 정보와 영감을 얻는다	고객의 문제와 니즈를 광범위하게 탐구함으로써 계층한 뭔가를 놓치는 상황을 최소화한다.	최대한 많은 해법을 상상한다.	고객과 기업을 위한 가치 실현 방안에 대한 명확한 이해를 가지고 우선순위를 정하는 일에 그들과 협업한다.	솔루션을 디자인하고 평가하되, 고객이 그것을 어떻게 경험할 것인지에서부터 시작한다(그것을 어떻게 현재 작업 범위 내에서 전달할 것인가가 아니라).	이런 타깃 고객 경험을 활용하여 혁신의 요구사항을 결정한다.	타깃 경험을 느낌의 맨 끝에 두고 거기서부터 역으로 일을 정하고 그것을 향해 무슨 작업으로부터 시작할 것인지 결정한다.

시각적으로 커뮤니케이션하라
(또는 그렇게 할 수 있는 사람을 찾는다)

만약 가시적인 산출이 좋아 보이고 또 이해하기가 쉬우면 내부적으로 보다 많은 사람들이 프로젝트를 신뢰하도록 고무할 수 있다. 예를 들어 서비스 혁신이 필요한 이유에 관한 스토리를 이야기할 때 단순히 프로세스에 필수적인 일련의 단계들을 나열하는 것보다는 스토리보드나 동영상을 통해 하는 편이 보다 강력한 커뮤니케이션이 될 것이다. 아름답게 디자인된 커뮤니케이션은 피상적이지 않냐고 반문할 수도 있겠지만 사실 그것은 효과만점이다. 우리는 클라이언트들과 함께 하면서 이 사실을 깨달았다. 그들이 내부 문서를 급히 작성하면서 대충 만들다보니 결과가 실망스러운 경우가 가끔 있었다. 우리가 이것들을 설득력 있는 시각자료로 아름답게 디자인했을 때 그들은 꿈도 꾸지 못했던 내부 자원을 발견할 수 있었다.

하지만 이것은 단순한 영향력 그 이상에 관한 것이다. 내부적으로 잘 디자인된 정보를 갖는 것은 사람들이 고객의 현안이 무엇인지 보다 잘 파악할 수 있는 첫 단추를 꿰는 것이나 마찬가지다. 제작 준비기(10장 참조)에서 명확하고 설득력 있게 제시된 정보는 서비스를 효과적으로 만들 방안을 찾게 될 사람들에게 무엇을 만들어야 하는지 명명백백하게 해줄 것이며, 훌륭한 정보 디자인을 통해 '커뮤니케이션의 오류에 빠지는' 문제를 없애준다.

　기업마다 그래픽 디자인 부서나 마케팅 부서가 있겠지만 거기서 일하는 디자이너를 혁신적인 프로젝트를 만드는 일에 활용한다든지 아니면 운영 정보를 보다 성공적으로 커뮤니케이션하는 디자이너의 방식을 활용할 생각까지는 못했을 것이다. 우리와 함께 작업했던 회사들 중 일부는 사내에서 비교적 창의적인 부서들 간에 연대를 형성하기 시작했는데, 전통적인 방식이 아닌 디자인 기술을 내부적으로 중요한 역할 내지는 혁신 전달의 일환으로 바라보는 관점의 전환을 통해 이를 이루어나가고 있다.

툴킷을 구성하라

아마 기업들도 우리가 클라이언트들과 함께 새로운 서비스와 고객 경험을 상상하고 프로토타이핑하며 효율적으로 활용하기 위해 매일 사용하는 모든 도구들을 이미 사용하고 있을지 모르겠다. 거기에도 도구들이 다 있으며, 다만 그것들을 자기 것으로 만들고 사람들이 사용하도록 노력한다. 일단 한동안 기업과 함께 일을 하다보면 그간 우리가 사용해왔고 우리 클라이언트들 스스로 사용할 수 있는 자산 및 템플릿의 체계를 개발하기 위해 사용했던 도구들을 모으기 시작하는 것은 당연한 수순이다.

　우리는 심지어 기본적인 일련의 도구들만 개발해도 고객 경험 디자인을 하나의 '실체'로써, 그리고 기업 내의 관행으로써 확립하는 데 도움이 될 뿐만 아니라 만약 그것을 준수한다면 기업 전반에 걸쳐 공유된 어휘를 확립하고 이식하는 데도 도움이 됨을 알았다. 조직의 지도자에게 고객 경험 디자인의 중요성이 한층 더 높아짐에 따라 고객 경험을 비범하게 생각하는 사람들이 단순히 평범한 생각을 가진 사람들과 함께 작업할 수 있도록 하기 위해 툴킷toolkit*이 존재한다.

우리는 런던 교통국의 서맨사와 그녀의 팀과 함께 작업하면서 그들을 위한 고객 경험 툴킷을 개발했다. 경험 디자인 프로젝트를 진행하면서 우리가 개발했던 사고의 틀을 하나로 묶어 보고자 툴킷을 개발했다. 그 툴킷은 디자인 프로젝트에서 얻은 뜻밖의 수확이었다. 우리는 서맨사에게 재사용할 수 있는 툴킷을 갖는 것이 그녀에게 중요했던 이유를 물어보았는데, 그녀는 다음과 같이 대답했다.

"(고객 경험 디자인) 툴킷은 조직의 역량을 키우기 위해 미래의 고객 경험 디자인 프로젝트에 투자하는 것의 가치를 극대화하는 데 탁월한 방법입니다. 그 가치는 이론과 실행 사이의 절묘한 균형에 있습니다. 엔진이 디자인하고 하나로 묶고 또 우리를 훈련시킨 그 도구들은 경험 디자인 과정을 우리 스스로 구현하도록

---

* 어떤 문제의 해결책을 쉽게 개발할 수 있도록 사용자가 필요로 하는 기능을 자유롭게 추가할 수 있도록 구성한 프로그램-감수자 주

뒷받침해주는 실용적인 도구와 기술을 제공하는 한편 디자인 주도적 사고의 논리와 혜택을 유익하게 설명해줍니다. 고객 경험 디자인 일을 처음 해보는 사람들도 손쉽게 익힐 수 있으며 그 접근법을 이해하고 도구들을 실제로 적용하는 일에 금세 자신감을 가질 수 있습니다."

우리가 느끼기에 가장 성숙한 내부 서비스 디자인 관행을 지닌 기업은 E.ON 에너지는 보다 나은 서비스와 경험 디자인을 뒷받침하기 위해 그룹 전반에 걸쳐 사용할 수 있는 일련의 도구들을 개발했다. 그 중 일부는 매우 간단하면서도 강력한 도구들이다. 키이스는 다음과 같이 말했다.

"우리는 제품 개발 초기서부터 바로 경험의 전 과정이 고려되고 있는지 확인할 점검목록을 도입한 결과 고객에 대한 보다 나은 서비스 수행을 위해 훨씬 더 좋은 해법을 얻을 수 있었습니다. 수는 적지만 질적으로 보다 우수한 제품을 시장에 낼 수 있었기 때문에 제품의 실패가능성은 감소했습니다. 단지 '제품'만이 아닌 '경험'에 집중하니 훨씬 효율적으로 제품을 개발할 수 있었습니다."

디자인 씽킹 기술을 개발하라

아마 사용자 경험을 보고하거나 그래픽 디자이너 또는 인테리어 디자이너에게 설명을 해야 하는 상황에서 실컷 이야기하고 나서 되돌아오는 반응에 실망했던 적이 있을 것이다. 아마 가장 유용한 표현을 찾지 못했거나 아니면 그 순간에 사용할 참고자료가 없어서 그랬는지도 모른다. 하지만 디자이너의 생각과 사고과정을 이해하고, 필요한 사람들에게 이를 보다 정확하게 설명할 수 있게 도와주는 디자인 어휘와 비평적 기술을 개발할 수 있는 길은 얼마든지 있다.

팀 전체가 종일 디자인 씽킹에 푹 빠져 지낼 수 있는 날을 가져보면 어떨까? 예를 들어 그들을 데리고 디자인 박물관으로 가서 '무엇이 좋은 디자인인가?' 또는

'그것을 어떻게 설명할 것인가?'처럼 어떤 특정한 질문을 정해놓고 그것을 이해하느라 애쓰면서 하루를 보내는 것이다. 이 방법은 효과적인 디자인을 만드는 요소에 대한 평가를 이해하고 표현하도록 도와줄 것이다. 또한 8장 '서비스를 아름답게 디자인하라'를 다시 읽어봐도 좋은데, 요컨대 그것은 다음과 같은 질문에 어떻게 대답할 것인지에 대한 점검목록이다. '내가 지금 창출하려고 하는 이것의 좋은 점은 뭘까?'

E.ON 에너지가 고객 중심의 조직을 만드는 데 있어 탁월한 점 중의 하나는 기술 격차를 정면으로 해소하고 내부적으로 서비스 디자인 역량을 강화한 것이다. E.ON은 현재 잘 개발된 서비스 디자인 훈련 계획을 갖추고 있다(이는 우리가 2010년 도입한 디자인 프로세스 모델에 의거한 것이다). 그룹 차원의 이 계획은 조직에게 발전된 기술뿐만 아니라 함께 작업하고 디자인할 수 있는 공유된 어휘와 고객을 위한 그들의 디자인과 서비스 전달 경험을 공유할 기회를 선사해주었다. 키이스는 E.ON이 어떻게 훈련을 활용하여 탁월한 고객 경험 디자인과 서비스를 전달하는 데 도움을 받았는지

다음과 같이 설명한다.

"우리는 에너지 공급 제품 고객을 위한 경험을 개선할 필요성 여부에 구애받지 않고, 인간중심의 해법을 상상하고 실행하는 데 접근하기 위한 선택으로서, 또한 새로운 제품과 서비스 혁신을 기대하며 디자인 씽킹을 도입했습니다. 조직 전반에 걸쳐 차출된 동료직원들이 디자인 씽킹과 방법론, 그 중에서도 특히 고객 또는 사람들의 요구가 무엇인지 이해하는 방법을 교육받았습니다. 그들은 어떻게 하면 달리 생각할 수 있을지, 그리고 이러한 이해를 활용하여 고객의 요구를 신속하게 진정으로 만족시킬 시장을 향한 포괄적인 해법을 가져올 수 있을지 배웠습니다. 현재까지 세계 모든 지역에 흩어져 있는 1,600명의 직원들이 훈련에 참석했습니다. 우리는 훈련과정을 4개의 언어권으로 나누어 운영 중이며, 기업의 실제 프로젝트에서 디자인 씽킹이 어떻게 실행되었는지에 관한 몇 가지 사례들도 있습니다. 다음 단계들은 그것이 우리 전 조직에게 미친 영향력을 입증하고, 아울러 직원들이 배운 방법과 도구를 일상 업무 수행에 적용하도록 지원할 계획을 개발하는 것입니다."

디자인이 서비스의 중심에 있는지 점검할 수 있는 5가지 확인질문은 다음과 같다.

(1) 설득력: 시각적 커뮤니케이션이 사람들에게 프로젝트에 대한 열정과 동기를 불러일으키는가?

(2) 질적 우수성: 제안된 서비스 혁신이 진정한 통찰을 근거로 한 것인가?

(3) 브랜딩: 활동이 본질적으로 기업의 고유한 일련의 커뮤니케이션과 서비스 창출에 맞도록 설계되었는가?

(4) 혁신성: 프로젝트의 취지를 잘 전달할 새로운 방법을 시도해보았는가?

(5) 이해: 프로젝트를 작업하고 있는 팀원들이 좋은 서비스 디자인이 무엇인지, 그리고 왜 그것이 중요한지 이해하고 있는가?

4. 주요 시사점

- 좋은 디자인은 고객의 관심을 끌 수 있는 서비스를 창출할 때도 그렇고 직원들에게 서비스 혁신 프로젝트에 참여할 것을 설득할 때에도 결정적인 역할을 한다.

- 디자인 씽킹은 외관이나 심지어 기능 그 이상에 관한 것이며 그것은 또한 고객의 사랑을 받을 서비스를 개발하는 프로세스에 관한 것이다.

- 디자이너처럼 생각하는 것이 중요한 이유는 그것이 다음과 같은 일들을 할 수 있게 도와주기 때문이다.

  - 이미 시험해본 방법을 재탕하기보다는 참신한 아이디어를 낸다

  - 시각화 기술을 개발함으로써 사람들을 보다 손쉽게 설득할 수 있다

  - 저 멀리 앞날에 무엇이 있을지 생각한다

  - 기업의 다양한 분야에 관해 배운다

  - 모든 사람들이 최대한 빨리 배울 수 있도록 아이

디어를 가시화한다

- 아이디어를 지속적으로 개선할 방법을 안다

- 다시 일어나 도전할 힘을 공급 받는다

- 다른 사람들이 절대로 모방할 수 없는 독특한 서
  비스를 창출한다

- 디자인은 다음과 같은 다양한 영역에서 서비스 혁
  신 프로젝트에서 결정적 역할을 한다

  - 직원들에게 혁신의 필요성을 설득하는 데 도움을
    줄 발표자료 제작

  - 고객이 현재 및 미래에 서비스를 어떻게 경험할
    것인지에 대한 시각화

  - 아이디어에 대한 프로토타이핑 및 시험을 위한
    자료 개발

  - 새로운 서비스가 출시될 때 고객들이 사용하게
    될 것들에 대한 디자인 및 제작

- 따라서 디자이너처럼 생각하기 시작하는 것, 즉
  디자인 씽킹은 극히 가치 있는 과정이며 이를 위
  해 다음과 같은 일들을 할 수 있다

  - 양질의 서비스 솔루션 창출에 충분한 시간을 투

자할 준비를 하며 충분히 속도감 있게 움직인다

- 디자인 과정의 목적을 신뢰한다
- 연구 데이터에 대한 의존도를 줄이는 대신 데이터 연구 및 고객과 그들의 세계 참여를 통한 통찰 개발에 더 주력한다
- 시각적으로 설득력 있는 내부 자료 제작에 그래픽 디자이너를 최대한 활용한다
- 서비스 '만들기'를 과정의 종반부로 미루지 말고 조기에 시작한다
- 미래의 서비스 디자인 프로젝트를 위해 현재 프로젝트 진행 과정에서 도구들을 모은다
- 탁월한 디자인이 무엇이며 어떻게 그것을 설명할 것인지를 보다 많이 의식함으로써 디자인 씽킹 기술을 개발한다

마치며

이제 지금쯤이면 조직 전체가 고객 중심적으로 변화하고, 또 적합한 서비스를 보다 빠르게 시장에 출시하기 위해 무엇이 필요한지 훨씬 잘 이해하게 되었을 것으로 믿는다. 아울러 이 점에서 일부 조직들을 타 조직에 비해 월등히 앞서게 만드는 요소가 무엇인지에 대해서도 느낌이 왔을 것이다. 고객을 이해하기 위한 공감, 혁신적인 비전을 창출을 하겠다는 야망, 프로젝트 관리에 대한 새로운 태도와 접근을 수용하려는 의지, 이 모든 것들이 관건이다. 그렇다면 여기에 대해 현재 기업은 어느 지점에 서있는가? 또한 마찬가지로 중요한 질문인데, 프로젝트 책임자는 어디에 있는가?

과거에는 조직들이 마케팅 지출이나 기업 운영의 효율성, 그리고 디지털 혁신의 적절한 조합을 통해 상업적으로 성공하는 일이 흔했다. 하지만 현재 목도하는 바처럼 최상의 서비스를 창출하고 전달하는 일에 관한 한 이런 요소들만 가지고는 이룰 수 있는 일에 한계가 있다. 부상하고 있는 필수과제는 기업과 고객 모두를 위해 명확한 가치를 창출할 수 있는 혁신의 길을 모색하는 것이다. 이를 위해서는 기존과 다른 접근이 필요한데, 이는 단지 디자인이나 개발에 대해서만이 아니라 그것을 시장으로 무사히 전달하는 것에 대해서도 마찬가지다. 우리 클라이언트의 상당수는 이를 두고 '내부지향적'에서 '외부지향적' 사고로의 전환이라고 표현한다. 사실상 이것은 단순한 관점의 전환 그 이상으로서 조직을 완전히 고객 중심으로 디자인하는 것에 관한 문제다.

지금까지의 경험이 어떠했든지 새롭고 개선된 서비스와 고객 경험을 개발하고 또 그것을 멋지게 판매하고 지원하려는 투지는 결코 수그러들지 않는다. 더욱이 역량이 발전할수록 보다 많은 것들이 가능하다는 사실을 발견하게 될 것이다. 예를 들어 데이터 수집에 관한 기술과 개선의 부단한 쇄신으로 인해 새로운 데이터를 서비스 개발 과정에 실시간으로 반영할 수 있으며 동일한 데이터를 고객 경험의 대량 맞춤 생산에 활용할 수 있다. 하지만 이중 어떤 것도 다음과 같은 핵심 질문들에는 도움이 되지 않는다. '향후 2년에 걸쳐 고객이 가장 가치 있게 여길 만한 것은 무엇인가?' '무엇이 그들로 하여금 기업을 인지하고 구매하게 만들 것인가?' '어떻게 하면 그들에게 신속하고 자신감 있게, 그리고 고품질의 서비스를 전달할 수 있을 것인가?'

이런 질문에 대답하기 위해서는 기존의 기술, 마케팅, 또는 자원 최적화 지향적 접근에서 고객으로부터 얻는 영감과 비전 지향적 접근으로 전환해야 하며, 동시에 평소 하던 것보다 더 실험적이고 빠른 행보를 이어가야 한다. 그 접근법으로는 고객 통찰을 활용해 서비스 제안을 창출하고, 그 제안이 경험 디자인에 필요한 정보를 제공하며, 다시 그 경험 디자인은 기업이 탁월한 서비스 제공을 위해 필히 높은 수준에 도달해야 하는 것이 무엇인지 말해주는 그런 방식이 반드시 이루어져야 한다. 그 순서 그대로 말이다.

이것이 바로 우리가 말하는 디자인 주도적 혁신이다. 그것은 고객의 손에 뭔가 새롭고 가치 있는 것을 올려다 놓는 것이 단지 서비스 개발의 한 단계를 마치는 것만이 아니라 또한 조직이 그것에 투자하고 잘 실행하도록 격려하고 지원하는 것에 관한 것이기도 하다. 그것에 두 가지 길은 없으며, 탁월한 서비스와 경험 디자인은 조직차원의 도전이다.

이 책에서 우리는 직접 운영하는 서비스 디자인 기업 엔진이 온갖 다양한 조직과 함께 일하면서 접했던 여러 가지 도전들을 열거하고 논의하였다. 어느 기업이나 성공을 위해서는 고객이 가치 있게 여길 것들을 제작해야 하는 것은 주지의 사실이지만 상당수 조직에서는 여전히 스스로 그렇게 조직을 정비하기가 어려운 현실을 발견한다. 수많은 조직들이 핵심 전략을 운영하는 데 탁월하며, 실제로 일부는 너무도 탁월하고, 너무도 최적화된 나머지 심지어 그 필요성을 간과하기 어려운 지경에 이르러서도 그것을 바꾸기가 어려움을 발견한다. 그리고 심지어 만약 혁신의 지상과제가 명확하고 미래 상황에 대한 비전이 상상가능하다 해도 많은 조직들이 그런 비전을 행동으로 전환하는 도전과 사투를 벌이고 있다.

기술은 서비스 전달 방식을 변화시켰다. 고객 서비스는 디지털화되었으며 맞춤화된 고객 경험이 실시간으로 디자인되고 제작된다. 경제학은 더군다나 정확한 과학이 아니게 되었으며 행동경제학이 상업적 의사결정에 영향을 미치고 있다. 고객의 요구와 행동은 계속 다양화되고 있어 예상하기가 어려우며, 그것이 개별 기업의 번영에 미치는 영향력이 그 어느 때보다 높아지고 있다. 일정 속도로 그리고 모든 면에서 적응해야 할 필요성은 관리자들로 하여금 새로운 방법을 찾게 만들었다. 소프트웨어 개발에 지장을 주는 아이디어로 시작된 애자일 선언문은 경영에 있어 주류의 생각이 되었다. 하지만 속도의 필요성과 더불어 기술과 경영 및 고객 간의 상호작용은 다음 단계의 도전을 표면화시켰다.

지속적인 적용과 장기적인 투자계획, 그리고 인간

의 목적의식과 일에 동기부여가 될 만한 이유의 필요를 관리하기 위한 가장 좋은 접근법은 무엇인가? 또한 고객을 위한 지속적인 변화를 어떻게 만들어나갈 것인가? 더욱이 마찰 없는 서비스 사업을 가능하게 해주는 기술의 발전에 따라 증거가 제시하는 감정적 연결이 충성스러운 고객을 잃을 수 있는 이유의 하나가 될 위험이 있는가? 소매 금융이나 생활시설, 이동통신, 미디어와 음악 서비스 부문에서 고객의 요구와 기업 규제는 고객이 떠나기 어렵도록 만들기 위해 기업이 사용하던 수많은 장치들을 사라지게 만들었다. 요즘은 이런 서비스의 대부분을 매우 손쉽게 이용할 수 있다. 고객 서비스는 자동화되고 있다. 바꾸기도 쉽다. 따라서 새로운 승부처는 '감성'이자 이와 관련된 기업의 디자인 능력, 다시 말해 긍정적 감정은 물론 단지 광고만이 아니라 서비스 제안 및 경험의 역학적 핵심과 보다 깊은 감정적 연결과 단순한 고객이 아닌 사람(복잡한 삶의 요소들을 지닌 이들)과의 연결을 유발하는 요소를 디자인할 수 있는 기업의 능력이 될 것이다.

  기술로 인해 서비스 사업이 보다 용이해짐에 따라

왜 그 조직이 타조직과 다른지 표현할 필요성이 다시금 중요한 사안으로 대두되고 있다. 사람들의 기대는 '쉽게' 하는 것이므로 기업들마다 제안과 경험 모두에서 독창성(여기에도 '반감기'가 항상 있다)이나 브랜드 가치의 표현 방식에서 차별화 요소를 찾고 있다.

아마도 이 책의 독자들은 이런 도전의 일부 내지는 전부에 둘러싸여 있을 것이다. 시도 때도 없이 주재하거나 참석하는 업무회의, 수시로 주고받는 보고서와 발표자료, 회의 또는 휴식 공간에서의 수다를 통해 이런 도전들을 경험한다. 이 책에 대한 우리의 비전은 경영서와 자기계발 지침서의 요소를 결합시킨 책이었다. 우리 회사(엔진)에서 작업을 맡은 클라이언트의 조직에서 날마다 함께 작업하는 사람들(이들 중 일부의 목소리를 독자들이 들을 수 있게 함께 실었다)과 같은 독자들을 위한 책을 쓰고 싶었다. 그 문제를 우리가 보는 그대로 표현함으로써 독자들이 그 문제를 다른 동료직원들과 토론할 수 있는 언어적 도구를 제공할 수 있기를 바랐다.

무엇보다도 디자인(우리가 강조하는 의미에서의 디자

인) 사례, 특히 최근 잘 알려진 '디자인 씽킹'을 위한 사례를 만듦으로써 시장에서의 보다 나은 아이디어와 해법을 얻을 뿐만 아니라 조직에서 혁신을 주도하는 하나의 접근을 제시하기 원했다. 이는 커다란 개념적 단계라고 자평하는 바인데, 잠시 이 책의 서문에서 피력했던 생각 중 하나로 되돌아가자면, 거기서 서비스는 기술적인 것만큼이나 인간적인 체계라는 점을 강조했다. 요컨대 만약 서비스와 고객이 갖게 될 경험을 디자인하고자 한다면 먼저 그것을 디자인할 사람부터 '리디자인'할 필요가 있을 때가 많다. 그리고 보다 나은 그리고 차별화된 수행을 위해 사람들을 변화시키고 무장시키는 지속가능한 접근에는 발전적인 여정과 상이한 아이디어에 대한 노출, 즉각적인 의사결정방식과 업무방식과 같은 요소들이 수반되어야 한다. 그 방식은 디자인 과정 자체가 '디자인 프로젝트'의 형태로서 일련의 사람들이 발전적인 여정에 참여하는 데 있다. 결국 사람이 사용할 서비스를 만드는 것은 사람이다.

따라서 디자인 주도적이 된다는 것의 의미는 만약 적절한 과정은 따른다면 결국은 보다 나은 제품을 만들게 될 것이며, 여기에 디자인 스쿨를 통해 디자이너 (역시 우리가 강조하는 의미에서의)들의 몸에 밴 작업방식이 도움이 될 수 있다는 것이다. 하지만 디자인 주도적이 된다는 것의 또 다른 의미는 디자인 씽킹과 팀원들을 위한 발전의 원천으로서의 업무방식을 고려하는 것이기도 하다. 그것은 '사람들을 여정으로 데려가는 것'을 향한 실제적인 접근이 될 수도 있는데, 이 여정이 그들을 가치 있는 미래의 상황을 상상하고 실행하며, 정보를 관리하고, 확실히 차별화된 보다 나은 해법을 가시화하고 창출하며, 보다 많은 적합한 서비스를 보다 빨리 출시하도록 준비시킨다.

여기서 우리는 독자들이 이렇게 말하리라는 것을 상상할 수 있다. '다 좋은 말씀입니다. 디자인이 더 나은 제품 이상의 의미이며, 사고방식이자 업무방식이라는 것을 알았습니다. 그리고 프로젝트가 단순히 사양서를 만들거나 의사결정을 내리는 그 이상의 것으로서 사람들을 여전으로 데리고 가며, 그들의 능력을 향상시키고 지속적인 동기부여를 하는 것이므로 탁월한 디자인 프로젝트를 계획하고 운영하는 일이 중요하다는 것도

알겠습니다. 하지만요... 저희 조직으로서는 이 책에 설명된 조직들이 먼 나라 이야기처럼 들립니다.'

고객 중심적이고 디자인 주도적이 된다는 것에 관해 우리가 함께 작업했던 조직들 각각이 상이한 수준의 성숙도를 지닌 것은 사실이다. 하지만 성숙도 척도의 최고치에 근접한 조직에게도 문제는 있다. 지금 이 순간에도 그들은 고객 중심성과 진정으로 적응적이고 디자인 주도적이 되는 것을 향한 대장정을 계속하고 있으며, 이런 조직들은 다음의 네 가지 새로운 도전과 씨름하고 있다.

(1) 특정 소수가 아닌 조직 전체를 고객 경험 도전과 연결시키기
(2) 디자인 주도적이 된다는 것의 의미를 특정 소수가 아닌 전 조직에게 확실히 이해시키기
(3) 적절한 기술을 내부로 가져오기
(4) 독창성을 훈련하고 상상력의 간격을 연결하기

특정 소수가 아닌 조직 전체를
고객 경험의 도전과 연결시키기

우리는 이제 우리가 함께 일하는 어느 조직에서도 고객 경험이 기업의 최종 영업 수익에 미치는 영향력을 인정하지 않는 사람은 더 이상 찾아보기 어렵다. 하지만 기업 구성원 각인이 고객과 고객 경험 원칙을 도입하려는 선의의 시도에 미치는 자신의 역할을 실제적으로 이해하고 있는지는 아직도 미지수다. 만약 날마다 고객과 소통하는 사람이라면 충분히 자신의 역할을 쉽게 인정할 수 있다. 마케팅 기능을 담당하는 사람은 고객 중심적인 제안과 서비스의 가치를 이해하기가 쉽다. 최종 고객과 동떨어진 역할을 하면서 '내부 고객'만 있는 것으로 인식하는 사람은 그렇게 하기가 훨씬 어렵다. 만약 회사를 위해 최대한 많은 수익을 내거나 자금을 비축해야 하는 직책을 맡은 사람이라면 특히나 더 어렵다. 하지만 조직이 보다 고객 중심적이 되게 하고, 재정관리, 기업인사, 기업IT, 법무, 조달 및 설비 팀처럼 기존에 이와는 크게 관련이 없다고 여겨졌던 조직의 부서들이 이런 관점이나 실용적인 방법들을 보다 광범위하게 도입하는 쪽으로 더 많은 일들이 우리에게 맡겨지고 있다. 현재 우리는 그러한 부서와 기능들과 함께 서비스에 대한 비전의 개발과 고객 경험 디자인에 그들을 포함시키기 위한 프로젝트를 운영하고 있다. 우리는 또한 전통적으로 고객과 동떨어져 있었던 기능들이 자신의 역할 속에서 비전과 원칙을 해석하도록 돕기 위해 그들과 함께 작업하고 있다. 이런 프로젝트들은 이중의 목적을 지니고 있는데, 하나는 보다 나은 기업의 기능을 디자인함으로써 궁극적으로 고객 경험 개선에 이바지하게 하는 것이며, 다른 하나는 서비스에 '종사 중인' 사람들(고객의 눈에 보이지 않는 기능을 포함해서)이 자신의 역할을 수행하는 데 필요한 이해와 실용적인 접근을 갖추게 하는 것이다.

이와 더불어 우리는 보다 성숙한 조직들의 경우, 고객 경험 디자인 도구와 업무방식을 직원들의 경험과 부서 상호 간의 서비스, 그리고 조달 및 영업, 채용 과정 등의 인사 과정과 같은 기업 과정에까지 적용하는 것을 보고 있다.

디자인 주도적이 된다는 것의 의미를
특정 소수가 아닌 전 조직에게
확실히 이해시키기

현재 우리가 함께 작업하는 조직들은 2000년 당시 엔진이 함께 일했던 조직들과 매우 다르다(역설적이게도 그 중 일부는 동일한 브랜드들이지만, 매우 다른 환경에다가 매우 다른 기업들이다). 그때 당시만 하더라도 함께 일했던 기업의 상당수에게 디자인이 사물의 외관 그 이상의 것임을 인식시키기가 매우 힘들었다. '인터넷'를 위한 웹사이트 디자인의 필요성, 그리고 특히 애플사의 스티브 잡스와 조너선 아이브 경Sir Jonathan Ive*은 디자인의 가치에 대한 수많은 기업들의 인식을 뒤바꿔놓았다. 하지만 디자인은 여전히 전략적 혹은 조직적 활동이라기보다는 서비스 전달 활동에 속해 있다.

고객 경험의 부상은 기업들이 생각해야 할 필수 대상이라는 것은 '경험'이 곧 '제품'이자 과거 기업이 자사

---

* 애플의 디자인을 총괄하는 대표 디자이너로 아이폰, 아이팟, 아이패드 등 여러 제품을 디자인했다-감수자 주

제품에 대해 생각했던 것과 동일한 고려의 대상이 될 수 있음을 의미한다. 이제 고객 경험도 디자인의 대상이 되었다. 이로써 원래 산업 제품 디자인 및 인간-컴퓨터 인터페이스 디자인을 위해 개발되었던 도구들을 서비스와 경험 디자인에 적용할 수 있는 길이 활짝 열렸다. 고객 경험 디자인과 디자이너의 새로운 역할을 위한 새로운 툴킷을 형성하기 위해 '사용자중심 디자인'의 핵심 개념은 고객중심 마케팅의 개념과 결합되었으며, 디자인 도구들이 마케팅 아이디어와 결합되었다(서비스 청사진이 그 한 예다).

지난 5~6년 간 우리는 새로운 서비스와 경험을 디자인하는 것은, 진정 위대한 것을 디자인하는 도전, 더 나아가 그것을 실현하는 도전에 비하면 비교적 쉬운 일임을 깨달았다. 또한 디자인 과정에 참여하는 것을 계기로 함께 일하던 사람들 역시 변화되는 것을 깨달을 때가 많았다. 그들은 참여하게 된 것에 대해 기뻐했고 그들이 지금껏 기여해주기를 요청받았던 다른 어떤 프로젝트 보다 우리가 실현코자 하는 프로젝트로 인해 얼마나 더 많은 동기부여를 받았는지 들려주었다. 이제 우리는 접근과 과정 그 자체를 새로운 서비스와 경험을 세상 밖으로 내놓는 일의 일부로 보기 시작했다.

우리는 뭔가를 해내고 있다고 자부한다. 간단히 말해 디자인은 문제를 해결하고 우리가 해보고 사용하는 것들을 개선하는 일에 통찰과 상상을 적용하는 것으로 간주된다. 성능이 좋고 보기에 아름다운 것도 중요하지만 그것은 단지 최종적인 수단으로서 그러하다. 좋은 디자인의 목적은 보다 나은 삶의 방식이다. 바로 그렇기 때문에 디자인 씽킹과 도구는 사람들이 업무에 대한 접근뿐만 아니라 그들이 창출하는 해법의 개선에도 사용될 수 있다. 우리는 그런 도구들을 사용하고 그런 방식으로 일하는 것이 어떻게 사람들이 다르게 생각하고 일하도록 돕는지, 비단 그들이 우리와 함께 프로젝트 작업을 하는 동안만이 아니라 그들의 업무에서나 팀원들과 함께 할 때도 그렇게 되는 것을 직접 목격했다.

도전은 이것이 너무도 방대한 개념인지라 디자인과 디자이너에 관한 수많은 사람들의 경험으로부터 한참 벗어나 있다는 것이다. 불행히도 디자인 산업은 이러한 혼란을 일소하거나 제품 개발에 대한 디자인의 직접적인 역할을 넘어선 디자인의 가치를 위한 사례를 만드는데 그다지 도움이 못된다. 디자인 산업 관계자의 상당수가 여전히 자신들의 가치를 논할 때 디자인된 '산출물'로서의 측면만 거론할 뿐, 디자인 '과정'과 도구의 조직화로서의 가치나 또는 다양한 부서와 학문들 간의 창조적이고 건설적인 협업에 대한 기성화된 접근으로는 설명하지 않는데, 이것이야말로 가치 있는 사회적 기술이라 하겠다.

적절한 기술을 내부로 가져오기

조직들이 '디지털'을 내부에 들여놓으면서 그들은 고의적이든 아니든 디자이너와 디자인 씽킹도 함께 들이게 되었다. 디자이너들의 업무방식과 작업 공간을 조직화하는 방식은 다른 팀들에게도 영향을 미치기 시작했다. 다수 조직이 디지털 계열이 아닌 팀 안에 제안과 제품 개발을 지원하기 위해 서비스 디자인 역할을 신설했다. 하지만 이런 기술들은 여전히 생소하며 그 역할 역시 몇 개 되지 않는다. 디자인 스쿨 출신의 디자이너들은 비전통적인 디자인 역할('전통적인' 역할의 예로는 그래픽 디자인 또는 산업 제품 디자인 부서를 들 수 있다)로 생각될 수 있는 채용된다. 하지만 대부분의 경우, 이런 디자이너들이 고위급 직위로 채용되거나 승진하는 일은 없다. 고위급 역할의 상당수는 여전히 자신들이 고용하는 디자인과 디자이너의 가치에 대해 제한된 인식을 가지고 있다. 그 결과 어느 한 기업의 전속 외부 디자인 대행사를 통해 채용된 다수의 디자이너들은 아직까지 그들의 재능을 충분히 활용할 수 있는 환경에 있지 못한 자신을 발견한다. 하지만 현재는 이런 상황이 변하여 많이 좋아진 상태이며, 오늘날 우리는 디자인 팀이 조직의 여러 부분에 대한 내부 고문으로서의 역할을 수행하는 모습을 흔히 찾아볼 수 있다.

창의성을 훈련하고
상상력의 간극을 연결하기

이것은 심지어 고객중심성 성숙도의 기준을 상회하는 조직들도 풀기 어려운 도전이다. 탄탄한 디자인 과정을 구축하는 것이 핵심이며 이 책에서 기술된 도구들이 지대한 도움이 될 것이다. 하지만 그 도전으로부터의 탈출구는 없다. 도전과 창의적인 아이디어가 필요하고 이런 것들은 요구한다고 해도 나오기 힘든 것들이다. 아이디어도 얻기 힘들지만 그 이상으로 조직의 핵심 인사들이 조직이 직면한 문제나 고객에 대한 보다 나은 서비스 방식의 존재 가능성을 인식하기 위해 요구되는 상상력의 비약에 있어 고전을 면치 못하는 탓에 조직들도 종종 흔들리곤 한다.

보다 큰 규모의 사업 계획을 조직과 함께 준비하는 경우나, 보다 많은 사람들의 참여가 필요한 시점에서 워크숍을 운영하며 그것을 통해 고객 경험 디자인 과정에 있는 팀들과 우리가 사용하는 도구들을 연마한다. 이런 훈련의 일환으로서 우리는 종종 독창성에 대해 토론하며 스스로를 독창적이지 못하다고 생각하는 사람들이 그것에 보다 다가가기 쉽게 만들 방안을 찾는다. 솔직히 다른 사람들에 비해 독창성이 뛰어난 사람들이 일부 있긴 하다. 별다른 노력 없이도 그들은 그냥 그렇다. 하지만 그렇다고 해서 우리가 13장 '디자인 씽킹: 디자이너처럼 생각하라'에서 탐구해보았듯이 독창적인 아이디어와 도전적인 관점을 보다 가능한 것으로 만들기 위해 할 수 있는 일이 없다는 말은 아니다. 우리가 이 책에서 열거했던 도구를 사용하고 질문을 하는 것이 하나의 위대한 출발점이 될 수 있을 것이다.

자기계발 지침서가 갖추어야 할 진정한 정신을 향한 첫 걸음은 문제를 인식하는 것이며, 이는 조직의 다른 사람들에게 고객과 업무방식에 대한 혁신의 필요성을 설득할 수 있음을 뜻한다. 우리는 몇몇 도전들과 더불어 이런 도전들에 대한 실질적인 대응을 7가지 디자인 중심적 기술의 형태로 열거했다. 이 모두가 배울 수 있고 가르칠 수 있는(아니면 사올 수도 있다) 것들이며, 비록 우리가 7단계 전 과정을 강권하는 것은 아니지만, 자기계발의 정신으로 한 번에 하나씩 붙들고 씨름

할 가치가 충분이 있는 것들이다. 마지막으로 이런 접근들은 반드시 차별화를 가져온다는 사실을 기억하기 바란다. 이제 가서 혁신을 이끄는 일만 남았다. 건투를 빈다.

감수자 **현호영**

한국예술종합학교 미술원 디자인학과에서 인터랙션 디자인을 공부했고 이후 런던대학교와 리즈대학교의 대학원의 석사, 박사 과정에서 UX 디자인과 디자인 경영에 대해 연구했다. 베스트셀러《UX 디자인 이야기》의 저자이며《디자인 씽킹 바이블》,《단순함의 법칙》등 여러 도서를 번역 및 감수했다. 현재 디자인 연구소의 대표로 재직하며 여러 종류의 기업들과 함께 고객 중심의 경험 디자인 프로젝트를 진행하고 있다.

옮긴이 **김수미**

서울대학교 식품영양학과를 졸업 후 성균관대-조지타운대 테솔 과정을 수료했다. 현재 번역에이전시 엔터스코리아에서 전문 번역가로 활동하고 있다. 옮긴 책으로 《문제적 인간, 다윗》, 《쓸데없는 걱정 현명한 걱정》, 《잠과 싸우지 마라》, 《이 모든 걸 처음부터 알았더라면》, 《역사를 바꾼 50인의 지도자》, 《회복탄력성》 등이 있다.

서비스 디자인 바이블

고객 중심의 혁신을 위한 서비스 디자인 씽킹

초판발행 2019년 2월 22일 | **1판 1쇄** 2019년 2월 25일
발행처 유엑스리뷰 | **발행인** 현명기 | **지은이** 조 히피, 올리버 킹, 제임스 삼페리 | **옮긴이** 김수미
주소 부산시 해운대구 센텀동로 25, 104동 804호 | **팩스** 070-8224-4322
등록번호 제333-2015-000017호 | **이메일** uxreviewkorea@gmail.com

ISBN 979-11-88314-11-9

유엑스리뷰는 사용자 경험과 혁신을 중심으로 하여 경영과 디자인에
꼭 필요한 지식들을 선별하여 콘텐츠로 만들고 있습니다.
많이 읽히는 책보다 오래 읽히는 책을 지향합니다.